KALIFAATONTVLUCHTERS

Marion van San

Kalifaat-ontvluchters

2019 Prometheus Amsterdam

© 2019 Marion van San
Omslagontwerp Douwe Dijkstra
Kaart Yde Bouma
Foto auteur Ilja Keizer
www.uitgeverijprometheus.nl
ISBN 978 90 446 3898 1

Inhoud

Ismail en Amina   8
Mijn zoektocht   13

Waarom ze gingen   19
  Ebru   21
  Waarom ze gingen   28
  De 'ronselnetwerken'   34
  De godsgruwelijke oorlog   49
  Majlis Shura al-Mujahideen   54
  Het drama van de achterblijvers   61
  Saliha   80
  Soldaten van Allah   87
  Mounir   100
  Dochters van de jihad   107
  Emina   123

Het leven in het kalifaat   129
  Het kalifaat   131
  Vrouwen over hun leven in het kalifaat   140
  Vrouwen en de gruweldaden van IS   153
  Mannen en IS   160
  De zondige verleiding   169

Waarom ze het kalifaat ontvluchtten 181
    De dreiging van de terugkeerders 183
    Waarom mensen terroristische organisaties verlaten 188
    Anatomie van de weigeraars 194
    De godsgruwelijke oorlog 208
    Vera 212
    Chazia 217
    De godsgruwelijke oorlog 220
    Alina 227
    Mina 232
    De repatriëring 235
    Kinderen van Daesh 238
    Hamza 260
    Ismail en Amina 264

Tot slot 267

Woord van dank 271
Noten 273
Literatuur 295

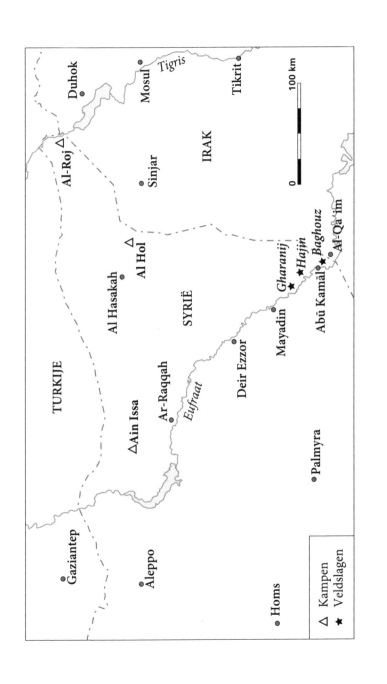

Ismail en Amina

Ismail vertelt al dagenlang hetzelfde verhaal. Het valt moeilijk te begrijpen waar hij het precies over heeft, maar het gaat over iets heel groots. Hij steekt zijn armpjes in de lucht en maakt een grote cirkel. 'Boem,' kraait hij. Hij is twee jaar en is samen met zijn twee jaar oudere zus Amina drie weken geleden teruggekeerd uit Syrië wanneer ik hen bezoek. Hun moeder Rosa is overleden in een kamp in het noorden van Syrië waar zij met haar kinderen verbleef. Hun vader was een halfjaar daarvoor gesneuveld. Zes maanden lang hadden de kinderen zonder hun ouders doorgebracht in het kamp. In de zomer van 2019 kwamen ze aan in Nederland, waar ze werden opgevangen door Mariella, de zus van hun overleden moeder.

Het was een vreemde gewaarwording om de kinderen van haar overleden zus voor het eerst vast te houden, vertelt Mariella. Amina was meteen in haar armen gesprongen. 'Was er iets van herkenning? Ik weet het niet.' Maar Ismail wilde niets van haar weten. De kinderen waren wellicht al een beetje gehecht geraakt aan de twee voogden die hen in Syrië hadden opgehaald, ook al had hun reis maar een dag geduurd. Ismail had onbedaarlijk gehuild toen de voogden waren vertrokken. In een poging om het kind te kalmeren was Mariella's jongere broer stilletjes op een stoel in zijn buurt gaan zitten. Hij had voorzichtig zijn hand naar hem uitgestoken en uiteindelijk was Ismail in zijn armen gevallen om onophoudelijk te huilen. 'Er kwam zo veel verdriet uit dat kleine mannetje.'

Hoe het de kinderen in het kamp vergaan is, weet Mariella niet, hoewel een en ander wel op te maken valt uit hun gedrag. 'Je kan zien dat ze daar rondgelopen hebben en dat niemand hen corrigeerde. Het zijn net straatkinderen, ze zijn een beetje verwilderd.' De eerste dagen waren dan ook heel moeilijk. De kinderen hadden een koffer bij zich met spulletjes die ze van jeugdzorg hadden gekregen. Van het kamp hadden ze helemaal niks meegenomen. Er was niets wat herinnerde aan hun leven daar, behalve een paar foto's die Rosa destijds naar haar familie had gestuurd. 'De eerste week leefden ze letterlijk uit die koffer. Die heeft hier ook de hele tijd beneden gestaan.' Toen Mariella de koffer naar boven had gebracht werden de kinderen erg onrustig en begonnen ze te huilen. Pas toen de koffer weer naar beneden verhuisde was het goed. 'Ook wanneer ze 's ochtends wakker werden begonnen ze keihard te huilen. Dan begonnen ze aan hun voeten te voelen.' Ze wilden dan naar beneden om hun schoenen aan te trekken. Als ze die aanhadden werden ze weer rustig.

Wanneer Mariella hun iets te eten gaf gingen ze in een hoekje zitten, schijnbaar bang dat iemand het zou afpakken. Ook schrokten ze alles wat ze kregen naar binnen. Wellicht hadden ze in het kamp moeten vechten voor een stukje brood. Dat overlevingsinstinct was gebleven en hield pas na een paar dagen op. Maar ze bleven al het eten dat ze kregen naar binnen schrokken. Mariella heeft hen vanaf de eerste dag geleerd dat ze aan tafel moeten zitten om te eten. Nu zitten ze heel trouw aan tafel bij alles wat ze te eten en te drinken krijgen.

Door hun leven in het kamp hadden ze ook geen besef van verschillende hoogten. Zo waren ze een aantal keren van de bank gevallen en van de trap. 'Ze hadden geen besef van de treden op de trap,' zegt Mariella. Inmiddels hebben ze dat wel. Ook hebben ze een manier gevonden om veilig van de bank te komen. 'Als ze nu op de bank staan, gaan ze eerst zitten en laten zich vervolgens naar beneden glijden.'

Wat ze zoal deden de hele dag, vraag ik haar. 'Je ziet het,' zegt ze, 'wat ze nu doen, doen ze eigenlijk de hele dag.' Ze staan voor het raam naar buiten te turen. In de stille straat waar Mariella woont is eigenlijk niets te zien wat kinderen van die leeftijd zou kunnen interesseren, maar Amina en Ismail staan daar de hele dag. Amina heeft een telefoon in haar handjes en doet alsof ze iemand belt. Ismail speelt met een joystick. Hij krijst van plezier wanneer de batterij eruit floept. Hij stopt meermaals zijn vingers in zijn mond en wrijft spuug op mijn arm. Amina knijpt in mijn arm en verstopt zich achter de bank. Vier donkere pretoogjes kijken me vervolgens aan van achter de bank.

Amina is vaak angstig. Ze hangt de hele dag aan Mariella, geeft haar voortdurend kusjes en zegt dat ze van haar houdt. Wanneer Mariella ergens boos over wordt kijkt Amina haar met angstige ogen aan. Mariella herkent ook iets van haar zus in het meisje. Ze wil er altijd netjes uitzien. Haar jurkje moet mooi zijn, haar haren perfect gekamd. Het is ook te zien dat Amina in het kamp geleerd heeft om voor zichzelf en haar broertje te zorgen. Dekens, bijvoorbeeld, vouwt ze op zoals geen enkel kind van haar leeftijd haar dit na zou doen.

Voor de cadeautjes die ik bij me heb, hebben de kinderen geen aandacht. 'Ze hebben daar geen interesse voor,' zegt Mariella. De eerste week had ze wat speelgoed voor hen verzameld, maar ze hadden meer interesse in de keitjes die in een waxinelichtje zaten dat op de tafel stond. Eén voor één hadden ze de steentjes eruit gepeuterd en ze op de grond gelegd om ermee te spelen. Keitjes waren nu eenmaal het enige speelgoed dat ze kenden in het kamp. Amina stond dan ook vol verwondering te kijken naar de pop die ik voor haar had meegenomen. Haar interesse werd gewekt door het bordje, lepeltje en mesje die in de doos zaten. Niet goed wetende wat ze ermee aan moest krabde ze Mariella ermee op haar arm. Ook Ismail wist niet zo goed wat hij aan moest met de LEGO DUPLO. 'Hij weet nog niet hoe hij ermee moet spelen,' schrijft Mariella later. 'Voorlopig denkt hij dat hij ermee moet gooien.'

Mariella heeft op dit ogenblik het meeste steun van pleegzorg. Ze geven haar tips hoe om te gaan met de kinderen en hebben pictogrammen voor hen gemaakt. Zo leren Amina en Ismail aan de hand van plaatjes hoe een dag eruitziet. Ze hebben namelijk geen dagritme. 'Ze kennen bijvoorbeeld geen bedtijd,' zegt Mariella. De eerste week renden ze om elf uur 's avonds nog steeds door het huis. Na drie weken gaat het beter. Ze lijken stilaan in het ritme te komen om op tijd naar bed te gaan. Ze slapen bij Mariella in bed. Alleen slapen durven ze niet. Ook volgen ze haar de hele dag door het huis.

Hoewel de kinderbescherming een uitgebreid terugkeerplan had aangekondigd en Mariella zorg en hulp zou krijgen bij de opvang van de kinderen, is er in de drie weken dat de kinderen daar nu zijn nog maar weinig contact geweest met de voogden. De ene voogd is met vakantie, de andere gaat volgende week, zegt Mariella. Wanneer de toegezegde hulp komt weet ze niet.

Ze doet het met alle liefde, maar het is zwaar voor haar

om ineens voor twee kinderen te zorgen die door de omstandigheden waarin ze de eerste jaren van hun leven zijn opgegroeid verstoord zijn in hun ontwikkeling. Het verdriet over de dood van haar zus is nog niet verwerkt. Bovendien heeft ze maanden in spanning geleefd over het lot van de kinderen, die alleen in het kamp achter waren gebleven. Gelukkig is er de steun van haar familie. 'We zijn altijd heel hecht geweest dus ik kan op mijn familie rekenen.' Maar dat het allemaal zwaar is, is duidelijk.

Hoewel de kinderen nu met alle zorgen omringd worden, kun je je niet aan de indruk onttrekken dat ze in hun jonge leven iets hebben meegemaakt wat wellicht zijn sporen heeft nagelaten, die op latere leeftijd manifest zullen worden. Hoe zij zich zullen ontwikkelen is een groot vraagteken en de vraag is hoe ze ooit zullen reageren als ze hun levensverhaal en dat van hun ouders te horen krijgen. Over hun vader, die zijn leven heeft gegeven voor de strijd in Syrië en over hun moeder, die eenzaam is gestorven in een Koerdisch kamp. Over de periode van zes maanden dat ze, jong als ze waren, nagenoeg op zichzelf aangewezen waren. En over de dag dat ze ineens meegenomen werden door twee vreemde mannen. 'Weet je wat me zo verdrietig maakt?' zegt Mariella. 'Dat het lijkt alsof ze hun moeder niet meer kennen.' Ze kijkt wel eens foto's met de kinderen, ook foto's van het kamp, om te zien of ze zich iets kunnen herinneren. 'Als ze een foto zien van mij en hen wijzen ze met hun vingertje en zeggen ze: "Mari"', want zo wordt Mariella door haar familieleden genoemd. 'Maar als ze een foto zien met hun moeder hebben ze alleen maar aandacht voor zichzelf. Ze lijken niet te weten dat de vrouw op de foto hun moeder is. En je kunt je niet voorstellen hoe verdrietig mij dat maakt. Die vreselijke oorlog heeft alleen maar verliezers opgeleverd.'

Mijn zoektocht

Mijn bezoek aan Ismail en Amina was het voorlopige einde van mijn zoektocht. Een zoektocht die in de zomer van 2012 begon, en die mij zou leiden langs het verhaal van zo veel jonge mannen en vrouwen die naar de oorlog in Syrië waren vertrokken en van hun families die waren achtergebleven. Het was een lange en vermoeiende zoektocht waarin ik veel zou leren maar waarin vragen zouden blijven en twijfels zouden rijzen. Dit boek vormt de neerslag van deze zoektocht waarin ik in eerste instantie inga op de vraag waarom deze jonge mannen en vrouwen die in België of Nederland waren geboren en opgegroeid, besloten om naar een land in oorlog te vertrekken. Daarnaast schets ik een beeld van hun leven in het kalifaat. En tot slot probeer ik te reconstrueren waarom sommigen gingen twijfelen, uiteindelijk het kalifaat ontvluchtten en terugkeerden naar het land dat zij eerder hadden uitgespuwd. Het zijn verhalen over religieus fanatisme en meedogenloos geweld, maar ook over onvervulde dromen, uitgedoofde liefdesrelaties en het verlangen naar vrijheid.

Het was zomer 2012 en via sociale media sloeg ik al een aantal weken de activiteiten gade van de Belgisch radicaalislamitische organisatie Sharia4Belgium, die op dat ogenblik hoogtijdagen beleefde. Na een relatief rustige begintijd, waarin de organisatie slechts sporadisch de media haalde, was de zomer van 2012 er een van rellen, retoriek en rumoer. De zogenaamde nikab-rellen in het Brusselse Sint-Jans-Molenbeek – waarbij tumult was ontstaan nadat een vrouw in nikab tijdens een controle een politieagente een kopstoot had gegeven – vormden het startschot. Sindsdien volgden de incidenten elkaar in hoog tempo op en haalde de organisatie steeds vaker de voorpagina's. De centrale boodschap die zij daarbij telkens naar voren bracht was: er is een oorlog gaande tegen de moslims en die moeten er alles aan doen om de eer van Allah en zijn boodschapper Mohammed te verdedigen.[1]

Hoewel ik in eerste instantie vooral meer te weten wilde komen over Sharia4Belgium verplaatste mijn aandacht zich geleidelijk aan naar een groep Belgische en Nederlandse jonge mannen en vrouwen die op Facebook discussies voerden over de gewapende strijd in Syrië. Mijn aandacht werd door hen getrokken omdat ze deze strijd vol vuur verdedigden en vertelden hoe ze hun leven of dat van hun kinderen wilden opofferen voor Allah. Zij kwamen op mij over als een groep pubers die, zoals pubers dat vaak doen, elkaar de loef wilden afsteken. Maar uiteindelijk zouden ze geen van allen ooit naar Syrië vertrekken, zo bedacht ik. Ik zou me heel erg vergissen. In de loop der tijd zag ik veel van deze jongens en meisjes, kinderen vaak nog, afreizen naar het heilige land. En we hadden er het raden naar waarom zo veel andere jongeren uit zo veel andere landen precies op dat moment hetzelfde deden.

Ik wilde weten wie deze jonge mannen waren die ervoor kozen om hun comfortabele leven in het Westen in te ruilen voor een onzekere toekomst in een land in oorlog. En wie waren de jonge vrouwen die hen volgden, een droom achternajagend die uiteindelijk uit elkaar zou spatten? Hoe zag hun leven in het kalifaat eruit? En waarom begonnen sommigen na verloop van tijd te twijfelen, terwijl anderen, met net zoveel kracht, het IS-gedachtegoed bleven steunen?

Het was fascinerend om deze jonge mannen en vrouwen dag in dag uit te volgen op Facebook. De discussies die ze daar voerden gaven een mooie inkijk in hun leefwereld. Maar er viel niet achter te komen wie er schuil gingen achter hun profielen en wie de jongeren echt waren. Het was namelijk zo goed als onmogelijk om met hen het gesprek aan te gaan. Ik heb het wel eens geprobeerd maar dat bleef meestal zonder resultaat.[2] Praten met een 'ongelovige' onderzoeker was immers meer dan vloeken in de kerk. Wie zij waren en wat hen werkelijk bezighield viel op dat ogenblik dus niet te achterhalen. Ook was onbekend uit welke gezinnen zij afkomstig waren en het leek op het eerste gezicht niet eenvoudig om die te vinden.

Maar soms heb je geluk. Steeds meer ouders van jonge mannen en vrouwen die naar Syrië vertrokken deden hun verhaal in de media en waren via Facebook te traceren, hoewel het nog niet meeviel om hen daar te benaderen. Toch waren de meesten vrij makkelijk te overtuigen om met mij het gesprek aan te gaan en hun verhaal te vertellen. Uiteindelijk heb ik met 43 families van wie de kinderen naar Syrië zijn afgereisd gesprekken gevoerd, en daarnaast heb ik dertig leraren gesproken en heb ik de verhalen opgetekend van twintig jonge mannen en vrouwen die het kalifaat waren ontvlucht.

In het voorjaar van 2013 begon ik de eerste families op te zoeken die in verbijstering waren achtergebleven nadat hun geliefden naar het oorlogsgebied waren vertrokken. Avond aan avond luisterde ik naar hun verhalen en probeerde een beeld te krijgen van wat er vooraf was gegaan aan het vertrek van hun kinderen.

Wat me in de gesprekken opviel was dat de ouders, wanneer hun anonimiteit gegarandeerd was, meer details vertelden dan zij in de media loslieten. De meesten vertoonden de neiging om in de media een positief beeld te schetsen van hun kinderen, terwijl zij tijdens gesprekken met mij vaak ingingen op problemen die zich hadden voorgedaan voorafgaand aan hun vertrek. 'Dit heb ik niet verteld op de televisie,' zeiden ze dan, en dan volgde meestal een verhaal waaruit bleek dat hun kinderen toch een iets actievere rol hadden gespeeld bij hun vertrek naar Syrië dan de getuigenissen van de ouders in de media ons wilden doen geloven. Maar daarnaast werd mij gaandeweg duidelijk dat nogal wat ouders de neiging vertoonden om weinig kritische vragen te stellen bij hun eigen rol. Problemen die zich vaak mede door hun toedoen hadden voorgedaan werden niet benoemd, maar kwamen vaak jaren later naar boven. En meestal waren dit de laatste puzzelstukjes die het verhaal compleet maakten. Dan werd het pas helder dat er vaak een wereld van verschil was tussen wat de ouders in de media hadden verteld en wat zich feitelijk had afgespeeld.

In september 2014, toen ik al behoorlijk wat families had gesproken en ik zag hoe de meeste maar weinig met lotgenoten over hun problemen konden praten, besloot ik een Facebookgroep op te zetten, genaamd De ontbrekende schakel om families met elkaar in contact te brengen. Onderling hadden de ouders hierdoor steun aan elkaar in wellicht een van de moeilijkste perioden uit hun leven. Maar het was voor mij ook een handige manier om met hen contact te houden en te achterhalen wat hen van dag tot dag bezighield.

Naarmate de tijd vorderde waren er steeds meer ouders die mij opzochten. Ik ontving veel berichten die vaak in het holst van de nacht verstuurd waren, van ouders die wanhopig waren en enige houvast zochten. Het was meestal het begin van urenlange gesprekken via WhatsApp, die dan uiteindelijk uitmondden in een persoonlijk bezoek aan de families.

Omdat de visies van de familieleden alleen onvoldoende licht konden werpen op de periode voorafgaand aan het vertrek van de jonge mannen en vrouwen, begon ik ook steeds meer contacten te leggen met de scholen die zij bezocht hadden. Voormalige leraren waren door hun contacten met de jongeren en de ouders namelijk vaak redelijk goed op de hoogte van de thuissituatie en konden veelal een goed beeld geven van wat zich had afgespeeld voorafgaand aan hun vertrek.

Gaandeweg de jaren begon ik steeds meer gesprekken te voeren met jonge mannen en vrouwen die het strijdgebied ontvlucht waren. Sommigen sprak ik in de beslotenheid van hun eigen huis, in restaurants of theehuizen, anderen zocht ik op in de gevangenis. Met weer anderen, die IS ontvlucht waren en ondergebracht waren in een van de vluchtelingenkampen in het noorden van Syrië, sprak ik via WhatsApp. Net als bij de families het geval was geweest varieerde ook de kwaliteit van hun getuigenissen. Vaak waren de precieze omstandigheden en redenen waarom zij IS hadden verlaten niet duidelijk. Een ander probleem was dat vaak onduidelijk bleef wat hun betrokkenheid bij IS was geweest. Zo bleek dat de mannen hun betrokkenheid bij de gewapende strijd minimaliseerden, maar ook vrouwen leken de periode waarin ze achter IS hadden gestaan te willen wegvlakken.³ En is het wel eens voorgekomen dat het verhaal van de ene werd genuanceerd door de andere, of soms zelfs, volledig van tafel werd geveegd en af werd gedaan als leugens. In dergelijke gevallen ging ik toch weer twijfelen. Niettemin gaven de urenlange gesprekken een goed beeld van hoe hun leven was geweest. Een leven dat vaak getekend was door een hele reeks problemen, wat uiteindelijk uitmondde in een vertrek naar Syrië, waar ze terechtkwamen in een godsgruwelijke oorlog die ze uiteindelijk zouden ontvluchten.

Waarom ze gingen

Ebru

Eind 2017 werd Ebru, samen met haar man Timur en hun twee kinderen, aangehouden door de Syrische Democratische strijdkrachten (SDF). Ze waren op weg naar Turkije en zaten, samen met vier andere strijders en hun families, verstopt in de lege tank van een vrachtwagen die diesel transporteerde. Maar Turkije zouden ze niet bereiken. Na hun arrestatie kwam Timur in de gevangenis terecht. Ebru werd met hun twee kinderen opgevangen in een van de Koerdische kampen in Noord-Syrië.

Ik volgde Ebru al sinds augustus 2012 via Facebook, al kende ik haar toen nog niet onder haar echte naam maar als Umm Soumaya. Tussen al die jonge vrouwen viel ze op doordat ze vol vuur de gewapende strijd in Syrië verdedigde. Pagina na pagina zong ze de lof over de gewapende strijd en spoorde ze westerse mannen aan om zich bij de 'karavaan van de helden' aan te sluiten. Ebru werd omringd door een grote schare gelijkgezinde vrouwen. Ik maakte deel uit van hun netwerk op Facebook en hoewel ik hen nooit gesproken had, had ik het gevoel dat ik hen één voor één kende. Zij had bovendien niet alleen haar persoonlijke account op Facebook maar had samen met twee andere 'zusters' een account onder de naam Sayful Islam, wat 'het zwaard van de islam' betekent. Ook daar werd druk gepost over de gewapende strijd.

Na lange tijd te hebben geobserveerd wat er zoal gepost werd op de gemeenschappelijke account van de vrouwen besloot ik hun op een dag een bericht te sturen. Het was oktober 2012. Ik kreeg een paar uur later een vriendelijk bericht terug. Ze wilden wel praten, dus als ik wilde konden we elkaar ontmoeten. Plaats van ontmoeting was een groezelige snackbar in een van de armste wijken van Antwerpen. Er was mij niet gezegd waar ik precies heen moest, maar ik had een nummer gekregen dat ik kon bellen als ik eraan kwam. Op dat moment zou een van de vrouwen naar buiten komen en zwaaien. Ik liep langs de verschillende obscure snackbarretjes en theehuisjes met mijn telefoon aan mijn oor toen ik vijftig meter verder een vrouw in een zwarte nikab in de deuropening van een van de barretjes zag staan. Toen ik bij de deur kwam keken twee ogen mij onderzoekend aan. Ik bleef staan en wist niet zo goed wat ik moest doen. 'Kom maar mee,' zei ze en ze liep voor me uit naar binnen.

Helemaal achterin zat een gezelschap van een stuk of acht vrouwen, allen in nikab gekleed. Weer voelde ik een heleboel ogen op mij gericht. Ik schudde hen één voor één de hand en ging aan de hoek van de tafel zitten. Waarom ik zo geïnteresseerd was om met hen te praten, vielen ze meteen met de deur in huis. Of ik moslima was. Of het misschien wilde worden. En wat ik met de informatie zou doen. Het was de eerste keer in mijn leven dat ik met een gezelschap aan tafel zat waarvan de gezichten bedekt waren. Dat voelde een beetje ongemakkelijk omdat ik hun gezichtsuitdrukking niet kon zien toen ik begon te praten. Ik wist dus niet of ik de juiste antwoorden gaf, of er een kans was dat we elkaar weer zouden zien en of zij me wilden meenemen in een wereld die mij totaal vreemd was.

Na een gesprek van een uur, dat in eerste instantie vooral op een examen leek maar uiteindelijk uitmondde in een gesprek over koetjes en kalfjes, liep ik zelfverzekerd de deur uit. Ik had het idee dat ik de vuurdoop redelijk goed had doorstaan. Maar een paar dagen later kreeg ik een bericht van Sayful Islam dat ze ervoor hadden gekozen om niet verder het gesprek met mij aan te gaan.

Het was maart 2014 toen ik voor het eerst bij de familie van Ebru over de vloer kwam. De straat waar ze woonden was troosteloos en grauw. Nagenoeg alle appartementen hadden een schotelantenne. De buitendeur van de flat waar de familie woonde was kapot en stond half open. Ik belde lukraak aan en kreeg door de intercom te horen dat ik naar de tweede etage moest komen. Daar zag ik een deur van een appartement op een kier staan. Ik klopte zachtjes en liep naar binnen. Een vrouw met een hoofddoek op, ernstig gezicht, een gebedskransje in de hand, zat in kleermakerszit op een klein bankje aan de linkerkant van de woonkamer. Een man, Ebru's vader naar ik aannam, zat met zijn rug naar me toe voor de computer en was druk aan het telefoneren. Na een kwartier keerde hij zich om en liep met uitgestoken hand naar me toe.

Ebru was een week daarvoor samen met vier andere meisjes van Sayful Islam vertrokken. Ik begreep ineens dat zowat de helft van de vrouwen die ik in de snackbar had gesproken in één klap verdwenen was naar Syrië. Twee van hen waren onderschept op de luchthaven en werden nu vastgehouden.

Vader toonde zich strijdvaardig maar tegelijkertijd wanhopig. Hij had het vermoeden dat zijn dochter nog in Turkije was en probeerde haar met alle mogelijke middelen terug te halen. Terwijl ik met hem praatte, werd ik steeds afgeleid door de smekende geluiden die de moeder maakte. De ouders van Ebru waren overmand door verdriet, dat was goed te zien aan hun gezichten. De vader zocht informatie over zijn dochter, zei hij. Hij had net weer met de politie en de douane in Turkije gebeld. Hij was Ebru kort na haar vertrek achterna gereisd en had op de luchthaven een video te zien gekregen van zijn dochter die aankwam in Turkije. In de dagen na haar vertrek had hij de computer doorzocht en pamfletten gevonden van Sharia4Belgium. Maar verder had hij nooit geweten dat zijn dochter sympathie had voor de beweging.

Ebru was negentien jaar. In Syrië was ze een islamitisch huwelijk aangegaan met de 22-jarige Timur, die zich als strijder bij IS had aangesloten. Timur was in België geboren uit Turkse ouders. Eind 2012 verhuisden ze naar Turkije. Begin 2013 was hij naar Syrië vertrokken. Toen een van zijn vrienden zwaar gewond raakte bracht hij hem naar een ziekenhuis in Turkije. Hij besloot niet terug te keren naar het front, maar bood kandidaat-strijders in Istanbul onderdak en hielp hen de oversteek naar Syrië te maken. Timur voelde zich een mislukkeling in vergelijking met zijn vrienden. De jonge mannen die zich aanmeldden als strijders geloofden volgens hem dat zij het juiste deden en hadden niet door dat ze uiteindelijk bedrogen zouden worden. Zij hadden, net als hij, weinig kennis van de Koran en waren overdonderd door de IS-propaganda. Uiteindelijk besloot hij begin 2014 zelf opnieuw de grens over te steken en zich bij IS aan te sluiten. Ebru reisde hem kort daarna achterna.

De vader van Ebru kon maar niet begrijpen dat zijn dochter naar Syrië was gegaan. Twee jaar eerder was zij nog een gewoon meisje. Hij toonde vakantiefoto's van een meisje zonder hoofddoek dat een beetje verlegen in de camera keek. Maar na die vakantie was alles veranderd. Ze begon een hijab te dragen en korte tijd daarna een zwarte nikab en zwarte handschoenen. Ze zei dat ze dit droeg omdat ze Allah moest gehoorzamen. Behalve dat haar klederdracht veranderd was had haar vader niets gemerkt van de radicalisering van zijn dochter. Ze ging wel vaker bidden en ze las in de Koran, wat ze daarvoor nooit had gedaan. Maar hij had er niets achter gezocht. 'Ze begon ook te zeggen dat we geen goede moslims waren. Ze vond ons *kufar* (ongelovigen), hoewel ze dat nooit met zo veel woorden heeft gezegd.'

Ik dacht aan de vele honderden berichten van Ebru op Facebook. Zat ze vaak aan de computer, vroeg ik hem. 'Ik heb gemerkt, als ik 's avonds laat thuiskwam, dat ze hier in de woonkamer in het donker aan de computer zat als iedereen al sliep. En dan stopte ze meteen als ik binnen kwam en vluchtte ze naar haar kamer.' Ik probeerde me voor te stellen hoe Ebru, amper negentien jaar, 's avonds uit haar kamer sloop om aan één stuk door haatboodschappen de wereld in te sturen. En hoe de woede die zij voelde uiteindelijk resulteerde in haar vertrek. Hoe ik, zonder het te beseffen, waarschijnlijk die dag in de snackbar oog in oog met haar had gestaan. En hoe zij mij wellicht haatte vanwege mijn ongeloof.

Anders dan haar vader hadden haar leraren op school wel degelijk gemerkt dat er na de zomer van 2012 iets veranderd was. Zij was voor die tijd altijd een probleemgeval geweest: te laat komen, spijbelen, roken op school en andere overtredingen. Haar ouders werden een aantal keer uitgenodigd om te komen praten, maar waren nooit komen opdagen. 'Tot dan toe was Ebru altijd een westers meisje geweest,' vertelde een voormalig leraar, 'maar toen ze terugkwam na de vakantie was ze qua kledij helemaal veranderd.' Ebru was geen uitzondering, want na de zomer van 2012 waren er op andere Antwerpse scholen wel meer leraren die opmerkten dat hun leerlingen veranderd waren. Toevallig of niet was dit de rumoerige zomer van Sharia4Belgium waarin zij het ene conflict na het andere uitlokten en blijkbaar steeds meer jongeren enthousiast wisten te maken voor hun boodschap. En toen ging het heel snel. Sinds november 2012 kwam Ebru nog nauwelijks naar school. Waar ze mee bezig was, wisten ze niet maar het was duidelijk dat zij zich steeds meer afsloot en er nog lastig een gesprek met haar te voeren was. Eind januari 2013 ging ze definitief van school af. Ze zou zich toen aangemeld hebben op een andere school maar uiteindelijk verdween ze helemaal uit beeld. Later bleek dat ze naar Syrië vertrokken was.

Een aantal maanden na haar aankomst in Syrië legde Ebru, die zichzelf inmiddels Umm Soumaya Muhajirah (immigrant) noemde, op Facebook uit waarom ze ervoor gekozen had om daarheen te gaan. 'Eerst en vooral de reden waarom ik *hijra* (emigratie) heb verricht, is enkel en alleen omwille van *Allah subhanahu wa ta'ala* (geprezen en verheven is Hij). *Alhamdulillah* (Dank aan God), ik heb ervoor gekozen, zoals vele andere *muhajirats* (emigranten) hier, om te leven onder de vlag van *la ilaha illa Allah* (niemand heeft het recht om aanbeden te worden, behalve Allah). We lopen hier met onze voorhoofden hoog rond. Integendeel in *dar al kufr* (het huis van de ongelovigen) liepen we vernederd rond. De kufar lachten ons uit op straat. Onze nikab werd afgenomen van ons. Elke dag opnieuw werd onze profeet *sallallahu alayhi wasallam* (vrede zij met hem) bespot door de apen en zwijnen. Wat voor nut had ik daar om te leven? Geld? Mijn ouders en geliefden? Nee bij Allah, hier zijn we nuttig. We sturen onze mannen op *jihad fisabilillah* (jihad op het pad van Allah). Op *ribaat fisabilillah*. We steunen hen, we wassen hun kleren, we voeden hen. Volgens Zayd ibn Khalid radiAllahu anhu heeft de profeet *sallallahu alayhi wasallam* (vrede zij met hem) gezegd: Wie een strijder op de weg van Allah van een uitrusting voorziet, heeft ook deelgenomen aan de strijd. En wie de strijder op een waardige manier vervangt bij zijn familie, heeft ook deelgenomen aan de strijd. *Ya'ni hamdulilah* we zijn vereerd hier en we zijn tevreden. Moge Allah ook tevreden zijn met ons. *Amien* (amen).'

Waarom ze gingen

Door de geschiedenis heen zijn er altijd mensen geweest die huis en haard verlieten om zich aan te sluiten bij gewapende conflicten. Arielli helpt ons dit fenomeen te begrijpen door de geschiedenis van vrijwilligers[1] te vertellen die zich vanaf de Franse Revolutie tot de oorlog in Syrië aansloten bij oorlogen. Hij laat zien dat vrijwilligers zich lieten leiden door verschillende idealen en dat zij verschillende doelen nastreefden tijdens de conflicten waar zij aan deelnamen.[2] In zijn algemeenheid kan men stellen dat veel van deze vrijwilligers op zoek waren naar zingeving en betekenis.[3]

De motieven van de kruisvaarders om zich aan te sluiten bij oorlogen vertoonden veel overeenkomsten met de redenen waarom jonge mannen en vrouwen zich aansloten bij de gewapende strijd in Syrië. Voor de kruisvaarders speelden religieuze redenen namelijk een centrale rol. Zij vochten voor God in de hoop dat hun zonden vergeven zouden worden. Het feit dat ze tot dezelfde netwerken behoorden (velen kwamen uit dezelfde gebieden of waren verwant met elkaar) en het feit dat ze de mogelijkheid hadden zich aan te sluiten bij de oorlog, verschilde niet veel van de motieven van de vrijwilligers die zich later bij conflicten aansloten.[4] Er sloten zich door de geschiedenis heen trouwens allerlei types aan bij oorlogen maar vaak ging het om werklozen, mannen die laaggeschoold werk deden zonder enig vooruitzicht, mensen die hun straf wilden ontlopen of die eenvoudigweg op zoek waren naar avontuur. Vechten in een ver land kon gezien worden als een manier om de leegte op te vullen in het vooroorlogse leven van de vrijwilligers. Zij kregen hierdoor weer een gevoel van eigenwaarde alsook erkenning van hun omgeving.[5] Overigens namen zij hun beslissing om aan te sluiten bij de strijd niet in een vacuüm. Zij waren gevoelig voor de invloed van anderen (bijvoorbeeld een politieke of een religieuze beweging), *peers* en de media.

De mannen en vrouwen die deelnamen aan de strijd in Syrië hadden eveneens vaak dit soort achtergronden. Zij hadden dikwijls een kwetsbare achtergrond, hoewel er zeker uitzonderingen waren, en raakten er binnen een groep gelijkgezinden steeds meer van overtuigd dat zij als moslim de plicht hadden zich aan te sluiten bij de gewapende strijd, zoals onder andere beschreven door Marc Sageman in zijn *bunch of guys*-theorie.[6] Daarnaast werden zij beïnvloed door propaganda die jonge mannen en vrouwen aanmoedigden naar Syrië te vertrekken. Tot dusver is er geen enkele oorlog geweest waarin propaganda via sociale media zo'n grote rol heeft gespeeld bij het werven van strijders als de oorlog in Syrië.

Arielli laat zien dat door de geschiedenis heen sommige oorlogen meer vrijwilligers aantrokken dan andere. Dit 'succes' werd niet noodzakelijk bepaald door de hoeveelheid lijden die deze oorlogen voortbrachten, maar eerder door de beschikbaarheid van een publiek dat sympathiek stond ten aanzien van de plicht om deel te nemen aan het conflict.[7] Bovendien toont Arielli hoe activisme door de geschiedenis heen vaak overging in gewapende strijd. Zo waren er mannen die nog voordat de Spaanse burgeroorlog uitbrak deelnamen aan bijeenkomsten, demonstraties, geld- en voedselinzamelingen, maar die stilaan tot het besef kwamen dat dit niet langer een antwoord kon bieden op wat er zich in het land afspeelde. Daarom vertrokken zij uiteindelijk naar Spanje om zich bij het gewapend conflict aan te sluiten.[8] Hetzelfde is gebeurd met jonge Belgische en Nederlandse mannen en vrouwen die zich aanvankelijk bezighielden met activisme – Martijn de Koning noemde het spektakelactivisme[9] – om vervolgens af te reizen naar Syrië, ervan uitgaande dat ze daar meer konden doen om hun broeders en zusters bij te staan dan hier.

Een belangrijke vraag die de oorlog in Syrië heeft opgeroepen is wat eerst kwam. Heeft de oorlog ertoe geleid dat extremistische jongeren daarheen gegaan zijn om terroristische handelingen te plegen? Of heeft de oorlog in Syrië ertoe geleid dat jongeren uit het Westen radicaliseerden?[10]

Het mentale proces dat jongeren hebben ondergaan vooraleer zij tot actie overgingen – het proces van radicalisering – vormt al lang het onderwerp van studie. In de internationale literatuur wordt de laatste jaren steeds meer getwijfeld of aan bepaalde acties in alle gevallen een radicaliseringsproces vooraf is gegaan.[11] Er zijn namelijk gevallen van razendsnelle overgang naar terrorisme bekend zonder een voorafgaande radicaliseringsfase, net zoals er jongeren zijn die aan de strijd deelnemen zonder enige ideologische basis, wat Horgan heeft laten zien.[12] Voorts vragen McCauley en Moskalenko zich af wat überhaupt de rol van ideologie is bij politieke radicalisering.[13] Een andere centrale vraag in het radicaliseringsdebat is of terrorisme voortkomt uit godsdienstige overtuiging of uit sociale en identiteitsproblemen. Volgens Roy komt religie pas in het spel bij radicalisering wanneer de betrokkene wil laten zien dat zijn/haar acties een hoger doel dienen. In werkelijkheid zijn hun motivaties meestal van persoonlijke aard.[14] Maar volgens weer anderen zijn religie en ideologie wel degelijk belangrijk bij radicalisering en worden individuen die groepen vormen juist uitgekozen op basis van hun religieuze betrokkenheid. Religieuze ideologie speelt volgens deze auteurs een centrale rol in de identiteit van de betrokkenen en in het doel dat zij hebben in het leven, alsook in de socialisatieprocessen die hebben geleid tot hun radicalisering.[15]

In de internationale literatuur ligt de nadruk op het feit dat het radicaliseringsproces een ontwikkeling is in één richting waarbij verschillende fasen worden doorlopen. Vooral het denkmodel volgens metaforen (het trappenhuismodel bijvoorbeeld) en het idee dat radicalisering een lineair proces is, moeten het tegenwoordig ontgelden. Dat geldt trouwens ook voor de veronderstelling dat er zoiets als '*root causes*' bestaan voor terrorisme. De vraag is of er aanwijzingen te vinden zijn voor de veronderstelling dat jongeren zich bij de gewapende strijd hebben aangesloten zonder dat er sprake is geweest van een voorafgaand radicaliseringsproces, of dat zij aan de strijd hebben deelgenomen zonder enige ideologische basis.

Er blijft dus ontzettend veel onduidelijkheid bestaan over de redenen waarom zo veel westerse jonge mannen en vrouwen zich hebben aangesloten bij de strijd in Syrië. In veel gevallen werd gesuggereerd dat ze zich bij IS aansloten omdat zij het gevoel hadden dat zij in de westerse samenleving niet op acceptatie konden rekenen. Er werd gewezen op de gevoelens van isolatie en uitsluiting die zij ervoeren, omdat zij zelf via sociale media vaak onthulden dat xenofobie en negatieve attitudes tegenover moslimimmigranten in het Westen hen had doen besluiten hun religie elders te beoefenen.[16] Naast en misschien wel ten gevolge van het feit dat zij zich niet geaccepteerd voelden, zouden velen onder hen op zoek zijn gegaan naar hun identiteit. Veelvuldig kwam aan de orde dat deze mannen en vrouwen in een identiteitscrisis terecht waren gekomen vanwege discriminatie, achterstand en islamofobie.[17] En als gevolg van deze zowel werkelijke als vermeende grieven, die sterk werden aangewakkerd op sociale media, zouden zij vatbaarder zijn geweest voor het gedachtegoed van IS.

Een ander aspect, dat hiermee samenhing, was het idee dat het vertrek van deze mannen en vrouwen politiek gemotiveerd was. Zij zouden zich hebben aangesloten bij IS omdat zij het gevoel hadden dat de Ummah, de wereldgemeenschap van moslims, wereldwijd onder vuur lag en onderdrukt werd.[18] Daarnaast zouden velen van hen zich hebben geïdentificeerd met het leed van moslims wereldwijd, met daaraan gekoppeld de woede over het buitenlands beleid ten aanzien van moslimlanden.[19]

Er is dus veel geschreven over deze mannen en vrouwen, maar er is vooral veel gespeculeerd over de redenen waarom zij zich hebben aangesloten bij een conflict in een land ver weg, waar ze op een aantal uitzonderingen na totaal geen binding mee hadden. De literatuur geeft echter totaal geen duidelijkheid hierover en wanneer ik tegenover de ouders zat, en later steeds meer in gesprek raakte met jonge mannen en vrouwen die zelf naar Syrië waren gegaan, besefte ik dat de werkelijkheid een stuk ingewikkelder was dan wat op basis van de literatuur blijkt. Maar om dat ten volle te beseffen was een lange zoektocht nodig.

De 'ronselnetwerken'

DE TREK NAAR SYRIË

Op 7 februari 2013 kwam Rob Bertholee, hoofd van de Algemene Inlichtingen- en Veiligheidsdienst (AIVD), met een opmerkelijke mededeling: enkele tientallen jongeren waren vanuit Nederland afgereisd naar Syrië om daar deel te nemen aan de gewapende strijd. Ze zouden zich aan hebben gesloten bij radicale moslimgroepen zoals Jabath al-Nusra, dat door de Verenigde Staten op een terreurlijst was geplaatst en waarvan de leider Abu Mohammed al-Jawalani begin maart 2013 verklaarde dat hij een alliantie had gesloten met Al-Qaeda. Bertholee waarschuwde voor de problemen die zich zouden kunnen voordoen als de jongeren zouden terugkeren naar Nederland. Hij maakte zich zorgen over de gevechtservaring die zij mogelijk hadden opgedaan in het oorlogsgebied en de ideologie die ze wellicht hadden meegekregen. Ook zouden sommigen getraumatiseerd kunnen zijn en hierdoor bij terugkeer naar Nederland voor de nodige veiligheidsrisico's kunnen zorgen.

Een maand later publiceerde de Nationaal Coördinator Terrorismebestrijding en Veiligheid (NCTV) het driemaandelijkse *Dreigingsbeeld Terrorismebestrijding Nederland*, waarin het dreigingsniveau voor terrorisme in

Nederland was verhoogd van 'beperkt' naar 'substantieel', de op één na hoogste alarmfase. De belangrijkste reden: de stijging van het aantal Nederlandse moslims die meevochten in Syrië en diverse landen in Afrika. Het zou volgens toenmalig topman Dick Schoof in totaal om ongeveer honderd strijders gaan. Zoals Rob Bertholee eerder opperde, konden deze volgens hem bij hun terugkomst in Nederland een dreiging vormen voor de Nederlandse samenleving.

Een paar dagen later vertelde Eurojust-voorzitter Michèle Coninsx tijdens een interview met de VRT dat honderden Europese jongeren in Syrië streden tegen het regime van Bashar al-Assad. Daaronder zouden zich ook enkele tientallen Vlaamse jongeren bevinden, vooral uit Antwerpen, Mechelen en Vilvoorde. Voor Eurojust, een EU-agentschap dat onderzoek naar grensoverschrijdende criminaliteit faciliteert, was de stijging zorgwekkend omdat deze jongeren in Syrië in contact kwamen met radicale terreurbewegingen die vaak gelinkt waren aan Al-Qaeda. Bij hun terugkeer in eigen land vormden deze jongeren volgens Eurojust een potentieel gevaar.[20]

Ook vanuit andere Europese landen kwamen er mededelingen dat er groepen jonge mannen afgereisd waren naar het oorlogsgebied. Volgens het International Centre for the Study of Radicalisation waren er sinds begin 2011 tussen de 140 en 600 Europeanen als jihadstrijders naar Syrië vertrokken. Heel Europa was gealarmeerd over het vertrek van hun onderdanen en de vraag was hoe het mogelijk was dat zovelen geruisloos naar een land in oorlog hadden kunnen vertrekken.

RONSELING VOOR DE JIHAD

Kort nadat gebleken was dat Belgische en Nederlandse jonge mannen – en later ook vrouwen – naar Syrië waren vertrokken begonnen ouders in de media hun verhaal te doen. In de meeste interviews viel al snel het woord 'ronseling'. Zo waren er ouders die de leider van Sharia4-Belgium, Fouad Belkacem, persoonlijk verantwoordelijk stelden voor het vertrek van hun geliefden.[21] Ook in Nederland werd vrijwel meteen het vermoeden uitgesproken dat een deel van de Syriëgangers geronseld was. Onder meer Sharia4Holland werd hiervan verdacht, maar ook de organisaties Straat Dawah en Behind Bars. Sommige kranten noemden veronderstelde ronselaars met naam en toenaam. Zo werd de naam van Murat Öfkeli, beter bekend als Ibrahim de Turk, genoemd, die al eerder veroordeeld was wegens rekrutering voor de gewapende strijd. Hij zat volgens de ouders na het gebed in de Turkse Mimar Sinan-moskee, in het hartje van de Haagse Schilderswijk, vaak op het Teniersplantsoen, waar hij jongeren openlijk aansprak over de strijd. De ouders hoorden hem naar eigen zeggen praten over auto's opblazen en 'andere extreme dingen'.[22] Een tweede man die in diverse media openlijk van ronselen werd beschuldigd was Azzedine Choukoud.[23] Choukoud was een charismatische jonge man uit de Schilderswijk die door zijn uitstraling maar ook door de boodschap die hij verkondigde veel jongeren aan zich wist te binden. Daarnaast kwamen er berichten dat vanuit moskeeën jongeren zouden zijn geronseld. Onder meer de Al-Qibla-moskee in Zoetermeer werd genoemd.[24] Verder werd met een beschuldigende vinger gewezen naar verschillende predikers, waaronder Mohamed

Talbi uit Zoetermeer, die eveneens veel jongeren aan zich wist te binden.

De AIVD mengde zich in de berichtgeving en meldde geen aanwijzingen te hebben dat jihadistische organisaties in Nederland jonge moslims ronselden om deel te nemen aan de gewapende strijd in Syrië. Ook waren er geen indicaties dat jongeren werden betaald om naar Syrië te reizen. Wel was er volgens de dienst sprake van een groepsproces bij de jihadreizigers, waarbij zowel sociale media als bestaande vriendschappen een belangrijke rol leken te spelen. Ook zag de AIVD dat sleutelfiguren met bepaalde ervaring en ideologisch charisma een rol konden spelen door jongeren te wijzen op reisroutes, contactpersonen en tips over veiligheid.[25]

Op de ouders van Syriëgangers maakte het allemaal weinig indruk. Volgens hen was er wel degelijk geronseld voor de jihad en waren hun kinderen 'gehersenspoeld' en 'opgehitst' om in Syrië te gaan strijden. Of er nu al dan niet sprake was van ronseling, het bleef opmerkelijk dat het merendeel van de Nederlandse Syriëstrijders in die tijd afkomstig was uit de regio Den Haag-Zoetermeer-Delft. En dat was precies de regio, met name Den Haag, waar Azzedine Choukoud en de zijnen actief waren. Een ander toeval leek dat Belgische jihadisten vooral uit Antwerpen en Brussel afkomstig waren, toevallig of niet twee steden waar ronselnetwerken actief waren.

DRIE NEDERLANDSE NETWERKEN

De leidende rol van Den Haag binnen het radicaalislamitische milieu in Nederland had ongetwijfeld te maken met de invloed van de salafistische As-Soennah-moskee in de Haagse Schilderswijk en haar vroegere imam, de Syriër Fawaz Jneid. Fawaz was bekend vanwege zijn uitgesproken standpunten over het Palestijns-Israëlisch conflict, de aanwezigheid van Amerikaanse troepen in Afghanistan en Irak en de positie van moslims in het Westen. Maar toen hij na de moord op Theo van Gogh steeds meer in het vizier kwam van de veiligheidsdiensten begon hij zijn toon te matigen. Niet langer predikte hij over de verderfelijkheid van de democratie en dat stemmen een zonde was, maar riep hij moslims juist op om te gaan stemmen.[26]

Door deze onbegrijpelijke draai begonnen jongeren zich massaal van hem af te keren. In 2011 richtten sommigen onder hen Team Free Saddik op, dat aandacht vroeg voor de vrijlating van hun vriend Saddik Sabah, die in Marokko in de gevangenis zat vanwege terrorisme nadat Nederland hem het land had uitgezet. Via betogingen en acties op sociale media vroeg de groep aandacht voor het lot van hun 'broeder', die in Marokko, zo was althans het gerucht, gefolterd zou zijn. Na een paar maanden breidde de groep haar activiteiten uit en betuigde haar solidariteit met andere moslimgevangenen die zij zagen als slachtoffers van wat zij 'de oorlog tegen de islam' noemden. Jonge mannen uit dit netwerk werden aangevuld met anderen, die actief waren in Straat Dawah. De jonge mannen die deel uitmaakten van deze salafistische groep gingen regelmatig de straat op om mensen te vertellen over de deugden van de islam. Het maakte deel uit van de religieuze plicht die moslims hebben om anderen uit te nodigen tot het geloof (*da'wa*). Veel van de jonge mannen, die elkaar in de As-Soennah-moskee hadden leren kennen en deel uitmaakten van beide netwerken, kwamen samen in een bedrijfspand aan de Meppelweg 440 in Den Haag, waar ze vrijuit hun interpretatie van het geloof konden beleven. De informele leider was de voornoemde Azzedine Choukoud. De Haagse scene groeide uit tot een belangrijk referentiepunt voor radicaalislamitische jongeren, en zou een belangrijke rol spelen bij de Syriëgang van Nederlanders.[27]

Sharia4Holland was het derde netwerk dat actief was en kon worden gezien als de zusterorganisatie van het in 2010 in Antwerpen opgerichte Sharia4Belgium. Hoewel Sharia4Holland nooit de reikwijdte heeft gehad van Sharia4Belgium werden zij sinds 2012 steeds zichtbaarder en begonnen zij zich steeds meer te mengen in de debatten over islam in Nederland. Daarnaast namen zij deel aan demonstraties en verstoorden zij debatten, meestal aan de zijde van hun broeders van Sharia4Belgium. In oktober 2012 werd Sharia4Belgium opgeheven, waarna van hun zusterorganisatie Sharia4Holland nooit meer iets werd vernomen.

Het was dus geen toeval dat in de beginperiode vooral vanuit Den Haag, Delft en Zoetermeer jongeren naar Syrië waren vertrokken. Ze kenden elkaar van de Meppelweg, participeerden in Straat Dawah, Behind Bars en Sharia4Holland en woonden bij elkaar in de buurt. In de maanden en jaren daarna zouden ook jonge mannen en vrouwen vanuit andere Nederlandse steden naar Syrië vertrekken. Maar de driehoek Den Haag-Delft-Zoetermeer bleef het zwaartepunt.

Naast offline bijeenkomsten waren de Haagse netwerken, tot de arrestatie van Azzedine Choukoud en zijn rechterhand Rudolph Holierhoek in augustus 2014, actief op sociale media. De interactieve manier waarop zij met elkaar communiceerden deed de jihadistische beweging in Nederland van karakter veranderen, aangezien communicatie meer en meer een horizontaal proces werd, waarin deelnemers inhoud konden delen in plaats van het louter van bovenaf ontvangen.[28] Hierdoor kwamen zij in contact met steeds meer gelijkgezinden en konden zij hun reikwijdte vergroten. Een voorbeeld daarvan was de Ware Religie, opgezet door de groep rond Azzedine Choukoud, dat zowel rapporteerde over de wereldwijde onderdrukking van moslims alsook over de militaire successen van IS. Ook werden via andere kanalen video's verspreid waarin de kijker werd meegenomen in het dagelijks leven van de strijders in Syrië.

Een heel leger aan journalisten volgde destijds op de voet wat er gepost werd op de socialemediakanalen, die vaak eerder dan zij op de hoogte waren van gebeurtenissen in Syrië. Driss Daouayry en Soufiane Zerguit, die in december 2013 samen naar Syrië waren vertrokken, deden via sociale media onder de naam Fighting Journalists verslag over de gewapende strijd. Ze verspreidden veel berichten van Arabische sites waarop het leed van de Syrische bevolking een dagelijks onderwerp was, maar ze toonden ook zelfgenomen foto's van bombardementen of filmpjes van hun strijdende broeders. Hun berichten werden breed gedeeld onder Belgische en Nederlandse jongeren die zich hadden aangesloten bij de gewapende strijd, maar ook onder de achterblijvers.

Aanvankelijk leek justitie weinig te kunnen beginnen tegen de activiteiten van de groepen. Maar dat veranderde toen Azzedine Choukoud eind augustus 2014 werd aangehouden en ook anderen uit zijn netwerk werden gearresteerd. Eind 2015 werden verschillende mannen die deel uitmaakten van het netwerk veroordeeld wegens hun betrokkenheid bij een criminele organisatie met terroristisch oogmerk. Volgens justitie was Azzedine Choukoud het gezicht en de aanjager van een groep verdachten uit de Haagse regio die jongeren ertoe had aangezet naar Syrië of Irak te reizen om daar deel te nemen aan de gewapende strijd. Toch sprak de rechtbank hem in eerste instantie vrij van ronseling.[29] In hoger beroep werd Choukoud veroordeeld tot vijfenhalf jaar celstraf wegens opruiing, aanzetten tot haat en het ronselen van jonge moslims voor de gewapende strijd in Syrië.[30] Uiteindelijk zou blijken dat zich vanuit Nederland 310 mannen en vrouwen hadden aangesloten bij de gewapende strijd in Syrië en Irak. Een belangrijk deel van hen maakte deel uit van de drie netwerken uit de driehoek Den Haag-Delft-Zoetermeer of waren er op de een of andere manier mee verbonden. Inmiddels zijn alle betrokkenen uit het Haagse netwerk die in 2015 veroordeeld werden, weer op vrije voeten.

DRIE BELGISCHE NETWERKEN

In België vertrokken veel jongeren naar Syrië onder invloed van de radicaalislamitische organisatie Sharia4Belgium, die in maart 2010 ontstaan was en haar hoofdkwartier had in Antwerpen. De groep kende een duidelijke hiërarchie, met leidende figuren, actieve leden en een grote groep supporters eromheen.[31] De organisatie wist honderden jongeren – veelal vrienden of familie van elkaar – aan zich te binden. Naarmate Sharia4Belgium meer bekendheid kreeg sloten steeds meer moslims van buiten Antwerpen zich bij hen aan. Daarnaast waren er ook goede contacten met Jean Louis Denis, een Belgische bekeerling, die met zijn organisatie Resto du Tawhid actief was rond het Brusselse Noordstation. Dat de organisatie, die voedsel uitdeelde aan noodlijdende moslims, niet alleen aan liefdadigheid deed werd duidelijk toen bleek dat veel jonge moslims die een connectie hadden met Denis naar Syrië waren vertrokken. Bovendien bleek hij de schakel te zijn tussen Sharia4Belgium en het Zerkani-netwerk, dat in en rond Molenbeek actief was. Informele leider van die groep was Khalid Zerkani, een 42-jarige Marokkaan die een training zou hebben gehad in een Afghaans-Pakistaans trainingskamp. Zijn preken in woonhuizen, illegale moskeeën en sportclubs werden door een groot aantal jongeren uit het Brusselse bijgewoond. Zerkani probeerde niet alleen jongeren zover te krijgen dat zij bereid waren zichzelf op te offeren voor de gewapende strijd, maar moedigde hen ook aan om kleine criminaliteit te plegen om hun reis naar de dood te financieren.[32] Verschillende van zijn rekruten zouden uiteindelijk deelnemen aan de aanslagen in Parijs in november 2015 en een van hen zou betrokken raken bij de aanslagen in Brussel van maart 2016.

De drie Belgische netwerken hadden een veel minder uitgesproken rol op sociale media dan de Nederlandse. Sharia4Belgium had een eigen website waar het zijn belangrijkste documenten en video-opnames van lezingen op plaatste. Daarnaast had het een YouTube-kanaal en een Facebookpagina, die overigens tijdens zijn hoogtijdagen slechts 152 'vrienden' had. Verder waren er op Facebook en YouTube vrouwengroepen te vinden die gelieerd waren aan de organisatie. Zo werden er video's gepost waarin vrouwen in boerka en nikab te zien waren, die afgaande op hun accent uit de buurt van Antwerpen afkomstig waren, en die zich uitspraken tegen het nikabverbod in België, maar ook zeiden op te komen voor hun onderdrukte zusters overal ter wereld.

Hoewel zij dus veel minder actief waren op sociale media dan de Nederlandse netwerken, ontbrak het Sharia4Belgium niet aan publiciteit. Naarmate het zich meer provocerend ging opstellen en openlijke beledigingen en bedreigingen uitte ten aanzien van Belgische politici kreeg het namelijk steeds meer aandacht in de media. Dit was in groot contrast met de twee netwerken uit Brussel die de publiciteit niet opzochten.

Uiteindelijk zou een groot deel van de 420 Belgische jonge mannen en vrouwen die naar Syrië en Irak vertrokken een link hebben gehad met een van de organisaties. Het was dan ook geen toeval dat het gros van hen afkomstig was uit Brussel, Antwerpen en Vilvoorde. Gaandeweg de jaren raakte België bekend als de grootste Europese leverancier van jihadisten. Uit geen enkel ander Europees land waren verhoudingswijs zo veel jongeren vertrokken naar de strijdgebieden. Een groot deel van hen zou sneuvelen in Syrië en Irak.

Leden van de drie Belgische netwerken werden in 2015 veroordeeld wegens hun betrokkenheid bij een criminele organisatie met terroristisch oogmerk. Zowel Belkacem, Denis als Zerkani verdween achter de tralies. Denis kwam begin december 2018 vrij en veroorzaakte ophef toen hij de gevangenis in Ittre verliet. Hij stapte meteen op de aldaar verzamelde pers af en klaagde het gevangenisregime aan dat in zijn ogen mensen zoals hij psychologisch folterde en verwoestte, wat hen alleen maar versterkte in hun overtuiging.[33] Zowel Belkacem als Zerkani zit nog steeds vast. Eind oktober 2018 verloor Belkacem de Belgische nationaliteit.[34]

Een vaak gestelde vraag luidt hoe het zover heeft kunnen komen dat zo veel Belgische en Nederlandse jongeren geruisloos naar Syrië waren vertrokken. De netwerken werden immers in de gaten gehouden door de veiligheidsdiensten en ze manifesteerden zich daarnaast openlijk in de media. Toch heeft men niet kunnen voorkomen dat zij onder toeziend oog van politie en veiligheidsdiensten erin slaagden om zo veel jongeren enthousiast te maken voor de gewapende strijd.

ZIELTJES WINNEN VANUIT DE FRONTLINIE

Het vertrek van zo veel westerse jonge mannen en vrouwen naar Syrië en Irak kan niet louter worden verklaard door de rol die rekruteringsnetwerken hebben gespeeld. Transnationale ondersteuningsnetwerken hebben hier namelijk ook een belangrijke bijdrage aan geleverd.[35] Gaandeweg de oorlog raakte steeds meer bekend dat jongeren die reeds vertrokken waren al het mogelijke deden om hun achtergebleven vrienden ervan te overtuigen om zich aan te sluiten bij de karavaan van de helden. Aanvankelijk leek vooral mannen die rol toebedeeld, maar naarmate zich meer vrouwen aansloten bij de strijd werden ook zij steeds meer ingezet voor propagandadoeleinden.

Ik herinner me uit de beginperiode de gesprekken die

ik met strijders had over de verplichting om als moslim naar Syrië te gaan. Als je als vrouw interesse toonde voor de activiteiten van ISIS door bijvoorbeeld bepaalde berichten op Facebook te 'liken', werd je meteen aangesproken. Het overkwam mezelf een keer dat een strijder mij vroeg of ik misschien interesse had in een huwelijk. Omdat ik niet meteen weigerde werd mij gezegd dat het gesprek zou worden overgenomen door een vrouw die de zuiverheid van mijn intenties wat dieper zou peilen. Tot mijn verbazing werd er vervolgens geen contact met mij opgenomen vanuit Syrië, maar door een jonge, modern uitziende moslima uit Den Haag die mij bestookte met vragen. Toen ik de vuurdoop had doorstaan, werd mij gevraagd een brief te schrijven naar mijn toekomstige man. Nadat ik dat had gedaan kreeg ik te horen dat hij akkoord ging. Toen mijn telefoonnummer werd gevraagd en het verzoek werd gedaan om een foto te sturen verbrak ik het contact. Het heeft er alle schijn van dat de rekrutering voor een belangrijk deel op deze manier heeft plaatsgevonden en dat de rol van vrouwen hierin heel belangrijk is geweest.

De Facebookpagina's van de vrouwen die naar Syrië waren vertrokken stonden inderdaad vol met berichten over de gewapende strijd. Mannen werden aangespoord om hun religieuze plicht te vervullen en zich aan te sluiten bij de gewapende strijd. Vrouwen werden aangespoord om een strijder te trouwen en zich naar Syrië te begeven. Jonge vrouwen werden aangespoord om hun netwerken in België en Nederland te polsen of er misschien interesse bestond in een huwelijk met een strijder. De vrouwen waren geweldige ambassadeurs en vertelden meestal hoe fantastisch het leven in Syrië was, waardoor de thuisblijvers er steeds meer van doordrongen moeten zijn geraakt dat zij ongelijk hadden.

DE PROPAGANDAMACHINE VAN ISIS

Bovendien werd de rekrutering niet alleen overgelaten aan strijders en hun vrouwen. ISIS zelf ontwikkelde gaandeweg een enorme propagandamachine die velen naar het kalifaat zou lokken. Zo was er een speciaal ministerie voor Voorlichting dat meer dan tien mediacentra en instituten aanstuurde die onder meer video's produceerden en zorgden voor het gebruik van sociale media. Enerzijds probeerde men via de video's de vijand te intimideren door te tonen dat ze verpletterd zouden worden. Anderzijds werd in de video's een beeld gecreëerd van een ideale samenleving onder het bewind van de kalief, bedoeld om potentiële rekruten te lokken.[36]

Verder was ISIS actief op Twitter en beschikte de organisatie over een officieel mediakanaal, al Hayat, dat vooral propaganda produceerde in de vorm van professioneel bewerkte HD-video's. Daarnaast verspreidde zij gerichte boodschappen voor bepaalde doelgroepen waarin potentiële strijders militaire roem werd beloofd, vrouwen werden gelokt met de mogelijkheid om een huwelijk aan te gaan, terwijl families een leven werd geboden met een passende islamitische opvoeding voor hun kinderen.[37] Ten slotte publiceerde zij regelmatig een Engelstalig tijdschrift en produceerde zij muzieknummers en -video's, nieuwsbulletins, fotoreportages en audioboodschappen.[38]

Naast deze officiële kanalen werd online informatie over ISIS verspreid door (buitenlandse) strijders of mensen die in gebieden woonden die door haar werden gecontroleerd. Zij deelden informatie over hun levens op Twitter, Facebook, YouTube, Google+, Tumblr en Telegram.[39] ISIS probeerde door middel van bovengenoemde vormen van propaganda haar legitimiteit als machthebber in Syrië en Irak te versterken.[40]

De propagandamiddelen die door ISIS werden ingezet stroomden de huiskamers binnen van westerse jonge mannen en vrouwen die zich destijds verzamelden op sociale media om de oorlog in Syrië te bediscussiëren. Aanvankelijk leek het erop alsof het bij discussies zou blijven tot ze één voor één naar Syrië vertrokken. Daarnaast waren er op Facebook mensen actief die zelf foto's verspreidden van omgekomen vrouwen en kinderen. De boodschap die werd meegegeven was: kijk wat je broeders en zusters wordt aangedaan, dus wat doe jij nog hier? Uiteindelijk zullen dergelijke boodschappen velen die twijfelden over de streep hebben gehaald.

De opkomst van ISIS en hun moderne manier van propaganda voeren hadden een aanzienlijke invloed op de stroom van buitenlandse strijders. Door de veranderingen in de technologie evenals de ontwikkeling van instrumenten voor online communicatie kon jihadistische propaganda veel meer mensen bereiken en zich richten op potentiële buitenlandse strijders overal ter wereld.[41] Dit alles zou een grote toestroom van strijders uit alle hoeken van de wereld teweegbrengen. Maar het gaat te ver om te veronderstellen dat het uitsluitend sociale media, videospelletjes en andere vormen van online communicatie zijn geweest die jongeren zover hebben gekregen om alles wat hen lief was achter te laten en te vertrekken naar een land in oorlog. Onderzoek laat zien dat offline netwerken, persoonlijke kennis en sociale bindingen even belangrijk, zo niet belangrijker zijn geweest.[42]

De godsgruwelijke oorlog

De oorlog in Syrië begon in 2011 als een seculiere opstand tegen het Assad-regime en vond plaats ten tijde van de Arabische lente, die in december 2010 begonnen was in Tunesië, en oversloeg naar een hele reeks Arabische landen. De vlam sloeg in de pan, nadat een aantal jongeren in Dera'a opgepakt en gefolterd was voor het schrijven van de leuze '*as shāb yurīd isqāt an-nizām*' ('het volk wil de val van het regime') op een paar muren.[43] In verschillende Syrische steden ontstonden protesten die in de dagen daarna alleen maar in omvang zouden toenemen. De regering van Assad sloeg dit vreedzame protest brutaal neer door honderden demonstranten te doden en andere gevangen te nemen.

Te midden van het tumult dat ontstaan was door het neerslaan van de protesten kreeg het Syrische leger af te rekenen met deserteurs die zich aansloten bij het burgerprotest. Onder impuls van enkele gedeserteerde officieren werd eind juli 2011 de Free Syrian Army (FSA) opgericht, dat als eerste partij de wapens oppakte tegen het Syrische regime.[44] Kort daarna grepen ook andere oppositiepartijen naar de wapens. Voor jihadistische bewegingen bood de gewapende opstand een kans om hun invloed in Syrië te vergroten.[45] Het jihadistische netwerk in Syrië bestond uit verschillende groeperingen, zoals ISIS, Jabhat al-Nusra en een aantal kleinere aan Al Qaida gelieerde milities, die zich verenigden tegen het al-Assad-regime. Maar onderling vertoonden ze grote verschillen. Naast tal van salafistisch-jihadistische bewegingen waren ook veel lokale groeperingen bij het conflict betrokken. De Koerden speelden een sleutelrol met de Peshmerga (de strijdkrachten van Iraaks-Koerdistan), de Koerdische Arbeiderspartij PKK en de YPG (de Volksbeschermingseenheden, een Koerdische militie in Rojova, een de facto autonome regio in het noorden en noordoosten van Syrië).[46]

Wat uiteindelijk Islamitische Staat ging heten had door de jaren heen verschillende samenstellingen en namen gehad: Al Qaida in Irak (AQI), Islamitische Staat in Irak (ISI), Islamitische Staat in Irak en Syrië (ISIS) en uiteindelijk Islamitische Staat (IS). Sinds 2010 was Abu Bakr al-Baghdadi op de voorgrond getreden als leider van Al Qaida in Irak. Zijn echte naam was Ibrahim Awwad Ibrahim Ali al-Badri. Hij groeide op ten noorden van de Iraakse hoofdstad Bagdad, waar hij zichzelf naar vernoemde. De in 1971 geboren Baghdadi studeerde islamitisch recht. Hoe hij zich ontpopte tot gewelddadig jihadist is onduidelijk. Wel is bekend dat hij na de Amerikaanse inval in Irak in 2003 een tijd gevangen heeft gezeten in het Amerikaanse Camp Bucca in het zuiden van Irak, waar hij uiteindelijk in 2004 was vrijgelaten.

Om invloed te krijgen in Syrië gaf al-Baghdadi eind 2012 Abu Muhammad al-Jawlani toestemming om een lokale afdeling van Al Qaida te stichten. Deze nieuwe beweging zou bekend worden onder de naam JaN (ook wel Al-Nusra Front (Steunfront) en veroverde aanzienlijke delen van Syrië, waar het steun van de bevolking wist te krijgen.[47]

Maar al snel kwam het tot wrijvingen tussen ISI en JaN. In 2013 kondigde al-Baghdadi de totstandkoming van ISIS aan, een nieuwe beweging die voortkwam uit de fusie van het Irakese ISI en het Syrische al-Nusra Front. Deze eenzijdige aankondiging werd echter door al-Jawlani verworpen. Hij nam afstand van Baghdadi door hierop trouw te zweren aan Al Qaida. Deze breuk stuitte de opmars van ISI naar Syrië echter niet. Al-Baghdadi stuurde versterking vanuit Irak en kreeg bijval van overlopende al-Nusra-strijders, waardoor ISIS een feit werd. De breuk tussen JaN en ISIS leidde tot gevechten waarbij JaN verdreven werd uit Oost-Syrië en ISIS de steden Raqqa, Deir Ezzor en de Iraakse stad Mosul in handen kreeg. JaN, dat na de breuk als onafhankelijke organisatie actief was geworden, verlegde zijn activiteiten naar het westen: de regio Aleppo, de provincie Idlib, de stad Damascus en de Golanhoogte.[48]

Juni 2014 betekende een mijlpaal voor de geschiedenis van ISIS. De Consultatieve Raad van de organisatie riep Abu Bakr al-Baghdadi uit tot kalief en het gebied van ISIS tot kalifaat. Om het globale karakter te onderstrepen[49] kreeg het kalifaat de naam 'Islamitische Staat' en werd Raqqa uitgeroepen tot de onofficiële hoofdstad.[50]

Een onderdeel van de tactiek van IS was de meedogenloze behandeling van de vijand. Overeenkomstig hun religieuze opvattingen moesten 'afvalligen' ter dood veroordeeld worden. Met zijn uitbreiding kreeg Islamitische Staat gebieden in handen waar minderheden zoals christenen en jezidi's woonden. De rechtsgeleerden van ISIS baseerden zich op de klassieke teksten van het islamitische recht om te legitimeren hoe deze groepen behandeld moesten worden.[51] Christenen hadden de keuze zich te bekeren tot de islam of hun geloof te behouden, maar op voorwaarde dat ze het gezag van ISIS accepteerden, bereid waren een speciale belasting te betalen en zich hielden aan allerlei beperkende wetten. Als ze de keuze niet wilden maken, konden ze ter dood worden gebracht. Jezidi-mannen kregen de keuze tussen bekering tot de islam of de dood. Vrouwen en kinderen werden als slaaf beschouwd en verdeeld onder de strijders die hun gebied veroverd hadden.[52]

De opvatting van IS dat 'afvalligen' ter dood mochten worden gebracht rechtvaardigde daarnaast de massale executies, die op video werden vastgelegd. Ook zelfmoordaanslagen behoorden tot het tactische arsenaal van de organisatie.[53] Sinds 2014 werden westerse gijzelaars voor het oog van de camera op gruwelijke wijze geëxecuteerd. De wereld keek met afschuw toe hoe IS zich ontpopte tot een moorddadig regime dat niet te stoppen leek. Maar daar kwam sinds augustus 2014 verandering in.

Vanaf dat ogenblik kreeg IS namelijk te maken met luchtaanvallen door de internationale coalitie, geleid door de VS. In september 2015 mengde Rusland zich in het conflict. Maar er waren ook regionale actoren die zich inlieten met de strijd. Zo boden de overwegend sjiettische regeringen in Iran en Irak, en Libanon (Hezbollah) steun aan Assad terwijl landen waar soennitische moslims in de meerderheid zijn, zoals Turkije, Qatar en Saudi-Arabië steun boden aan de anti-Assad-rebellen.[54]

Aanvankelijk waren het vooral mannen die stierven tijdens gevechten aan de frontlinie. Vrouwen en kinderen die thuis achterbleven – of mannen die achter de frontlinie werden ingezet – waren relatief veilig. Maar door de inzet van gevechtsvliegtuigen van de coalitie rondom de frontlinies werd de regio steeds onveiliger. Ook plaatsen buiten deze regio's werden doelwit van luchtaanvallen, met name de hoofdstad Raqqa. Dit maakte het dagelijkse leven in de stad, die aanvankelijk redelijk veilig was, een stuk lastiger. Meer dan voorheen werden nu ook vrouwen en kinderen slachtoffer van het oorlogsgeweld.[55]

Even had het erop geleken alsof IS onoverwinnelijk was, maar vanaf de tweede helft van 2015 begon de slagkracht van de organisatie aanzienlijk af te nemen. Ze kregen het steeds moeilijker om de controle over hun veroverde gebieden te handhaven, omdat hun financiële middelen opraakten, hun olievelden werden gebombardeerd en tegelijkertijd de olieprijzen op de wereldmarkt begonnen te dalen. Tegen het einde van 2015 begon IS steeds meer gebieden in Syrië en Irak te verliezen door de steeds toenemende bombardementen van de coalitie geleid door de VS.[56] Het einde van IS leek stilaan nabij. Maar het zou nog lang duren vooraleer het zover was.

Majlis Shura al-Mujahideen

De Belgische en Nederlandse strijders, die eind 2012 begin 2013 naar Syrië vertrokken waren, sloten zich voor een belangrijk deel aan bij Majlis Shura al-Mujahideen. De anderen sloten zich aan bij Jabhat al-Nusra of een van de kleinere jihadistische strijdgroepjes die actief waren in de regio. Majlis Shura al-Mujahideen was een strijdgroep opgericht door de Syrische broers Amr en Firas al-Absi (alias Abu Mohamed en Abu Aseer), van wie de laatste de leider was en uiteindelijk een zwaargewicht binnen ISIS zou worden. De strijdgroep bestond bij aanvang wellicht uitsluitend uit Syrische strijders en strijders uit de naburige landen, welke ze *An Sar* noemden. De buitenlanders die zich later bij de groep aansloten werden de Mujahireen genoemd.[57] Deze sectie werd in september 2012 opgericht na aankomst van Sharia4Belgium-lid Houssein Elouassaki. Aangezien hij een van de eerste westerse strijders was die toegang wist te krijgen tot de groep werd hij door Abu Aseer tot emir benoemd en verantwoordelijk gemaakt voor de rekrutering van strijders uit Europa, met name België, Nederland en Frankrijk.

Houssein Elouassaki nam zijn taak heel serieus en belde zijn achtergebleven vrienden van Sharia4Belgium op om ze te laten weten dat hij zich in Syrië had aangesloten bij de *mujahideen* (strijders). Ten minste 77 Belgische strijders zouden hem volgen. De eersten waren rekruten van Sharia4Belgium, uit wiens kring uiteindelijk ongeveer 97 jonge mannen en vrouwen naar Syrië zouden vertrekken. Nadien sloten zich ook rekruten vanuit het Zerkani-netwerk aan.[58] Hoeveel Nederlanders zich bij Majlis Shura al-Mujahideen aansloten is niet bekend.

De strijders die zich aansloten bij Majlis Shura al-Mujahideen waren gehuisvest in twee huizen. Een huis waar de Belgen en Nederlanders samen zaten ('de villa') en een huis waar Arabischsprekende jihadstrijders waren ondergebracht ('het paleis'). Beide panden, die een kleine kilometer van elkaar verwijderd waren, bevonden zich in Kafr Hamrah, een voorstad van Aleppo. Het leek er aanvankelijk fijn vertoeven, al is uiteraard weinig bekend over de omstandigheden waarin zij daar zaten. Wel verscheen in die tijd in de media het bericht dat de Nederlandse strijders in luxe baden. Sommige ouders hadden foto's ontvangen waarop te zien was dat hun zonen aan de rand van het zwembad zaten.[59]

De jonge Belgische en Nederlandse rekruten die zich aansloten bij Majlis Shura al-Mujahideen hadden nobele motieven, tenminste zo beschouwden ze dat zelf. Zij reisden af om de wapens op te pakken tegen het leger van Bashar al-Assad en hadden als doel om de onderdrukte bevolking te bevrijden van deze tiran. Maar al snel zou blijken dat de motieven van sommigen minder nobel waren.

In het begin werkte Majlis Shura al-Mujahideen nauw samen met twee andere groepen die actief waren in hetzelfde gebied: Jabhat al-Nusra – de Syrische tak van Al-Qaeda – en Katibat al-Muhajireen. De laatste groep werd geleid door Tarkhan Batirashvili, beter bekend onder de naam Umar as-Shishani. Hij zou eveneens een zwaargewicht worden binnen IS.[60] De samenwerking tussen de jihadistische groepen in Aleppo veranderde dramatisch na de oprichting van ISIS. Dit werd namelijk gezien als een vijandige overname van Al-Qaeda's Syrische tak, Jabhat al-Nusra, door Abu Bakr al-Baghdadi. Al-Baghdadi wilde zijn leiderschap uitbreiden door een Islamitische Staat uit te roepen. In april 2013 zou hij het hoofdkwartier van Majlis Shura al-Mujahideen in Kafr Hamra hebben bezocht om zijn plannen te bespreken met de leiders van de lokale jihadistische groepen, zoals al-Absi en as-Shishani.[61]

Het is bekend dat in de maanden daarna al-Absi zich omringde met drie Vilvoordenaars die banden hadden met Sharia4Belgium. Zij behoorden tot de eerste ploeg van ontvoerders en beulen die door al-Absi waren opgeleid. In elk dorp dat werd veroverd door Majlis Shura al-Mujahideen zouden wegversperringen zijn opgezet om mensen te vangen waarvoor losgeld kon worden gevraagd, zo verklaarde een teruggekeerde Syriëstrijder later. En wanneer het losgeld niet werd betaald dan werd het slachtoffer onthoofd.[62] De kerngroep die zich verzameld had rond Houssein Elouassaki voerde al bij aanvang een gewelddadige sektarische strijd tegen mensen met een andere geloofsovertuiging, welke door hen werden bestempeld als 'ongelovigen'. Houssein en de zijnen ontpopten zich, wellicht onder invloed van al-Absi, in een paar maanden tijd tot een fanatieke moordenaarsbende die mensen ontvoerde, onthoofdde, de keel doorsneed, verkrachtte en martelde. De rechtvaardiging die zij hieraan gaven was dat hun slachtoffers ongelovigen waren die gedood moesten worden.

Tijdens telefoongesprekken die een aantal mannen van

Maljis Shura al-Mujahideen met hun familie in België hadden bleek dat zij zich te buiten gingen aan allerlei gruwelijkheden. In december 2012, Houssein was toen nog maar een paar maanden in Syrië, zei hij in een telefoongesprek tegen zijn broer dat ze allemaal iemand de keel hadden doorgesneden. Ook sprak hij over de onthoofdingen die werden uitgevoerd door leden van de groep. Uit zijn beschrijvingen bleek dat hij geen enkel mededogen had met zijn slachtoffers. 'Sommigen bleiten (huilen), sommigen kakken in hun broek, sommigen zijn geshockeerd... euh... dat maakt allemaal niet uit, dat moet vooruit, de rekening moet gemaakt worden.' Ook de jongere broer van Houssein, Hakim, die hem na een maand was achterna gereisd, vertelde tijdens afgeluisterde telefoongesprekken aan zijn vriendin over de gruwelijkheden die namens de groep werden gepleegd. Zo vertelde hij dat hij een sjiiet door het hoofd had geschoten en de executie wilde filmen, maar dat de camera ('jammer genoeg') verkeerd stond opgesteld. Zijn vriendin reageerde geschokt op de uitlatingen van Hakim, die zich net als zijn oudere broer in een paar weken tijd leek te hebben ontpopt tot een koelbloedige moordenaar. Maar Hakim beklemtoonde dat zij het juiste deden aangezien ongelovigen 'erger waren dan dieren'. Een buitenstaander kon nu eenmaal hun manier van handelen niet begrijpen, zo meende hij. 'Hetgeen een *mujahid* (strijder) begrijpt, kan een normale man die de jihad niet doet niet begrijpen. Jij kan het niet begrijpen, maar zodra dat je hier bent, ga je de dingen op een andere manier zien.' Toen Hakim twee maanden later zwaargewond raakte en terugkeerde naar België verklaarde hij tijdens een verhoor dat de man die hij doodde gevangen was genomen door al-Absi en dat hij de opdracht had gekregen om hem te executeren. Hij verklaarde zeer in detail hoe hij dat had gedaan. In verschillende andere telefoongesprekken werd er gesproken over ontvoeringen van ongelovigen die werden geëxecuteerd wanneer hun familie het gevraagde losgeld niet kon betalen.

Maar dit was niet de enige aanwijzing dat de groep zich te buiten ging aan gruwelijkheden. Zo ontstond in juni 2013 in België ophef nadat een video werd gevonden op internet waarin een sjiiet met een bot mes onthoofd werd door een groep mannen die niet herkenbaar in beeld kwamen. Onduidelijk was wie ze waren, maar aangezien er in de video zowel Nederlands met een Vlaams accent, Frans als Arabisch werd gesproken, was er meteen aanleiding om te denken dat de groep van Houssein ermee te maken zou kunnen hebben.

De incidenten die bekend raakten, en die voor veel ophef zorgden, waren overigens geen alleenstaande gevallen. Tijdens de rechtszaak tegen Sharia4Belgium in 2015 kwam naar voren dat uit het strafdossier, de afgeluisterde telefoongesprekken en de verklaringen van teruggekeerde Syriëstrijders was gebleken dat de groep zich vanaf het begin al bezighield met een sektarische strijd tegen de 'ongelovigen'.

De manier waarop de jonge mannen die lid waren van Majlis Shura al-Mujahideen spraken over wat ze deden en hoe ze dit ten aanzien van hun omgeving verantwoordden, had alles te maken met de ideologie die ze deelden binnen de netwerken waar ze in België en Nederland deel van uit hadden gemaakt, maar ook met de ideologische scholing die ze in Syrië hadden kregen. Zij beriepen zich bij alles wat ze deden op de geleerden en de ideologische lessen die ze er hadden gekregen en het heeft er alle schijn van dat ze door de ver doorgevoerde dehumanisering van hun slachtoffers vrij makkelijk de stap hebben kunnen zetten naar het ondenkbare.

Maar de groep van Houssein bestond maar kort. Begin 2013 waren er namelijk spanningen ontstaan tussen Abu Bakr al-Baghdadi en Ayman al-Zawahiri, de leider van Al-Qaeda. Dat resulteerde in een gewapend conflict tussen beide kampen in de tweede helft van 2013. Toen de machtsstrijd tussen al-Baghdadi en al-Zawahiri oplaaide, zwoer de leider van Majlis Shura al-Mujahideen trouw aan de leider van ISIS. De groepering werd daarmee direct een van de belangrijkste militaire vertegenwoordigers van ISIS in Syrië. Ook de meeste Belgische en Nederlandse strijders van Majlis Shura al-Mujahideen zouden zich uiteindelijk aansluiten bij ISIS.[63]

De groep van Houssein viel in augustus 2013 uit elkaar. De strijders verlieten hun basis in Aleppo en sloten zich aan bij ISIS, de anderen sloten zich aan bij Jabhat al-Nusra. Houssein zou na een persoonlijk conflict met al-Absi overgelopen zijn naar Jabhat al-Nusra en zou, naar verluidt, door zijn eigen mensen in augustus 2013 vermoord zijn, al is daar geen zekerheid over. Na zijn overlijden verscheen een video waarin de lofzang over zijn heroïsche strijd werd gezongen. Het laatste beeld toonde het lichaam van Houssein. Zijn lang gekoesterde droom van het martelaarschap was vervuld.

Toen Majlis Shura al-Mujahideen uit elkaar was gevallen trok het grootste deel van de Belgische en Nederlandse strijders naar Raqqa. In de maanden daarna bleven jonge mannen en vrouwen zich bij hen aansluiten. Na de enorme militaire successen in Irak en het uitroepen van de Islamitische Staat op 29 juni 2014, bij monde van Abu Bakr al-Baghdadi, sloten steeds meer Syriëgangers, vaak complete gezinnen, zich aan bij ISIS, dat werd omgedoopt tot IS. De verschillende netwerken in België en Nederland bleven mensen aanleveren. Maar ook vanuit het oorlogsgebied werd verdergegaan met het winnen van zieltjes voor de gewapende strijd. Op het internet circuleerden handleidingen die beschreven hoe men veilig af kon reizen. Maar ook individuele strijders en hun vrouwen droegen hun steentje bij om nieuwe strijders te werven.[64] De wereld keek toe hoe IS steeds meer vorm kreeg en zowel in België als in Nederland verloren steeds meer ouders hun kinderen aan de gewapende strijd.

Het drama van de achterblijvers

'Hij was mijn hart, mijn liefste zoon, ik heb nooit problemen met hem gehad,' zegt de moeder van Dylan huilend. 'Tot hij in de greep kwam van die ronselaars, die slechte mensen, die van mijn zoon een duivel hebben gemaakt.' Dylan was 's nachts opgehaald door een auto. Hij had van niemand afscheid genomen, behalve van zijn tienjarig broertje. 'Je gaat me nooit meer terugzien,' had hij gezegd. Geen afscheidsbrief, zijn portefeuille lag nog op tafel. Weg was hij, in het midden van de nacht, om inderdaad nooit meer terug te keren. 'Ik moet pillen slikken om rustig te blijven,' zegt zijn moeder. 'Sinds hij weg is heb ik geen nacht meer geslapen. Het is alsof er een deel van mij gestorven is, de dag dat mijn zoon mij heeft verlaten.'

'Ik ben kapot vanbinnen,' zegt Maria, die haar dochter en haar drie kinderen van de ene op de andere dag had zien vertrekken. 'Wat ik doe is niet leven, maar overleven. En de hele dag loop je met een angst, kijk je op je telefoon, heeft zij een bericht gestuurd, is alles oké met de kinderen, waar zijn ze, hebben ze genoeg te eten, het maakt je helemaal kapot.'

'Toen Rami vertrokken is kon ik niet meer lopen,' zegt Fatima, die haar zoon had zien vertrekken naar Syrië om zich daar drie maanden later op te blazen met een bomauto. 'Ik kon niet lopen, ik leek wel verlamd. De politie is toen om middernacht bij ons geweest om de aangifte op te nemen. Ik kon niet lopen, niet schrijven, niet slapen, ik was compleet in shock. Dus toen kwam de politie en ze vroegen me: "Waar denk je dat hij is?" En ik zei: "Ik denk dat mijn zoon in Syrië is." Toen vroegen ze: "Waarom denk je dat?" Ik zei: "Mijn hart zegt nee, maar mijn verstand zegt ja." En de volgende dag zei Samir, mijn zoon van dertien jaar: "Mama, Rami is online op Facebook." En het eerste wat Rami vroeg was: "Waar is mama? Waar is mama?" En Samir zei: "Mama is hier, maar ze kan niet bewegen." Dus toen vroeg ik aan Samir: "Vraag hem waar hij is." En hij heeft het echt verschillende keren gevraagd: "waar ben je? waar ben je? waar ben je?" En toen zei hij: "Ik ben in Syrië en wanneer we elkaar niet meer spreken dan zien we elkaar in het paradijs."'

De verhalen die ouders mij vertellen over het drama dat zich heeft afgespeeld in hun leven, toen ze erachter waren gekomen dat hun kinderen van de ene op de andere dag vertrokken waren naar het oorlogsgebied, grijpen één voor één naar de keel. Soms waren hele gezinnen vertrokken en waren de ouders naast hun kinderen in één klap ook al hun kleinkinderen kwijt. De vele verhalen die de laatste jaren in de media verschenen over ouders en grootouders die over de verdwijning van hun kinderen vertelden maakten indruk. Maar de dagelijkse omgang met families die jarenlang door deze hel gingen is nog veel erger. Het zijn één voor één drama's waar maar geen einde aan lijkt te komen.

DE FAMILIES

De families waaruit de jongeren afkomstig waren, zijn heel divers. Er zijn opvallend veel gescheiden ouders, maar daar houdt zowat elke overeenkomst op. Sommige gezinnen kunnen gezien worden als 'probleemgezinnen', bij andere is daar totaal geen sprake van, hoewel het aantal gezinnen met problemen wel overheerst. Overigens ontstond in de publieke opinie een beeld van de gezinnen op basis van wat ze zelf vertelden, wat wellicht in sommige gevallen een vertekend beeld heeft gegeven. Dat blijkt bijvoorbeeld uit de gesprekken met voormalige leraren, die vaak een ander beeld van het gezin schetsen dan uit de gesprekken met de families naar voren komt.

De ouders doen zowel hooggeschoold als laaggeschoold werk, hoewel het aantal laaggeschoolden overheerst. Dat laatste geldt voor de jonge mannen en vrouwen die naar Syrië vertrokken trouwens evenzeer. De meeste waren laaggeschoold hoewel er ook een paar uitzonderingen waren die hogere vormen van onderwijs (hbo en in een aantal gevallen universiteit) volgden. Voorts waren er nogal wat voortijdige schoolverlaters onder de jonge mannen en vrouwen die naar Syrië waren vertrokken. Zij gingen vaak van school af kort na hun bekering, of nadat ze zich meer met hun religie waren gaan bezighouden. In veel gevallen ontstonden er conflicten omdat de jongeren vonden dat ze op school hun religie niet konden beleven zoals zij dat wilden. Sommigen die van school af waren gegaan, waren gaan werken, maar ook op hun werkplek waren er vaak conflicten ontstaan vanwege hun geloof. Sommigen waren daarom uit eigen beweging gestopt met werken. Maar er waren ook jongeren die nog op school zaten of aan het werk waren en ineens niet meer waren komen opdagen. Later bleek dat ze naar Syrië waren vertrokken.

Zoals gezegd heb ik vanaf begin 2013 tot heden gesprekken gevoerd met 43 families. Uit vijftien families waren één of meerdere zonen vertrokken, uit 28 families één of meer dochters. Uit één familie was zowel een zoon als een dochter vertrokken. Hieronder bevonden zich zes mannelijke en zestien vrouwelijke bekeerlingen. De overige mannelijke vertrekkers waren allemaal Marokkaans-Belgisch of Marokkaans-Nederlands. Van de vrouwelijke vertrekkers waren er tien Marokkaans-Belgisch of Marokkaans-Nederlands. De twee overige hadden ouders die afkomstig waren uit andere landen.

De islamitische gezinnen zijn opvallend gematigd. Zij volgen vaak de rituelen van hun geloof, zoals de ramadan, gaan met feestdagen naar de moskee, en verrichten thuis het gebed, hoewel er ook ouders zijn die dat niet doen. De gezinsleden hebben in de meeste gevallen slechts beperkte kennis van de islam. Dat laatste geldt ook voor de jonge mannen en vrouwen die naar Syrië waren vertrokken. Ze hadden zich geen van allen in de jaren voorafgaand aan hun vertrek in het geloof verdiept. De meesten waren kort nadat ze het licht hadden gezien begonnen aan een reis die hun leven voorgoed zou veranderen: het vertrek naar Syrië.

Het is iedere keer weer spannend om een nieuwe familie te ontmoeten. Ik kom in de meest diverse uithoeken van België en Nederland terecht, en elke keer als ik aanbel bij weer een andere familie voel ik een soort spanning. In sommige gevallen zijn de kinderen een paar weken daarvoor vertrokken, in andere gevallen zijn er al vele jaren verstreken sinds hun vertrek. Maar alle verhalen grijpen je steeds weer naar de keel. En hoelang de kinderen ook vertrokken zijn, het verdriet is nog steeds even voelbaar.

Wat ik wilde weten was of de familieleden op enig moment hadden zien aankomen dat hun kinderen naar Syrië zouden vertrekken en of zij als familie op enige wijze mede aan de basis hadden gestaan van het radicaliserende gedrag van hun kinderen.

HET ONVERWACHTE VERTREK

De families hadden het naar eigen zeggen geen van allen zien aankomen dat hun kinderen zouden vertrekken, al waren er bij sommige jongeren wel voortekenen aanwezig dat dit zou gebeuren. De signalen waren echter voor de meeste ouders lastig te herkennen en de jongeren deden er in de aanloop naar hun vertrek alles aan om voor hen te verbergen waar ze mee bezig waren. Zo vertellen de ouders van een van de jonge mannen dat zij totaal niet gemerkt hadden dat hun zoon van plan was te vertrekken. 'Hij studeerde voor zijn examen van donderdag,' zegt zijn moeder. 'Die woensdag is hij naar school vertrokken. Maar 's avonds kwam hij niet thuis.' Ze dacht dat haar zoon wellicht naar een vriend was gegaan om samen huiswerk te maken en dat hij zich de volgende dag wel weer zou melden. Maar ook de volgende dag bleef het stil en bleek dat hij niet was komen opdagen op school. Uiteindelijk ontving de moeder 's avonds een bericht via Facebook. 'Hij zei: "Ik ben in Shaam,"' zegt ze huilend. '"En ik kom niet terug. Ik ben bij ISIS." Net zoals zijn ouders waren ook zijn leraren totaal verrast dat de jongen naar Syrië was vertrokken. 'We wisten dat hij heel gelovig was,' vertelt zijn lerares, 'en we zagen dat hij meer en meer met zijn Koran bezig was, maar over ISIS bijvoorbeeld zei hij: "Dat zijn geen echte moslims want die prediken haat en in de Koran staat dat dat niet mag." Dat was in november 2013, een halfjaar voor zijn vertrek. En hij was een heel zachtaardige, timide jongen. We hadden het gevoel, hij zal geen vlieg kwaad doen. Maar hij was intellectueel enorm beperkt. Het was een jongen, je kon hem om het even wat doen slikken. Dus op basis van zijn gedrag in de klas hadden we niet verwacht dat hij zou vertrekken maar wetende dat hij zo beperkt is hebben we wel meteen gezegd: dit is een potentieel slachtoffer.'

Maar er waren ook jongeren die tegen hun bezorgde ouders zeiden er niet over te piekeren om ooit naar Syrië te gaan. Of die voor het politiekantoor provocatief stonden te roken en te drinken toen zij bij de politie werden ontboden omdat die zich zorgen maakte over hun gedrag. 'We zeiden haar ook,' vertellen de ouders van een van de vertrokken jonge vrouwen, 'vertel ons over Syrië en zij antwoordde altijd: "Ja maar je denkt toch niet dat ik naar Syrië ga?" Zonder blikken of blozen. En drie weken later was ze weg.'

Iedere keer weer beschrijven de ouders wat ze in het huis van hun kinderen hadden aangetroffen toen zij vertrokken waren. Hun kop thee stond nog halfvol op tafel, de was zat nog in de wasmachine en de balletjes gehakt lagen half gebakken in de pan. De manier waarop het huis achter was gelaten wekte de illusie dat de bewoners elk moment terug konden keren. Maar het wees er ook op, zo realiseerden de familieleden zich later, dat de vertrekkers blijkbaar de opdracht hadden gekregen om tot op het moment van vertrek zo normaal mogelijk te doen, om vooral niet op te vallen.

Soms waren er wel signalen die wezen op een nakend vertrek, maar werden die door de familieleden genegeerd, gebagatelliseerd of eenvoudigweg ontkend. Zo vertelt een moeder dat ze niet had zien aankomen dat haar zoon naar Syrië zou vertrekken en zegt ze aanvankelijk niet te weten dat hij contacten had met Sharia4Belgium. Maar wanneer ik later in het gesprek op een foto uit het strijdgebied een buurjongen en vriend van haar zoon herken die prominent Sharia4Belgium-lid was, ontkent ze niet dat ze dit wist. De buurjongen was een aantal maanden voor haar zoon vertrokken en zij kwam zijn moeder wel eens tegen op de gang. Hoewel beide vrouwen hetzelfde verdriet deelden hadden ze weinig contact met elkaar. Wel had de buurvrouw die zowel haar zoon, dochter als schoonzoon had zien vertrekken, wel eens tegen haar gezegd: 'De mensen zien ons als de ouders van terroristen. Maar onze kinderen zijn geen terroristen.' Zij was ervan overtuigd dat haar kinderen naar Syrië waren vertrokken om hun broeders en zusters te helpen die verjaagd en vermoord werden. Of ze wist dat haar zoon en schoonzoon vanaf het begin in de vuurlinie stonden, is niet duidelijk.

Een andere moeder die drie van haar zonen had zien vertrekken vertelt dat zij totaal niet had zien aankomen dat de jongens naar Syrië zouden gaan, maar uit de gesprekken met een leraar van haar jongste zoon blijkt dat er voldoende signalen waren die wezen op een nakend vertrek. 'Die moeder is hier op school geweest,' vertelt hij, 'omdat we ons zorgen maakten over de jongste zoon. Zijn oudere broer was toen al in Syrië, maar dat wisten we niet. En die mama was heel erg in paniek, want dat ging over drie zonen hè? Die wist zelf ook niet wat ze moest doen.'

En natuurlijk zijn er ook ouders die zich pas achteraf realiseerden dat het veranderende gedrag van hun kinderen een voorbode was geweest voor hun latere vertrek. 'Hij douchte niet meer elke dag,' vertelt de zus van een van de vertrekkers. 'Eten deed hij ook veel minder. En hij was altijd bezig over de dood, over het hiernamaals. Hij zei tegen mijn moeder: "Als ik doodga mag je niet huilen, want ik ga naar het paradijs, naar Allah."'

Hoewel sommige ouders vertellen dat ze zich in toenemende mate zorgen maakten om de gedragsveranderingen van hun kinderen, troostten verschillende onder hen zichzelf met het idee dat ze zich misschien onterecht druk maakten, dat het gedrag van hun kinderen bij hun puberteit hoorde en dat het wel weer over zou gaan. Zo zagen de moeders van drie bekeerde meisjes de bekering van hun dochters aanvankelijk als een zegen, omdat de meisjes van de ene op de andere dag hun problematisch gedrag achter zich lieten. Pas in een latere fase, toen zij zich tegen hun familie begonnen te keren, liepen de conflicten hoog op. 'Toen ze steeds maar meer met haar geloof bezig was, was het voor mij moeilijk om daarmee om te gaan,' zegt een van de moeders. 'Ik mocht ook niks meer van haar. Ik mocht niet roken, ik mocht het huis niet uit, weet je, zulke dingen allemaal. En ik was een ongelovige, ik zou branden in de hel. Ik ontvluchtte echt mijn eigen huis.'

Ook ouders die van huis uit islamitisch zijn, maakten zich aanvankelijk geen zorgen wanneer hun kinderen zich meer met hun geloof gingen bezighouden. Dat had er onder andere mee te maken dat zij vanuit hun gemeenschap vaak positieve reacties kregen vanwege het vrome gedrag van hun kinderen. 'Toen hij begon te radicaliseren,' zegt een moeder, 'het eerste wat ik toen zei was: als hij zo doorgaat dan eindigt hij in Syrië. Maar toen ik dat zei tegen mijn familie zeiden ze: "Maar nee, waarom ben je zo negatief, dat is onze godsdienst. En toen heb ik gezegd: "Het is waar, het is onze godsdienst." Maar als moeder dacht ik: het is niet normaal. Ik heb onze godsdienst nooit gekend op die manier.'

'Toen die jongens veranderden kreeg ik ook veel positieve opmerkingen van de omgeving,' zegt een andere moeder. 'Dat ik een trotse moeder was van jongens die een degelijke islamitische kennis hadden, die zich hielden aan de regels van de islam, ze gingen niet stelen en dat soort dingen.' De jonge mannen waren in de aanloop naar hun vertrek vaak van huis en hun ouders wisten dat ze dan met hun religie bezig waren, maar zagen er niets alarmerends in.

Daarnaast waren er bij sommige jongeren nauwelijks gedragsveranderingen te bespeuren, tenminste dat is de interpretatie die hun ouders daaraan gaven. Ze vragen zich dan ook af of hun kinderen wel geradicaliseerd waren toen zij naar Syrië vertrokken. Een vader zegt dat hij op geen enkel moment heeft gemerkt dat zijn zoon aan het radicaliseren was. Er waren geen veranderingen waar te nemen in zijn uiterlijk en ook was hij niet bezig om zich te verdiepen in zijn geloof. Twee weken voor zijn vertrek was hij blowend en drinkend te zien in een video die door zijn vriend was gemaakt. En een moeder vertelt dat haar dochter, die een paar weken voor haar vertrek naar Syrië begonnen was met het dragen van een nikab, een dag voor haar vertrek door een vriendin van de moeder was opgemerkt terwijl ze in bikini zat te zonnen op het balkon van het ouderlijk huis, terwijl iedereen in de buurt haar kon zien. Haar moeder had zich wel eens zorgen gemaakt dat haar dochter zou vertrekken omdat ze wist dat ze contact had met een strijder in Syrië, maar het incident met de bikini had haar van idee doen veranderen. 'Van zo iemand verwacht je toch niet dat zij naar Syrië vertrekt?' zegt ze een aantal weken nadat haar dochter vertrokken was, nog steeds niet begrijpend wat het meisje had bezield. En een nicht van twee jonge vrouwen die samen vertrokken waren had zich wel eens vragen gesteld bij de radicalisering van een van hen. Zo bleek zij overdag een nikab te dragen maar stapte zij 's avonds wel eens helemaal opgedirkt bij onbekende mannen in de auto. En als ik met de leraren van een jongen die een paar maanden daarvoor vertrokken was spreek, blijkt geen van hen te weten dat hij zich bekeerd had tot de islam. De immer goedlachse jonge man had nooit enige interesse getoond voor religie of politiek, maar wijdde zich volledig aan zijn grote passie, karate. Zijn leraren, die nooit enige gedragsverandering bij de jongen hadden opgemerkt, vertellen dat hij wellicht 'vanwege het avontuur' was meegegaan. Dat hij op enig moment geradicaliseerd zou zijn, daar kunnen zij zich helemaal niets bij voorstellen.

FAMILIES MET PROBLEMEN

Het geldt zeker niet voor allemaal, maar in de meeste gevallen was er een hele reeks problemen in de gezinnen waaruit de jonge mannen en vrouwen vertrokken waren. In sommige gevallen vertelden de ouders dit openlijk aan mij, maar in de meeste gevallen niet. Meestal komt wat zich in de gezinnen had afgespeeld mij ter ore via voormalige leraren of als ik op een later moment met de jongeren zelf contact krijg. Voormalige leraren vertellen dat zich in sommige gezinnen in de aanloop naar de radicalisering van de jongere problemen hebben voorgedaan. Of de radicalisering van sommige kinderen binnen het gezin hiermee te maken heeft is onzeker, maar in elk geval was er volgens die leraren wel een voedingsbodem waarop allerhande problemen konden gedijen, waaronder radicalisering.

Dylan was de tweede in de rij van een gezin met drie kinderen dat op school bekendstond als een probleemgezin. Zijn moeder was drie keer getrouwd geweest en had een hele reeks verkeerde vriendjes gehad, van wie sommige gewelddadig waren. Door zijn tumultueuze thuissituatie werd Dylan het grootste deel van de tijd bij zijn oma opgevoed. Maar toen zijn oma niet meer voor hem kon zorgen en Dylan terug naar zijn moeder ging ontstonden de problemen. 'Toen hij bij ons wegging,' zegt een leraar van de laatste school waarop Dylan heeft gezeten, 'was er van extremisme nog geen sprake. Maar wij schrokken er niet van toen wij hoorden wat er met hem was gebeurd.' 'Dylan was een hele brave jongen maar wel met een problematische thuissituatie,' vervolgt een andere leraar. 'Hij zei niet veel over zijn thuissituatie, maar het was voor ons duidelijk dat het een kind was dat thuis aan zijn lot werd overgelaten.' De school had veel moeite gedaan om de ouders van Dylan bij zijn schoolloopbaan te betrekken, maar die waren nooit komen opdagen. 'Wij hebben die moeder gebeld, meermaals,' zegt een van de voormalige leraren. 'Bij ons is het zo: kinderen krijgen hun rapport niet mee als we de ouders niet zien. En wij kregen altijd een briefje dat de ouders niet konden komen. En hij deed zijn huiswerk bij zijn oma en toen zeiden we: oké, laat de oma dan maar komen. En die oma stelde dat ook voor als de normaalste zaak van de wereld. Dylan was bij haar en zij volgde zijn resultaten op school. Die had het allerbeste met hem voor.'

Toen Dylan problemen begon te veroorzaken op school eiste de directie dat zijn beide ouders langskwamen om hierover te praten. 'Zijn beide ouders zijn toen hier geweest,' zegt de directrice. 'Maar ja, toen was het al vrij ver gekomen met Dylan en toen zat de moeder hier te huilen dat het allemaal zo erg was. Maar toen besefte zij ook denk ik dat zij het te ver had laten komen. Ze heeft, toen ze hier was, verteld dat ze in zak en as zat. Dat Dylan altijd weg was en dat hij dan door de stad liep in een djellaba. Ze wilde over de thuissituatie niet te veel vertellen, want ze wist waarschijnlijk hoe het gekomen was. Die moeder, dat was pure wanhoop op het einde.'

De problemen in het gezin waren, daar kwam ik in de loop der jaren achter, vele malen groter dan zijn oudere zus Lena deze tijdens de eerste gesprekken die ik met haar had, had voorgesteld. Maar naarmate ik langer contact met haar had vertelde ze mij bij stukjes en beetjes wat zich in het gezin had afgespeeld. De vader van Dylan was een drugshandelaar die haar moeder tegen betaling zou hebben uitgeleend aan zijn vrienden. Lena beschuldigt de vader van Dylan daarnaast van seksueel misbruik. Dit wordt ontkend door de tante van Lena, die beweert dat de moeder van Dylan haar dochter tijdens de echtscheidingsprocedure zou hebben gedwongen om dit te verklaren. Volgens haar is er nooit enig bewijs gevonden voor het feit dat Lena seksueel is misbruikt door haar stiefvader, waardoor de klacht geseponeerd werd. Maar volgens Lena heeft het seksueel misbruik door haar stiefvader een grote invloed gehad op Dylan. 'Drie maanden voordat Dylan vertrok had hij met zijn vader zitten praten, en die heeft toen tegen hem gezegd dat zijn moeder een hoer was, dat ik ook een hoer was. En dat hij al die jaren seks met mij had gehad en dat ik dat lekker vond. En drie maanden later was Dylan weg.'

Ook Rafael, die in april 2013 naar Syrië vertrok, had alles behalve een stabiele thuissituatie. Zijn vader geeft de schuld aan de samenleving, die zijn zoon niet begreep, voor het feit dat hij zich heeft aangesloten bij de gewapende strijd. Rafael heeft volgens hem altijd een perfecte opvoeding gekregen en op de beste scholen gezeten, waardoor hem als vader niets te verwijten valt. Maar als ik wat nader naar de gezinsomstandigheden kijk waarin Rafael is opgegroeid, lijkt daar toch wel een en ander aan de hand te zijn. Zo groeide hij op in een tumultueus gezin waarin sprake was van huiselijk geweld. De vader van Rafael heeft zelf een moeilijke jeugd gehad. Hij had onder meer een gewelddadige vader die meermaals in de gevangenis had gezeten vanwege vechtpartijen en huiselijk geweld. Uiteindelijk gingen de ouders van Rafael uit elkaar, maar vader bleef zich als een politieagent met het gezin bemoeien. Rafael verhuisde van school naar school omdat hij nergens te handhaven was.

Maar directieleden van de scholen waar hij op had gezeten, zeggen meer problemen te hebben gehad met de vader dan met de zoon. 'Wij herinneren ons eigenlijk veel beter de vader dan Rafael zelf,' vertelt een van de directeuren. 'Dat was echt een man, die kon het bloed onder je nagels vandaan halen,' zegt de directrice van een andere school. 'We hebben een paar keer gesprekken met hem gehad, Rafael moet toen een jaar of veertien geweest zijn, en het ging echt niet goed op school. Maar die vader, die gaf altijd de schuld aan ons. We hebben die ook aan het eind van het jaar definitief uitgesloten, we hebben die gewoon buiten gezet. Rafael leverde niet zo veel problemen op qua gedrag, maar die was lui qua leren, en als die straf kreeg dan vertikte hij om dat te doen. Dus op een gegeven moment was er een opeenstapeling van feiten waardoor wij die hebben buitengezet. Hij was toen nog niet bekeerd, van extremisme hebben wij echt niets gemerkt, dat was denk ik nog niet aan de orde, maar ik heb toen wel al tegen die vader gezegd, als u uw zoon zo blijft opvoeden dan loopt dat een keer fout. Maar er viel niet met die man te praten, het was altijd de schuld van iemand anders, en zijn zoon werd niet begrepen. Dat het mis zou lopen met dat kind, dat wisten wij toen al.'

Ook binnen het gezin waar Aziz was opgegroeid waren er veel problemen. Aziz, die in december 2013 naar Syrië vertrok, was de oudste van een gezin met vier kinderen. Zijn vader Jasim was op zeventienjarige leeftijd vanuit Marokko naar Nederland gekomen in het kader van gezinshereniging. Hij werd uitgehuwelijkt aan een zwakbegaafde vrouw die overgehaald werd uit Marokko. Jasim was op een gegeven moment in de gevangenis terechtgekomen, omdat zijn vrouw hem beschuldigde van langdurige mishandeling en verkrachting. Hierdoor kwamen de kinderen een tijd in een pleeggezin terecht, waar ze volgens Jasim slecht behandeld waren. Jasim gaf de schuld aan de samenleving dat zijn zoon vertrokken was naar Syrië. Als jonge Marokkaanse Nederlander werd hij volgens zijn vader gediscrimineerd, waardoor hij gemakkelijk in de armen terecht was gekomen van ronselaars. Maar op school werd er een heel ander verhaal verteld. 'De vader heeft de neiging om het allemaal buiten zichzelf te zoeken,' vertelt een voormalig leraar. 'En het is de boze wereld waarin hij verkeert die hem onvoldoende begrijpt of ondersteunt waardoor zijn kinderen en hijzelf ook in een lastige situatie komen. Ik heb nooit van deze man een woord van reflectie op zijn eigen doen en laten gehoord. Dat het niet goed ging met Aziz en dat vader in de laatste maanden van zijn radicalisering naar de politie is gegaan, dat zal allemaal wel het geval zijn geweest, maar hij vergeet het voortraject, waarin hij een heel belangrijke rol heeft gespeeld.'

Op school was bekend dat de kinderen verwaarloosd werden en dat er sprake was van onmacht van de vader bij de opvoeding. 'Je kan niet achter de voordeur kijken en dat is ook onze taak niet helemaal,' zegt een voormalig leraar. 'Maar van sommige ouders word je enthousiast, ongeacht hun geloofsachtergrond en identiteit, en van een aantal ouders word je dat minder en hij behoort in ieder geval tot de groep waar je wat minder of in het geheel niet enthousiast over wordt.' Bovendien hadden zich meerdere antisemitische incidenten voorgedaan op school met Aziz. Zijn vader werd vervolgens uitgenodigd op school, maar die leek het gedrag van zijn zoon enigszins te vergoelijken. 'Het is niet zo dat hij het expliciet vergoelijkte, dat gaat te ver,' zegt een voormalig leraar. 'Maar hij zei: "U weet toch hoe Israël is?" Hij maakte daar bijna een politieke discussie van. Dus hij veroordeelde dat gedrag niet.'

En op de school waar Asma zat waren eveneens veel zorgen over het meisje dat uiteindelijk in 2015 met haar autistische dochtertje naar Syrië vertrok. Ze kwam uit een extreem problematisch gezin. Haar ouders scheidden toen zij drie jaar was. Haar moeder was sinds Asma zes jaar was opgenomen in de psychiatrie en vader zat lange tijd in de gevangenis vanwege seksueel misbruik van zijn kinderen. Asma en haar zusje groeiden op in een pleeggezin, maar toen het daar niet goed ging kwamen ze allebei terecht in een instelling. Asma zat toen zij veertien jaar was een tijd in een 'loverboycircuit'. Toen zij na een verblijf van jaren uit de instelling ontslagen werd, zocht ze haar vader weer op, die inmiddels dakloos was. Ze probeerde haar leven weer op te pakken, wat in het begin met de hulp van de instelling waar ze had gezeten ook wel lukte. Ze kreeg een woning toegewezen en al snel trok haar vader bij haar in. Een paar maanden later was Asma zwanger.

De vader woont nog steeds in het huis van Asma als ik hem bezoek. Het is binnen een paar weken tijd veranderd in een gigantische chaos. Er liggen vuile matrassen op de vloer, overal speelgoed, etensresten op tafel en door het hele huis staan plastic zakken gevuld met rommel. Vader vertelt over zijn leven in Nederland, dat een opeenstapeling is van ellende. Een chaotisch verhaal volgt, dat erop neerkomt dat hij in Nederland in de ellende terecht was gekomen omdat niemand hem wilde helpen. Over zijn eigen rol daarbij heeft hij het niet. Asma en haar vader waren in zware financiële problemen terechtgekomen, waardoor ze in de maanden voorafgaand aan haar vertrek uit hun appartement gezet dreigden te worden. Er was hulpverlening bij het gezin betrokken, maar dat had volgens vader niets opgeleverd. Helemaal zeker weet hij het niet, maar het zou goed kunnen, zo dacht hij, dat Asma vanwege al deze problemen naar Syrië gevlucht is.

Maar op de school van de jonge vrouw vertelt men een heel ander verhaal. Asma heeft altijd een 'ingewikkelde relatie' gehad met haar vader, en dat vond men op school enigszins begrijpelijk. Helemaal zeker weten zij het niet, maar het heeft er alle schijn van dat de dochter van Asma verwekt is door haar vader, wat ik zelf al enigszins vermoedde. Het was in ieder geval opvallend, zo vertelde men op school, dat ze nooit iets wilde vertellen over de vader van haar kind. Toen ze naar Syrië vertrok heerste op school het vermoeden dat Asma weer zwanger was. 'Vlak voor ze wegging was ze zo ongelooflijk dik geworden,' vertelt een voormalig lerares. 'Dus ik was bang dat ze weer zwanger was. Met een lange jurk kan je dat natuurlijk verdoezelen. Maar de laatste zes weken was ze echt opvallend dik.'

Op school wist men dat Asma's leven een opeenstapeling van problemen was en dat ze er wellicht moeilijk uit kwam. Maar er werd ook hardop over gespeculeerd dat haar vertrek wel eens te maken kon hebben met haar vader. 'Ik heb me wel eens afgevraagd in hoeverre die vader ermee te maken had dat ze vertrokken was,' zegt een voormalig lerares. 'Vooral als ze weer zwanger geweest zou zijn, wat we dus niet zeker wisten.' Duidelijk was wel dat Asma niet graag sprak over haar vader. Hij reisde vaak heen en weer tussen Marokko en Nederland. 'Maar ze vond het niet fijn dat hij bij haar woonde, dat was duidelijk,' zegt haar voormalige lerares.

Het zou de families tekortdoen om hen allemaal voor te stellen als families waarin zich dergelijke grote problemen voordeden als in de voorbeelden die zonet gegeven werden. Zo zijn er namelijk families waar ik nauwelijks problemen heb weten te ontdekken, al zijn dat uitzonderingen.

Op basis van de gesprekken heb ik overigens, op een paar uitzonderingen na misschien, geen aanwijzingen gevonden voor het feit dat de families op enige wijze mede aan de basis hebben gestaan van het radicaliserende gedrag van hun kinderen. Zij hebben wel gedragsveranderingen opgemerkt bij hun kinderen – die zij niet altijd interpreteerden als tekenen van radicalisering – maar konden in de meeste gevallen nooit bevroeden dat dit tot een vertrek naar Syrië had kunnen leiden. Waren zij daarin naïef? Vaak wel. Hadden zij in sommige gevallen kunnen weten dat hun kinderen zouden vertrekken? Zeer zeker. Maar het gaat te ver om te zeggen dat zij er mede verantwoordelijk voor zijn.

Toch heb ik ook aanwijzingen dat sommige ouders in het begin meegingen in het verhaal dat er een oorlog gaande was tegen de islam en dat de schurk Assad verslagen moest worden. Het is te ongenuanceerd om te zeggen dat er ouders zijn die hun kinderen ondersteund hebben in hun strijd, al bestaan er zeker vermoedens. Zo werden twee vrouwen door hun vader met de auto naar Turkije gebracht, waar zij vervolgens de grens met Syrië overstaken. Er zijn moeders die bagage in hun huis opsloegen voor jonge mannen en vrouwen die van plan waren te vertrekken. En ik heb wel eens een tapverslag gezien van een gesprek tussen twee vaders die elkaar feliciteerden met het 'martelaarschap' van hun zonen. Maar het heeft er alle schijn van dat de ouders in het begin van de oorlog niet beseften waartoe dit alles zou leiden en gaandeweg de oorlog, net als hun kinderen, er steeds meer van overtuigd moeten zijn geraakt dat het een grote fout was geweest om naar Syrië te vertrekken. Dat zij hun kinderen hebben gestimuleerd om deel te nemen aan de strijd is in de groep ouders waar ik contact mee had echter niet voorgekomen.

Saliha

Sulaiman schreeuwt zijn wanhoop uit omdat hij niet heeft kunnen voorkomen dat zijn dochter Saliha naar Syrië is gegaan. Hij had het niet zien aankomen, waardoor haar vertrek voor hem als een complete verrassing kwam. Maar het grootste verdriet dat hij met zich meedraagt is dat zijn ex-vrouw haar dochter een paar maanden later achterna reisde en zowat zijn hele gezin had meegenomen in haar tocht naar de dood. Zijn jongste zoon sneuvelde een paar maanden daarna. En dat was voor Sulaiman zo'n grote schok dat hij dit wellicht nooit te boven zal komen.

Ik heb al geruime tijd contact met Sulaiman, de vader van Saliha, als ik contact krijg met Saliha zelf, die inmiddels al meer dan een jaar in een van de kampen in Noord-Syrië verblijft waar vrouwen die IS zijn ontvlucht worden opgesloten. Saliha was in mei 2013 naar Syrië vertrokken en werd drie maanden later achterna gereisd door haar moeder, jongere broer en zusjes. De oudste zoon was zijn familie niet gevolgd naar Syrië. Dat was opmerkelijk, omdat hij tijdens het gesprek dat ik in de zomer van 2018 met hem had een warm pleitbezorger bleek van de gewapende strijd in Syrië en vond dat de misdaden van IS geoorloofd waren. Hij was getrouwd en werkte inmiddels in een pizzeria waar hij door zijn collega's op handen werd gedragen. Vader Sulaiman was in 1974, hij was toen twaalf jaar, samen met zijn moeder vanuit het noorden van Marokko naar Amsterdam gemigreerd in het kader van gezinshereniging. Na de middelbare school werd hij, net achttien, uitgehuwelijkt aan de zestienjarige Aicha. Ze kregen vijf kinderen: Youssef, Saliha, Najib en de tweeling Malika en Fatiha. Ze waren gematigd islamitisch, hoewel de moeder volgens Youssef een stuk strenger in de leer was dan Sulaiman. 'Toen wij vijftien, zestien jaar waren verrichtte alleen mijn moeder het gebed,' vertelt hij. 'En wij allemaal niet. Toen maakte ze op een avond het avondeten, twee grote borden. Eentje was voor haar en Najib en het andere was voor ons. Want ze zei: "Ik ga niet met jullie uit één bord eten." En toen we zeventien, achttien waren zei ze: "Bid je nou nog steeds niet?" Als ik keiharde muziek aan had staan en ik zong mee in het Jamaicaans, dan zei mijn moeder: "Jamaicaans kan je wel meezingen maar de Koran ken je niet uit je hoofd hè?"' Sulaiman omschrijft zijn vrouw als iemand die 'een beetje wankel' in het leven staat en die alle beslissingen aan haar man overliet. Maar Youssef ziet dat heel anders. Volgens hem had zijn moeder thuis 'de broek aan'. Als de kinderen iets hadden uitgespookt dan waren ze volgens Youssef niet bang voor de reactie van hun vader, maar voor die van hun moeder. Volgens Youssef was zijn moeder daarenboven de motor achter de radicalisering, al wil hij het die naam niet geven, van de verschillende kinderen in het gezin.

Het huwelijk van Sulaiman en Aicha was geen succes en dat had volgens Sulaiman vooral te maken met het verschil in opleiding tussen hem en zijn ex-vrouw. Maar volgens Youssef en Saliha was er een heel andere reden waarom hun ouders uit elkaar waren gegaan. 'Als iemand mij vraagt wie mijn ronselaar was, dan is het mijn vader,' zegt Saliha. 'Door gebrek aan vaderliefde, alleen maar problemen thuis, ben ik een man achterna gegaan die mij wel liefde gaf.' Saliha en Youssef beschrijven de vele problemen in het gezin, die volgens hen uitsluitend terug te voeren waren tot de gokverslaving van hun vader. 'We wisten dat we alles moesten verstoppen,' zegt Saliha. 'Want als papa het pakte ging hij het verkopen en vergokken.' Saliha herinnert zich een paar pijnlijke momenten uit haar jeugd die het gevolg waren geweest van de gokverslaving van haar vader. Toen ze bijvoorbeeld niet mee mocht op schoolkamp omdat haar ouders niet betaald hadden, terwijl achteraf bleek dat haar moeder wel degelijk had betaald maar haar vader het geld had weten te onderscheppen. Of toen er op een dag een vrachtwagen voor de deur stopte, ze uit huis werden gezet en al hun spullen in beslag werden genomen omdat haar vader maanden de huur niet had betaald. Of toen het servies door de woonkamer vloog omdat Aicha haar laatste geld niet aan hem wilde geven. 'We hadden geen eten en geen kleren, dus we hadden allemaal baantjes toen we nog heel jong waren. Ik weet nog dat ik oppaste voor een euro per uur toen ik twaalf jaar was. En als je die paar euro die je had verdiend niet goed bewaarde dan kwam je erachter dat papa je nieuwe verstopplek had gevonden.'

Toen Sulaiman en Aicha na 22 jaar huwelijk uit elkaar gingen was het voor Saliha dan ook een grote opluchting. Na de scheiding ging Aicha samen met haar drie jongste kinderen naar Den Haag om in de buurt bij haar familie te wonen. Saliha woonde voordat haar ouders gingen scheiden al bij een tante in Den Haag. En Youssef woonde inmiddels samen met zijn vriendin in Breda. Een groot deel van zijn vrienden woonde in Den Haag omdat de kinderen al van kleins af aan vaak op bezoek kwamen bij hun grootmoeder en er tijdens zomervakanties veel tijd hadden doorgebracht. Met hun vader verwaterden de contacten.

Sulaiman vertelt dat Saliha zich sinds haar veertiende steeds meer in de islam was gaan verdiepen. Ze ging een hoofddoek dragen en ook haar kledingkeuze werd steeds orthodoxer. 'Ze begon ons ook steeds meer op ons gedrag aan te spreken. Dat ons gedrag buitensporig was of zondig.' Vooral Youssef, die zich op die leeftijd inliet met criminaliteit, werd door Saliha regelmatig tot de orde geroepen. Sulaiman hertrouwde maar bleef aanvankelijk contact onderhouden met zijn ex-vrouw. Hij kwam langs om de jongste drie kinderen op te halen. Maar de laatste drie jaar merkte hij dat zijn ex-vrouw steeds meer afstand hield. Hierdoor kreeg hij steeds minder zicht op wat er zich in Den Haag afspeelde. Youssef vertelt dat het gezin zich meer en meer ging bezighouden met religie. Aicha organiseerde huiskamerlezingen voor vrouwen en een radicale prediker, die uiteindelijk zelf naar Syrië zou vertrekken, met in zijn kielzog een heleboel jongeren uit Den Haag, kwam er geregeld over de vloer. Bovendien begon Najib, de jongste zoon uit het gezin, zich op twaalfjarige leeftijd eveneens meer en meer te interesseren voor het geloof en keek hij op naar de vrienden van Youssef, die inmiddels onder invloed van de prediker allemaal het licht hadden gezien. Youssef had er geen moeite mee dat zijn broertje met zijn vrienden omging, ook al waren ze een stuk ouder dan Najib. 'Ik dacht: het kan toch geen kwaad om mijn broertje achter te laten met zulke lieve, goeie jongens. En hij keek tegen hen op, dus ik dacht: hij kan beter tegen hen opkijken dan tegen mij, anders is hij misschien ook over een paar jaar zoals ik.' Youssef vertelt dat hij van God houdt, maar er altijd moeite mee heeft gehad om zich aan de strenge leefregels te houden die binnen de islam gelden. 'Ik heb ook een baard gehad, de islam bestudeerd, maar ik deed ook mijn eigen dingetjes.' Zo had hij handeltjes hier en daar, had hij contacten bij de motorclub Satudarah en heeft hij ook wel eens in de gevangenis gezeten.

In Den Haag leerde Saliha Hicham kennen. Zij was bevriend met een van zijn zusjes en kwam er vaak aan huis. Het gezin van Hicham was heel anders dan het gezin waar zij in opgegroeid was. Zijn vader was volgens haar een goede vader voor zijn kinderen en ze kwam er graag. Soms bleef ze er tot laat in de nacht en bracht Hicham haar naar huis. Ze werden verliefd op elkaar. De jeugd van Hicham was er een van criminaliteit en geweld geweest, waardoor hij jaren in jeugdinstellingen had doorgebracht. Toen hij de laatste keer vrijkwam, hij was toen 21, besloot hij dat hij zijn leven wilde verbeteren en een goede moslim wilde worden waar zijn ouders trots op zouden zijn. Hij begon zich in zijn geloof te verdiepen en ging vaak naar de Al-Qibla-moskee. Daar hoorde hij dat al zijn zonden vergeven zouden worden als hij zich zou aansluiten bij de karavaan van de helden. Hicham kreeg een eigen flat toegewezen en Saliha mocht het inrichten naar haar eigen smaak. Hij werkte en zorgde voor haar, hoewel ze niet getrouwd waren of samenwoonden. Saliha was hopeloos verliefd op hem en hoopte dat ze snel met hem zou trouwen en kinderen krijgen. En toen kwam er op een dag ineens die brief, het was eind 2012, waarin hij haar schreef dat hij vertrokken was naar Syrië om zijn Heer te dienen. Haar wereld stortte in. Een aantal maanden later reisde ze hem achterna, en ging de dag na aankomst met hem een islamitisch huwelijk aan.

Toen Saliha was uit gereisd begon het contact tussen Sulaiman en zijn ex-vrouw nog moeizamer te verlopen dan daarvoor al het geval was. Zowel de moeder als de andere kinderen van het gezin hadden contact met Saliha in Syrië. Sulaiman daarentegen had geen contact met zijn dochter. Hij is ervan overtuigd dat Aicha uiteindelijk onder druk van Saliha naar Syrië is gereisd. Wat hij zijn ex-vrouw met name kwalijk neemt is dat zij zijn drie kinderen heeft meegenomen naar een oorlogsgebied. Toen Najib een aantal maanden na zijn aankomst in Syrië sneuvelde verweet Sulaiman zijn ex-vrouw dat zij zijn zoon de dood had ingejaagd. Maar Youssef ziet dit anders. Volgens hem wilde zijn jongste broer graag naar Syrië om zich daar aan te sluiten bij de gewapende strijd. In de periode dat hij in Syrië was is hij er volgens Youssef gelukkig geweest. Hij toont foto's van een lachende Najib, die rondrijdt op zijn scootertje, kalasjnikov op de schouder, vingertje in de lucht. Of een foto waarin hij trots zijn nieuwe wapen toont of poseert met andere strijders. Youssef gaat vrij laconiek om met het feit dat zijn broertje zo kort na zijn aankomst in Syrië sneuvelde. 'Tuurlijk vond ik het erg, maar martelaar worden, dat is wat hij wou. Voor mijn moeder was het wel zwaar dat haar jongste zoon gesneuveld was, maar zij is natuurlijk ook overtuigd van het feit dat hij het martelaarschap heeft bereikt.' Youssef wil niet gezegd hebben dat zijn moeder Najib naar het front gestuurd heeft. 'Maar toen hij op een gegeven moment besloten had dat hij wilde gaan strijden heeft mijn moeder hem niet tegengehouden.' Of zijn moeder hem ooit had gevraagd om naar Syrië te komen vraag ik hem. 'De hele tijd,' zegt hij, met een grote glimlach op zijn gezicht. Wilde ze hem daar ook hebben om martelaar te worden? vraag ik. '"We hebben mannen zoals jij nodig," zei ze, meer niet.' Maar uiteindelijk wilde Youssef zijn vrouw niet achterlaten. 'En toen zei mijn moeder: "Jouw vrouw is zo'n toegewijde moslima, zullen we wedden dat als jij naar Syrië komt ze je achterna komt?' Maar hij besloot om toch niet te gaan. 'Kijk, het deed me natuurlijk wel pijn om te zien dat mijn broeders en zusters elkaar afmaakten. Ik heb er wel eens over nagedacht omdat mijn moeder daar alleen was en mijn zusjes en mijn vrienden allemaal. Maar dan dacht ik aan mijn vrouw. Daarom ben ik gebleven. Ik denk dat ik het leven in deze *dunya* (het leven op aarde) te veel zou zijn gaan missen. Ik had daar wel mijn familie en vrienden. Maar ik had hier ook heel veel. Het leven met die jongens van Satudarah was ook top, hè? Dat kan je ook niet zomaar achterlaten.'

Soldaten van Allah

Het verhaal van Saliha, Youssef en hun familie geeft een interessante inkijk in de redenen waarom Saliha naar Syrië is vertrokken terwijl Youssef ervoor koos om dat niet te doen. Ook de vele andere verhalen die ik door de jaren heen te horen kreeg lieten stukje bij beetje zien hoe de gang naar Syrië was verlopen. Wie de jonge mannen waren die naar Syrië vertrokken en alles achterlieten om zich aan te sluiten bij de gewapende strijd vormt het onderwerp van dit hoofdstuk. Wat weten we over hun achtergronden? En in welke mate heeft zich een radicaliseringsproces voorgedaan voorafgaand aan hun vertrek? Het zijn vragen die enkel te beantwoorden zijn door ons te verdiepen in de achtergronden van deze jonge mannen, in de hoop dat we zo een beeld krijgen van wat hen heeft gedreven om zich aan te sluiten bij de gewapende strijd.

Er zijn de laatste jaren honderden verhalen verschenen in de media over westerse strijders die zich aansloten bij ISIS. En er zijn wereldwijd vele onderzoeken geweest die ingaan op de achtergronden van deze mannen. Tijdens de oorlog was het echter praktisch gezien onmogelijk om met de strijders in contact te komen. Zij lieten zich niet graag interviewen tenzij zij er zelf belang bij hadden. Los daarvan was het technisch ingewikkeld om hen te spreken. Dat moest via de telefoon of via internet. Mannen die daarheen gegaan waren om zich aan te sluiten bij de gewapende strijd hadden echter wel wat anders te doen dan met een onderzoeker te praten. En na de oorlog waren ze ook lastig te interviewen omdat ze gevangenzaten in Noord-Syrië, Irak of Turkije. Iedere keer als er weer een strijder was aangetroffen in een van de gevangenissen en hij een journalist te woord had gestaan was er enorm veel aandacht voor. Opmerkelijk daarbij was dat de mannen allemaal hun betrokkenheid bij IS minimaliseerden of in sommige gevallen zelfs ontkenden. Zij wezen er één voor één op dat zij een grote fout hadden begaan door zich aan te sluiten bij IS, maar dat hun eigen betrokkenheid bij de gewapende strijd te verwaarlozen was. Het was op zich niet vreemd dat zij dit vertelden. Want het was ondertussen genoegzaam bekend welke straffen hun boven het hoofd hingen. Dus waarom zouden zij zichzelf op enigerlei wijze in diskrediet brengen door over zichzelf bezwarende verklaringen af te leggen?

De verhalen van de mannen heb ik voor een groot deel trachten te reconstrueren op basis van het verhaal van hun familie. Zoals gezegd heb ik sinds 2013 vele gesprekken gehad met families van wie de zonen naar Syrië waren vertrokken. Problematisch hieraan is dat de ouders vaak maar een deel wisten van wat zich werkelijk had afgespeeld omdat de jonge mannen voorafgaand aan hun vertrek vaak een dubbelleven hadden geleid. Bovendien wisten de ouders vaak niet veel over de rol die hun zonen in Syrië hadden gespeeld. Maar daarnaast hadden sommige ouders ook wel de neiging om bepaalde aspecten die hen of hun zonen in diskrediet konden brengen te verzwijgen. Ondanks deze problemen gaven de gesprekken met de families een beeld van wat zich had afgespeeld voorafgaand aan het vertrek van hun zonen en heb ik samen met hen, vaak van dag tot dag, kunnen volgen hoe het de jonge mannen in Syrië verging, al lieten zij daar meestal niet veel over los.

DE WESTERSE *FOREIGN FIGHTERS*

Sinds het vertrek van zo veel westerse strijders naar Syrië en Irak is er een groot aantal wetenschappelijke publicaties verschenen over deze kwestie. In de beginperiode was er echter nog maar weinig bekend over wie de jonge mannen waren die zich aansloten bij de gewapende strijd en wat hun motieven waren om dit te doen. De publicaties die in de beginperiode verschenen gingen dan ook vooral in op de mogelijke dreiging die uit kon gaan van deze groepen en wat de verschillende landen aan maatregelen konden nemen om het gevaar van terugkerende strijders tegen te gaan.[65] Maar naarmate de oorlog vorderde raakte er steeds meer bekend over wie de strijders waren en wat hun motieven waren om zich aan te sluiten bij IS of andere terroristische groepen.[66]

Van Ginkel en Entenmann laten zien dat er geen typisch profiel is uit te tekenen van de Europese strijders, hoewel ze wel een aantal kenmerken gemeenschappelijk lijken te hebben. Zo gaat het meestal om jonge mannen in de leeftijd van achttien tot midden en eind twintig. Veel van hen zijn uit dezelfde type buurten in grote steden afkomstig. Dit is een indicatie van het feit dat er in deze gebieden al sprake was van (extremistische) netwerken, dat groepen vrienden radicaliseerden als groep en besloten te vertrekken, of dat jonge mannen die zich aan het front bevonden hun vrienden die thuis waren gebleven rekruteerden. Onder de vertrekkers is sprake van een significant aantal bekeerlingen. In bepaalde gevallen hebben de groepen een crimineel verleden, in andere gevallen niet. In sommige gevallen zijn ze gelinkt aan islamitische groepen in hun thuisland.[67]

De redenen waarom de jonge mannen vertrokken variëren volgens Van Ginkel en Entenmann van solidariteit met andere moslims, de strijd tegen Assad, het verlangen om in een islamitische staat te leven, het gevoel van vervreemding en uitsluiting in Europa, evenals het verlangen om deel te nemen aan de jihad. Voor sommigen speelde het zoeken naar spanning en avontuur een rol, evenals de druk vanuit de vriendengroep en het vooruitzicht om in het kalifaat te leven. Andere bronnen maken gewag van meer politiek georiënteerde redenen of wijzen op het Europees integratiebeleid waardoor moslims vervreemd waren geraakt van de samenleving.[68]

Daarnaast blijkt uit onderzoek dat de strijders die zich aansloten bij de oorlog in Syrië en Irak kunnen worden gezien als een nieuwe generatie buitenlandse strijders. Eerdere generaties waren verschillend in termen van sociaaleconomische achtergrond en opleiding, gevechtservaring, leeftijd en factoren die hen motiveerden om zich aan te sluiten bij de strijd.[69] Coolsaet is van oordeel dat de generatie strijders die zich aansloten bij de strijd in Syrië en Irak kon worden opgesplitst in twee groepen. De eerste groep bouwde voort op bestaande sociale relaties en hun vertrek was een andere vorm van afwijkend gedrag, naast hun lidmaatschap van straatbendes, drugshandel, jeugddelinquentie en betrokkenheid bij rellen. Zich aansluiten bij IS bood een spannende aanvulling op hun manier van leven. De tweede groep daarentegen zou geen voorafgaand deviant gedrag vertonen of op enige wijze verschillen van hun leeftijdsgenoten. Bij deze groep was sprake van het ontbreken van een toekomst, gevoelens van uitsluiting en een zoektocht om ergens bij te horen.[70] Dit verschil was grotendeels gerelateerd aan de andere rol die religie lijkt te spelen bij deze buitenlandse strijders in vergelijking met vorige generaties. In tegenstelling tot eerdere golven van buitenlandse strijders die naar Afghanistan, Irak of Somalië vertrokken, bestond het cohort van jonge mannen die naar Syrië en Irak vertrok eerder uit jongere mensen die minder goed geschoold waren in de islam. Volgens Schmid & Tinnes zouden jonge moslims meer gevoelig zijn voor fundamentalistische interpretaties van de militante islam naarmate het moeilijker voor hen was om te integreren in Europese samenlevingen vanwege culturele, religieuze en sociale verschillen.[71] De beslissing om zich aan te sluiten bij de gewapende strijd was minder een religieuze verplichting, maar eerder een emotioneel antwoord op gevoelens van onrechtvaardigheid die zij ervoeren in het thuisland.

Niettegenstaande de heterogeniteit van de achtergronden van de foreign fighters, benadrukken diverse analyses en rapporten dat het vaak ging om sociaal kwetsbare profielen, hoofdzakelijk samengesteld uit gemarginaliseerde individuen of groepen, jongeren die zich in een overgangsfase bevonden in hun leven, die discreet radicaliseerden, vaak 'onder de radar' en in een relatief korte periode.[72]

EEN LIEDERLIJK LEVEN

De vele verhalen die ik de laatste jaren te horen kreeg van ouders, maar ook van de jonge mannen zelf, van voormalige leraren of vrienden van degenen die naar Syrië vertrokken waren lijken het meest op de beschrijvingen van Olivier Roy, die een belangrijke stem is in het wetenschappelijk debat over radicalisering.[73] Net zoals Roy beschrijft waren de jonge mannen die naar Syrië vertrokken heel vaak mannen die een liederlijk leven hadden geleid en die op een gegeven moment het licht hadden gezien. De generationele dimensie was in de radicalisering van deze jonge mannen cruciaal volgens Roy: 'jongeren' verwierpen vaak de autoriteit van hun ouders, evenals de manier waarop zij de islam beleefden. Zij rebelleerden niet zozeer tegen hun ouders persoonlijk maar tegen datgene waar zij voor stonden. Zij waren van mening dat hun ouders vernederd werden en dat zij voortdurend concessies deden.[74]

Vernedering is een thema waar door organisaties zoals Sharia4Belgium voortdurend op werd gehamerd. Voorman Fouad Belkacem had het heel vaak over het feit dat moslims in België hun geloof niet konden belijden omdat er een oorlog gaande was tegen de islam. Maar ook vonden zij dat de eerste generatie moslims, die mee het land hadden helpen opbouwen, vaak in vernedering leefde. In het discours van jonge mannen die deel uitmaakten van de groep en die later naar Syrië vertrokken weerklonk het aspect van vernedering voortdurend. Voor hen was het bijvoorbeeld niet te verkroppen dat moslims genoegen namen met het feit dat moskeeën werden weggestopt in bouwvallige panden, dat vrouwen geen hoofddoek mochten dragen en ritueel slachten ter discussie stond.

Er was geen profiel te ontdekken van de Belgische en Nederlandse strijders, maar wat veel van deze jonge mannen wel gemeenschappelijk hebben was dat zij bijna allemaal, nadat zij een seculier leven hadden geleid, tot inkeer waren gekomen. Daarnaast was een behoorlijk aantal jonge mannen bekeerd tot de islam. De meesten onder hen waren, toen zij jonger waren, diep ondergedompeld geweest in de jongerencultuur. Zij gingen naar nachtclubs, hadden vriendinnen, gebruikten (soft)drugs en dronken alcohol. Later werden ze opgemerkt in de buurt en bleek dat ze helemaal veranderd waren. Dan droegen ze een djellaba en hadden een lange baard. Niemand, ook vaak hun ouders niet, wist precies wat er in hun hoofden omging. Tot bleek dat ze één voor één naar Syrië waren vertrokken.

Een deel van hen had een achtergrond in de (kleine) criminaliteit, wat in de literatuur over Syriëstrijders in Europa veelvuldig naar voren komt. Slechts van een aantal is bekend, voor zover dat te achterhalen is, dat zij deel hebben uitgemaakt van gewelddadige groepen. Maar in de meeste gevallen werd het geweld gekanaliseerd via instituties (sommigen hadden bijvoorbeeld geprobeerd om in dienst te gaan bij het leger of de politie) of door deel te nemen aan gevechtssporten. Daarnaast bleken velen gewelddadige spelletjes op de computer te spelen. Geweld, snelheid, rapmuziek, merkkledij etcetera, het lijkt allemaal tot de jongerencultuur te behoren waar deze jonge mannen deel van uit hadden gemaakt. Olivier Roy haalt als voorbeeld van de jongerencultuur waarin snelheid en stoer gedrag centraal staan de Kamikaze Riders aan, een Brusselse motorbende die zich bezighield met joyriding op de Brusselse ring en die verscheen in een aantal rapclips. Sommige van zijn leden werden veroordeeld wegens terrorisme in de context van de rechtszaak tegen Sharia-4Belgium. En in 2015 werden twee leden van de club gearresteerd op verdenking van het voorbereiden van een aanslag in Brussel op Oudejaarsavond. Er zijn verschillende jonge mannen die naar Syrië waren vertrokken die op de een of andere manier een link hadden met de motorbende. Zo was een van de broers van Houssein Elouassaki bijvoorbeeld lid van de club en is er ook een foto van de man van Ebru waar hij een T-shirt draagt van de Kamikaze Riders. Maar blijkbaar hadden zij hun activiteiten bij de club gestaakt nadat zij het licht hadden gezien.

Het liederlijk leven en de plotse inkeer van de jonge mannen loopt als een rode draad door de gesprekken die ik met de ouders voer. Zo vertelt de vader van Valerie dat zijn dochter op achttienjarige leeftijd Adil leerde kennen, een jonge man die dj en breakdancer was en nooit enige interesse had getoond voor het islamitisch geloof. Het stel trouwde en korte tijd later bekeerde zijn dochter zich tot de islam. De vader vertelt hoe hij zijn schoonzoon in een periode van een paar maanden tijd had zien veranderen van een straatjongen in een gelovige moslim. In de zomer van 2014 vertrok het stel met hun twee kinderen naar Syrië. Later zou blijken dat zij betrokken waren bij de financiering van de aanslagen in Parijs, maar ook zou Adil als beul van IS verantwoordelijk zijn geweest voor vele onthoofdingen in Raqqa. Een andere vader vertelt hoe zijn negentienjarige dochter tijdens een vakantie in Marokko Abdel leerde kennen. 'Hij was een straatratje. Hij zat bijvoorbeeld in een circuitje van jonge mannen die vrouwen heel veel liefde beloofden met het doel om hen financieel uit te buiten. Die deed eigenlijk alles wat Allah verboden had. Hij rookte, hij dronk, hij blowde, tijdens de ramadan zat hij gewoon een waterpijp te roken. Totaal niet met religie bezig.' Tot hij het licht zag en met zijn hele gezin naar Syrië vertrok. En een moeder vertelt dat haar zoon op jonge leeftijd als barman werkte in een discotheek. Hij hield van uitgaan, dure merkkledij en had veel vriendinnetjes. Maar in 2010 begon hij zich in zijn geloof te verdiepen, raakte in de ban van Sharia4Belgium en vertrok begin 2013 naar Syrië, waar hij een paar maanden later sneuvelde. Het waren één voor één mannen die, zoals Roy het beschrijft, een liederlijk leven hadden geleid voordat zij het licht zagen en daarna, meestal in snel tempo, radicaliseerden. Maar er was nog een ander aspect dat door Roy wordt beschreven dat ik aantref tijdens de gesprekken die ik voer.

ISLAMISERING VAN HET RADICALISME

Roy beschrijft namelijk hoe de rebellie van de jonge mannen op een gegeven moment uitmondde in een periode van bezinning die uiteindelijk leidde tot hun radicalisering. Volgens Roy was er bij deze jonge mannen sprake van islamisering van hun radicalisme.[75] De islam, die centraal stond in hun denken en handelen, werd door hen als referentiekader gebruikt om hun handelen te rechtvaardigen. Uit de levensbeschrijvingen van de Belgische en Nederlandse jonge mannen die naar Syrië waren vertrokken blijkt eveneens dat zij na verloop van tijd één voor één afstand van hun oude leven waren gaan nemen. Zij leken tot het besef te komen dat het zo niet verder kon, wilden ze nog iets van hun leven kunnen maken en er werd hun ook verteld dat al hun zonden zouden worden vergeven als ze zich meer in hun geloof zouden gaan verdiepen.

Vanaf het ogenblik dat deze jonge mannen het licht hadden gezien begonnen zij steeds meer de autoriteit van hun ouders te verwerpen. Ze rebelleerden echter niet zozeer tegen hun ouders persoonlijk, als wel tegen datgene waar zij voor stonden. Het was vaak het begin geweest van een ideeënstrijd tussen ouders en kinderen die maar niet uitgevochten raakte. Ouders vertellen dat hun zonen steeds meer van hen vervreemd waren geraakt en ze de strijd tegen het extremisme van hun kinderen hadden verloren, wat uiteindelijk geleid had tot hun vertrek naar Syrië. Voor de ouders was er maar één denkbare optie die tot het vertrek van hun kinderen had geleid: zij waren 'gebrainwasht' door extremisten. 'Op een avond heb ik tot twee uur 's nachts met hem in de keuken zitten praten,' zegt Lena wanneer ze vertelt over haar broer die steeds een rebelse jeugd had gehad maar zich op achttienjarige leeftijd had bekeerd tot de islam. 'Toen was hij over de dood bezig en zei ik: "Dylan, je moet niet zo depressief doen, altijd die negatieve dingen. Je bent nog maar negentien jaar, toen ik negentien was ging ik altijd maar op reis, ik was altijd weg. Als je niet naar school wilt gaan, oké maar ga dan werken. Probeer iets te maken van je leven." Maar hij zei altijd dat ik anders dacht dan hij. Onze gedachten botsten altijd. Hij zei: "Ik kan niet met je praten." Hij vond mij te... dat ik van wereldse dingen hield. En dat hij niet zo was, dat hij niets nodig had, hij moest zelfs niet gaan werken, want Allah ging hem alles geven. Echt, toen ik met hem aan het praten was die avond, ik kreeg echt kippenvel'.

'Wat me echt zorgen begon te baren was dat hij zei: "De

democratie deugt niet,"' vertelt de moeder van Rami, die opgroeide in een gematigd islamitisch gezin, maar zich ineens in zijn geloof ging verdiepen. 'Hij ging niet stemmen. En hij zei: "Mama, je moet niet gaan werken, want tijdens je werk kan je niet bidden zoals je wilt en op de tijdstippen die je wilt. En het is niet normaal dat je bidt na je werk, dus het is beter om thuis te blijven." Hij begon een intolerant discours te voeren. En hij sprak veel over de kufar. En ik zei: "Je bent geboren in België, je hebt je hele leven moslims en niet-moslims gekend, dus je kan nu niet zeggen dat de anderen kufar zijn. Ik werd daar echt bezorgd over. Maar ik was mij er op dat moment niet van bewust dat hij mensen achter zich had die hem op deze manier de godsdienst bijbrachten.'

Net zoals in het werk van Roy wordt beschreven, waren de netwerken waar de jonge mannen deel van uitmaakten gegroepeerd rond een sterke persoonlijkheid. Zo raakten veel jonge mannen in de ban van Fouad Belkacem en Khalid Zerkani en werden er steeds meer opgemerkt in de omgeving van Jean Louis Denis. In Den Haag waren vooral Azzedine Choukoud en Soufiane Zerguit belangrijke voortrekkers die veel jonge mannen wisten te enthousiasmeren voor de gewapende strijd in Syrië. Het waren hechte groepen, omdat veel van de jonge mannen familie waren van elkaar of elkaars zusters trouwden, waardoor ze via het huwelijk met elkaar waren verbonden, hoewel we weten dat zich binnen de groepen ook de nodige spanningen hebben voorgedaan. Dit laat volgens Roy de generationele dimensie van radicalisering zien: de jonge mannen waren onder elkaar en zetten zich af tegen hun ouders, vooral wanneer zij deel uitmaakten van dezelfde jeugdcultuur, die bovendien beïnvloed werd door propaganda. Hierdoor begonnen zij steeds meer de autoriteit van hun ouders te verwerpen, evenals de manier waarop zij de islam beleefden.[76]

Een vader vertelt hoe hij zag dat hij steeds meer de strijd verloor van de extremisten die invloeden uitoefenden op zijn zonen waardoor hij hen alle drie kwijtraakte aan de gewapende strijd. 'Ik heb de strijd verloren, Abu Imran (Fouad Belkacem) en zijn gedachtegoed heeft het van mij gewonnen. De ideologische strijd die wij voerden was er een op basis van taal. Ik sprak met hen Arabisch, een taal die ze niet zo goed machtig waren. En Abu Imran sprak met hen in het Nederlands, wat zij perfect konden begrijpen. Als je een tekst vertaalt van het Arabisch naar het Nederlands zit je met het risico van interpretaties. Als iemand die tekst vertaalt kan hij dat volkomen overeenkomstig zijn ideologie doen. En Abu Imran beschouwde de islam als een supermarkt, waar hij een paar zaken uithaalde en de rest liet voor wat het is. Zo begon iedereen die rondom hem hing op den duur dezelfde ideologie aan te hangen.'

Het beeld wat Roy heeft geschetst, komt overeen met wat de families van de strijders mij vertellen. Wat opmerkelijk is, is dat het vooral om jonge mannen gaat die geen van allen met hun geloof bezig waren, maar veelal een liederlijk leven leidden waarin drank, drugs, vrouwen en soms ook criminaliteit centraal stonden. Uiteindelijk zagen velen van hen het licht en raakten in snel tempo geradicaliseerd, meestal onder invloed van een groep gelijkgezinden, waarin een sterke persoonlijkheid de leiding had. Veel van deze mannen hebben uiteindelijk te horen gekregen dat al hun zonden vergeven zouden worden als ze zich aansloten bij de gewapende strijd. 'Allah houdt van ons. Die wil het beste voor ons,' zegt Houssein Elouassaki in een videopname gemaakt in Syrië, kalasjnikov op de schoot. 'We hebben zaken gedaan in België, we hebben zware fouten gemaakt en toch heeft Allah ons gekozen om tot zijn leger te behoren.' En dat is een van de belangrijkste aspecten die zo veel jonge mannen over de streep hebben getrokken: het feit dat ze in hun jeugd zonden hadden begaan die hun zouden worden vergeven. Deze soldaten van Allah wilden niets liever dan met een schone lei beginnen. En als dat betekende dat ze in Syrië als martelaar zouden moeten sterven, dan moest dat maar zo zijn.

Mounir

Mounir slaagde er na een periode van twee jaar in het kalifaat te ontvluchten. Er waren vele pogingen aan vooraf gegaan die op niets waren uitgedraaid. Maar begin 2016 was het eindelijk zover. Na een dagenlange vermoeiende tocht door de woestijn wist hij uiteindelijk de Turkse grens te bereiken. Maar daar werd hij aangehouden en kwam hij in de gevangenis terecht.

In juni 2014, hij was net aangekomen in Syrië, postte hij een foto van zichzelf op Facebook. In korte broek, T-shirt en petje in camouflagestof, een kalasjnikov in de rechterhand, en de linkerwijsvinger in de lucht liet hij zijn omgeving weten dat hij aangekomen was in Syrië. Mounir was de oudste van een Marokkaans Nederlands gezin met twee kinderen. Zijn ouders waren gescheiden toen hij negen jaar was. Hij groeide volgens zijn vader op als een normale Nederlandse jongen. Hij had veel vriendinnetjes, ging vaak uit en wilde altijd de laatste nieuwe mode dragen. Voordat hij achttien jaar was geworden ging hij van school af en begon zich in te laten met drugshandel. Er waren een paar jongens in de buurt die zich ermee bezighielden en ze zouden Mounir er volgens zijn vader in meegesleurd hebben. Maar de zaken liepen niet goed en Mounir kreeg steeds meer problemen in zijn persoonlijk leven door zijn betrokkenheid bij de drugshandel. Hij wilde eruit stappen maar leek daar maar niet in te slagen. Tot hij toch zijn leven over een andere boeg wist te gooien. Zo zou hij op een gegeven moment het licht hebben gezien, wat hem zou hebben doen besluiten naar Syrië te vertrekken. Zijn familie had nooit op enig moment geobserveerd dat Mounir aan het radicaliseren was. Maar in mei 2014 was Mounir na een kort verblijf bij zijn oom ineens weg. Hoe hij ervan overtuigd was geraakt om zich aan te sluiten bij de gewapende strijd blijft voor zijn familie tot de dag van vandaag een mysterie.

Sommige van zijn vrienden reageerden ontzet op de foto die Mounir postte. 'Broer, je ouders hebben je nodig,' klonk het. 'Mijn Ummah in Shaam heeft mij meer nodig dan mijn ouders mij nodig hebben,' reageerde Mounir. 'Wordt het geen tijd dat jij ook gaat opstaan?' Waarop een achtergebleven vriend reageerde: 'Denk aan de hadith van de profeet *saw* waarin een jongeman honderden kilometers had afgelegd om jihad te doen met de profeet saw, en toen vroeg de profeet of zijn ouders nog leven. Hij antwoordde ja, en de profeet saw zei "Ga terug naar je ouders en zorg voor hen daar. Open je ogen *habibi* (vriend). Denk aan je ouders."' En een ander schreef: 'Broer Insh'Allah kom je terug. Je omgeving gaat hier kapot, vooral je moeder. En niks gaat boven haar in deze dunya (dit leven). De Profeet (*salallahu aleihi wasalam*) zei: "Jennah (het paradijs) is onder de voeten van je moeder."'

Anouar, die al een jaar eerder naar Syrië was gegaan en die Mounir zou hebben overtuigd om naar het strijdgebied af te reizen, mengde zich onmiddellijk in de gesprekken, waarbij hij zijn afschuw uitschreeuwde over zo veel dwaasheid van de achterblijvers. 'Mohammed saw zei ook: "El Jennah is onder de schaduw van het zwaard,"' schreef hij. 'Hier zijn moeders die dagelijks worden vermoord, verkracht. Onze moeders zitten rustig in België of Holland snap je. *Subhanallah* (God zij geprezen) jouw moslim Ummah wordt afgeslacht, verkracht en vermoord en je doet er niks aan. Hoe kun je thuiszitten terwijl vrouwen worden verkracht dagelijks? Waar is jouw eer?' Anouar etaleerde zijn wreedheid door de achterblijvers op de hoogte te brengen van de strijd die zij streden. 'Vandaag nog de grootste basis veroverd in Raqqa namelijk Firqa 17. We hebben de *Nusayriya* (stroming binnen de sjiietische islam) afgeslacht met de wil van Allah. Heel Raqqa huilt uit vreugde, de inwoners zijn allemaal blij. De kufar hun koppen zijn overal in de stad opgehangen nu. Wat heb jij voor de Ummah gedaan? Overal waar wij aan de macht zijn, is het volk met ons. Sterker nog, ze steunen ons en strijden met ons. Doe jij jouw ogen open.'

De vrienden van Mounir merkten dat er niet te praten viel met Anouar, die verteerd werd door haat, maar ze bleven het proberen. 'Mijn woorden komen niet eens bij jou aan, zelfs met feitelijke ondersteuning uit hetzelfde boek dat wij lezen en voor leven. Zelfs uit dezelfde overleveringen die wij volgen. Maar zoals je ziet volg jij alleen je eigen logica en verlangen. Ik heb je een *naseeha* (oprecht advies) gegeven en wat jij ermee doet is aan jou. *Khair Insh'Allah.* (het komt goed, met Gods wil) Sommige vechten voor ons geloof maar weten niet eens voor de helft wat het inhoudt. Zoals de foto's van afgehakte hoofden van mensen openbaren op Facebook en erom lachen en juichen. Noem jij dat onze religie? Ik raad je aan om de levensloop van onze profeet s.a.w te lezen. Ik zeg je Abu

Hafs (strijdnaam van Anouar), ik ken Mounir sinds ik een baby was, en was net een broer voor hem. Moge Allah jou, hem en alle andere daar veilig terug laten komen, en ons leiden op het rechte pad en al onze zonden vergeven.' Maar Anouar gaf zich niet gewonnen omdat het zijn heilige overtuiging was dat hij het goede deed. 'Hoofden eraf van deze vuile Nusayria,' zo schreef hij, 'die dagelijks onze zusters verkrachten en vermoorden en dagelijks raketten stuurden in de stad. Jij hebt jouw religie niet begrepen blijkbaar. Moge Allah onze lichaamsdelen in stukken laten ontploffen van de bommen en kogels *fisabilillah* (in naam van Allah). En moge Allah ons *Jennah Al Firdaws* (het paradijs) schenken en moge Allah ons de kufar laten afslachten, zoals we nu doen, en moge Allah de thuisblijvers leiden naar *el jihad fisabilillah* (de jihad in naam van Allah) dat sowieso verplicht is.' Anouar liet het niet bij woorden alleen. Een paar dagen na het gesprek verscheen zijn foto op Facebook waarop hij lachend poseerde naast een afgehakt hoofd dat op een hek was gespiesd. Het was moeilijk te bevatten hoe een jongen die geboren en opgegroeid was in Brussel zich in zo'n korte tijd had weten te ontpoppen tot een koelbloedige moordenaar. En hoe hij alles en iedereen haatte die daar probeerde tegen in te gaan.

Anouar is bijna een jaar vertrokken als ik zijn moeder in de zomer van 2014 voor de eerste keer bij haar thuis spreek. Zij is op 5-jarige leeftijd van Marokko naar België gekomen en is een welbespraakte maar wat verlegen vrouw. Zij is gescheiden van de vader van Anouar en inmiddels hertrouwd en heeft twee jonge kinderen. De moeder is een en al wanhoop en vraagt zich af wat ze fout heeft gedaan. Er is in haar ogen niets wat erop had gewezen dat haar zoon naar Syrië zou vertrekken. 'Hij was een hele rustige jongen, iedereen hier in de buurt mocht hem graag. Als hij iemand die hij kende op straat met zware tassen zag, dan vroeg hij of hij kon helpen. Een lerares op school zei een keer tegen mij dat ze nog nooit zo een beleefde jongen had gezien. Hij had wel ADHD, dus hij was wel een beetje druk, maar voor de rest was het een jongen waar nooit problemen mee waren.' Dus begrijpt ze niet waarom uitgerekend Anouar naar Syrië was vertrokken.

Maar als ik twee voormalige leraren van Anouar spreek krijg ik een heel ander beeld van de jongen. 'Dit hadden we zien aankomen' zegt een van de mannen, die een uitgebluste indruk maken en eigenlijk vooral met elkaar praten, terwijl ze mij nauwelijks aankijken. Ze willen het verleden liever achter zich laten, maar ze weten het nog wel. Een van hen heeft zelfs een schrift bij zich waarin zwart op wit staat dat Anouar al door het lerarenteam was besproken toen hij daar nog maar twee maanden op school zat. 'We hebben het er toen al over gehad dat hij interesse had in terrorisme en bomaanslagen, dat hij door de godsdienst geïndoctrineerd was en dat we zijn gedrag onaanvaardbaar vonden,' zegt een van hen. Anouar begon zich al bij aanvang in de klas te manifesteren. 'Hij zei dat je Amerikanen allemaal moest doodschieten,' zegt de andere. 'Veel jonge mensen denken zwart-wit, dus dat is op zich niet zo verwonderlijk. Maar bij hem voelde je echt dat hij gevaarlijk was.' 'Ik moest er altijd voor zorgen dat er geen discussie ontstond,' vervolgt de andere. 'Want ik wist hoe dat zou aflopen met Anouar. Die wilde dan discussiëren en die kon het ook niet binnen de klas houden, maar die ging dan tijdens de pauze verder en betrok andere klassen er ook bij. Wij voelden dat hij een extremist was die niet plooide maar bij zijn standpunt bleef.'

Plooien was ook het allerminste wat Anouar deed wanneer hij, kort na de aankomst van Mounir in Syrië, de strijd met woorden aanging tegen de vrienden van Mounir, die maar niet konden geloven dat hun vriend van de ene op de andere dag vertrokken was naar een conflictgebied waar hij geen enkele band mee had. Waar zijn vrienden weerstand boden tegen de woorden van Anouar, was Mounir zelf blijkbaar niet sterk genoeg geweest om dat te doen. Ervan uitgaande natuurlijk dat Mounir door Anouar overtuigd werd om naar Syrië te komen, want dat is niet zeker.

In de maanden na zijn aankomst in Syrië uitte Mounir zich overigens nooit op dezelfde gewelddadige wijze als Anouar dat deed. Hij postte af en toe eens een foto van een martelaar en vooral veel foto's van zichzelf in gevechtstenue, meestal tot de tanden toe gewapend, tot grote wanhoop van zijn familie. Ook poseerde hij wel eens samen met andere strijders. Maar op posts waarin hij het geweld verheerlijkte, viel hij nooit te betrappen, hoewel we weten dat hij dat tijdens persoonlijke gesprekken met zijn vrienden wel deed. Op de een of andere manier heeft Mounir zijn leven dat hij in Nederland had nooit achter zich gelaten. Hij bleef contact houden met zijn vrienden, en vooral vriendinnen, ook degenen die geen moslim waren. Ook vroeg hij zijn vriendinnen om hem pikante foto's toe te sturen, wat sommige deden. Afgaande op de spraakberichten die Mounir naar zijn vader stuurde, lijkt het alsof hij gemigreerd was naar een land waar alles veel beter was dan in Nederland. Hij liet weten dat hij getrouwd was en dat hij wellicht binnenkort kinderen zou krijgen, dat hij dan een huisje zou huren en 'gebakken zat'. Ook vroeg hij in ieder gesprek aan zijn familieleden of ze wel hun gebed verrichtten. Want als hij naar de hemel zou gaan wilde hij wel zijn familie meenemen. Zijn vader probeerde hem over te halen om terug te keren, maar dat riep alleen maar weerstand bij hem op. Ook bleek uit zijn toon dat hij zijn vader onder druk zette. Zo stuurde hij hem foto's, maar als hij deze met anderen zou delen zou hij nooit meer met hem praten. Daarnaast vroeg hij zijn vader en moeder regelmatig geld te sturen en vooral niet met de politie te praten wanneer die naar hem kwam informeren. Ook zijn zus, die een Nederlandse vriend had en geen hoofddoek droeg, bedreigde hij en hij maande haar aan een nikab te dragen.

Het lijkt erop dat Mounir het, vooral in de beginperiode dat hij in Syrië was, redelijk naar zijn zin had. Maar er waren heel vaak perioden dat hij niet van zich liet horen en dat zijn familie het ergste vreesde. Uiteindelijk dook hij na een paar maanden weer op, maar dan was nooit duidelijk wat hij in die tussentijd had gedaan en waarom hij zo lang niet van zich had laten horen. Wellicht was hij op gewapende missie geweest maar helemaal zeker is dat niet.

Dochters van de jihad

Sinds bekend raakte dat zich vanuit verschillende Europese landen een groot aantal jonge vrouwen had aangesloten bij de gewapende strijd in Syrië en Irak, verscheen daarover in de media een niet aflatende stroom aan publicaties. In de meeste werd een stereotiep beeld geschetst van wie deze vrouwen waren en wat hen had bewogen om naar het strijdgebied te vertrekken. In de beginperiode van het vertrek werd van de jonge vrouwen veelal een beeld geschetst van naïeve, onschuldige meisjes en jonge vrouwen die in de val waren gelokt door de loze beloftes van ronselaars. Maar naarmate de oorlog in Syrië vorderde werd dit beeld bijgesteld. Zo werd steeds meer benadrukt dat jonge vrouwen, net als de mannen die hun waren voorgegaan, gedreven werden door ideologische en religieuze motieven. Uit de berichten die de vrouwen, die zichzelf muhajirat (migrant) noemden, zelf via sociale media deelden werd dit beeld in de meeste gevallen bevestigd. Het is het beeld dat al langer in populaire media bestond over vrouwen die deel uitmaken van terroristische organisaties. Van deze vrouwen bestond namelijk meestal een gesimplificeerde voorstelling als zouden zij 'kwaadaardig' dan wel 'gemanipuleerd' zijn.[77]

Hoewel verschillende West-Europese landen sinds begin 2013 geconfronteerd werden met vrouwelijke uitreizigers en er vanaf het begin een enorme hoeveelheid belangstelling voor deze groep is geweest, is het opmerkelijk hoe weinig we over deze vrouwen weten. Het grootste deel van de kennis die we hebben is, op een paar uitzonderingen na, namelijk niet gebaseerd op empirisch onderzoek. De meeste onderzoeken zijn gebaseerd op 'open bronnen', in het beste geval aangevuld met gesprekken met professionals.[78] Dit soort onderzoeken geeft echter onvoldoende inzicht in wie deze jonge vrouwen zijn en wat hen heeft bewogen om naar Syrië te vertrekken. Zo is er bijvoorbeeld een groot verschil tussen wat jonge vrouwen online verkondigen en de verhalen die zij met hun familie delen. Alleen afgaan op wat vrouwen posten op sociale media, wat helaas in de onderzoeken in de meeste gevallen is gebeurd, geeft een vertekend beeld van hen en hun drijfveren.

In het geval van de vrouwen heb ik het geluk gehad om mij niet alleen te hoeven baseren op wat de families vertelden. In de loop der jaren heb ik namelijk met twintig vrouwen, die waren afgereisd naar Syrië en Irak, kunnen spreken. Vanaf juni 2018 heb ik urenlange WhatsApp-gesprekken gevoerd met vrouwen die opgesloten waren in een van de kampen in het noorden van Syrië. Ook heb ik gesprekken gevoerd met vrouwen die inmiddels waren teruggekeerd naar België en Nederland. Het verhaal van de families, aangevuld met de verhalen die de vrouwen mij vertelden, geeft een goed zicht op wat zich heeft afgespeeld voor het vertrek van de vrouwen en wat hen uiteindelijk heeft bewogen om naar het strijdgebied te vertrekken.

Hun verhaal vertoont overeenkomsten met dat van de mannen. Zo was er een behoorlijk aantal vrouwen die net als de mannen in hun jeugd een liederlijk leven hadden geleid en die naar Syrië en Irak waren vertrokken omdat ze dachten dat hun zonden dan zouden worden vergeven. Maar er waren ook nog een aantal andere meer specifieke redenen waarom vrouwen waren vertrokken.

WEINIG SIGNALEN

De families die hun dochters hadden zien vertrekken, hadden naar eigen zeggen weinig of geen signalen opgevangen van hun nakende vertrek. Uit hun verhalen blijkt dat hun dochters één voor één warme supporters waren van de gewapende strijd in Syrië. Zij maakten allemaal voorafgaand aan hun vertrek een radicaliseringsproces door, hoewel dat bij sommigen meer uitgesproken was dan bij anderen en sommige families in het geheel niets hadden gemerkt wat wees op radicalisering. Opmerkelijk is dat de aspecten die bekend zijn uit de literatuur door de families maar zelden worden genoemd als beweegredenen voor het vertrek van hun dochters. Zo vertelt maar een enkeling dat zijn dochter zich wel eens uitgesloten had gevoeld. Ook dat de vrouwen zich identificeerden met het leed van hun moslimbroeders en -zusters wordt slechts sporadisch genoemd. Een enkeling wijst wel eens op de woede van zijn dochter over het buitenlands beleid ten aanzien van moslimlanden. En of politieke motieven een rol hadden gespeeld bij het vertrek van hun dochters blijft in de meeste gevallen onduidelijk, maar in elk geval werd het tijdens de gesprekken die de familieleden voorafgaand aan het vertrek met hun dochters hadden gehad zelden of nooit naar voren gebracht.

De families benadrukken daarentegen vooral de persoonlijke problemen van hun dochters als beweegredenen voor hun vertrek. Uit sommige verhalen blijkt dat het leven van de jonge vrouwen gekenmerkt werd door seksueel misbruik en huiselijk geweld en dat veel van hen op jonge leeftijd verlaten waren door hun vader of moeder, of dat een van de ouders (of allebei) ernstig tekortgeschoten waren bij hun opvoeding. In hun latere leven leidde dit in veel gevallen tot probleemgedrag, waaronder alcohol- en drugsgebruik en betrokkenheid bij prostitutie en kleine criminaliteit. De problematische jeugd van deze jonge vrouwen leidde er vervolgens toe dat zij op een bepaald moment in hun leven – meestal rond de puberteit – op zoek waren gegaan naar vergeving van hun zonden. Die vonden ze uiteindelijk in de islam en in een vertrek naar Syrië.

PERSOONLIJKE PROBLEMEN

Met name de bekeerlingen hebben volgens hun familie vaak een problematische jeugd achter de rug (waarin sprake was van seksueel misbruik, afwezige vaders en/of moeders, huiselijk geweld, etcetera). Sommige jonge vrouwen die naar Syrië vertrokken waren, zijn volgens hen tijdens hun leven meermaals gekwetst door mannen en daardoor hun zelfrespect kwijtgeraakt. Het zijn vrouwen die ieder voor zich een – vaak razendsnel – radicaliseringsproces doormaakten, maar steeds speelde het willen herwinnen van zelfrespect, wat ze hoopten te vinden in een islamitisch huwelijk met een strijder, volgens hun familie een belangrijke rol bij hun vertrek.

Problemen tijdens hun vroege jeugd leiden in de meeste gevallen tot probleemgedrag in de puberteit. Zo begon een aantal jonge vrouwen drank en drugs te gebruiken, raakten zij in de prostitutie en/of de kleine criminaliteit of brachten een tijd lang door in verschillende internaten vanwege hun 'onhandelbaar' gedrag. Sommigen onder hen probeerden met seksualiserend gedrag de aandacht te trekken van jonge mannen, wat hun moeders bijzonder angstig maakte, aangezien zij vreesden dat hun dochters wel eens in de prostitutie terecht zouden kunnen komen. 'Ik was heel bang dat ze in een loverboycircuit terecht zou komen,' vertelt een van de moeders. 'Ik heb alle boeken die over loverboys uitkwamen in die periode gekocht. Elke keer kreeg ze weer een boek van mij. En ze vond het wel leuk, ze las het ook. Maar ik kocht ze omdat ik bang was, omdat ze op dat soort jongens viel, en ik dacht: o jee, als ze daar (prostitutie) maar niet in komt.'

Een andere moeder, die zelf een problematische achtergrond heeft, leek het seksualiserend gedrag van haar dochter eerder te stimuleren, tenminste dat is de conclusie die haar ex-man trekt. 'Mijn dochter heeft in verschillende bars gewerkt, heeft escort gedaan en haar moeder was daar allemaal trots op. Maar haar moeder liet haar al de pil nemen toen ze pas elf was. En als je als moeder je dochter in je eigen huis een trio laat doen met twee jongens van 25 als ze pas dertien jaar is, dan zegt dat zeker al genoeg.' Uiteindelijk bekeerden deze jonge vrouwen zich tot de islam en maakten een radicaliseringsproces door van soms niet langer dan een paar maanden. Zij vertrokken allen naar Syrië, waar ze met een strijder trouwden.

Volgens hun familie was de bekering van de jonge vrouwen, en daarna hun vertrek naar Syrië, veelal een vlucht voor het verleden en een manier om vergeving te krijgen voor hun zonden. 'Ik denk dat haar bekering vooral vluchten is geweest voor het leven dat ze had en omdat ze er niet meer uit kwam,' zegt een van de moeders. 'Ze denken dat hiermee (door naar Syrië te gaan en daar een vroom leven de leiden) alles wordt vergeven,' zegt een andere moeder. 'Ik denk dat er veel meisjes zijn, tenminste dat is wat ik bij mijn dochter zie, die hun zelfrespect zijn verloren ergens. En het is hun wijsgemaakt dat ze dat terugkrijgen als ze zich aan de regels houden.' 'Ze is daar heengegaan vanwege vergeving van haar zonden,' vertelt weer een andere moeder. '"Mam," schreef ze me (toen ze een paar dagen in Syrië was), "Allah heeft mij een nieuwe kans gegeven, ik heb de kans om naar het paradijs te gaan en die kan ik niet laten schieten."' Opmerkelijk is bovendien dat al deze vrouwen vanaf het ogenblik dat hun huwelijk in Syrië geen succes bleek, pogingen deden om terug te keren uit het oorlogsgebied.

Een verklaring die in de literatuur veelvuldig aan de orde komt – namelijk dat vrouwen die onstabiel zijn sneller dan andere kunnen worden misleid door onrealistische beelden die hun werden voorgespiegeld over het leven onder IS – blijkt op deze groep vrouwen deels van toepassing te zijn. Sommige van hen worden door hun familie inderdaad beschreven als 'snel beïnvloedbaar' en 'naïef'. Hierdoor zouden ze zich makkelijk hebben laten ompraten door mensen in hun omgeving die hun voorschotelden dat de weg naar Syrië de enige juiste was. Een vader vertelt hoe zijn dochter begon te radicaliseren toen ze nog op school zat. Ze had altijd op de dorpsschool gezeten, maar toen ze op veertienjarige leeftijd in de grote stad naar school ging, kwam ze terecht in een groepje moslimmeisjes, die aanvankelijk weinig aan hun geloof deden, maar vanaf de zomer van 2012 gezamenlijk begonnen te radicaliseren. Volgens de vader is zijn dochter van kinds af aan altijd sterk beïnvloedbaar geweest en ging zij ook hier weer kritiekloos mee in wat haar vriendengroep haar voorhield: 'Dan was er een rastameisje in de klas, die indruk op haar maakte en dan ging ze dat ook doen. Daarna had haar haar alle kleuren, omdat ze punker was. Dan had ze een vriendinnetje die zo met een scheermesje streepjes op haar armen trok. En zij begon dat ook te doen. Dus ze pakte snel het gedrag van een ander over.' Toen ze bevriend raakte met een meisje dat een hoofddoek droeg, bekeerde zij zich tot de islam en begon ze zelf ook een hoofddoek en kort daarna een nikab te dragen. En toen haar vriendinnen in 2014 naar Syrië vertrokken, volgde zij hen een maand later.

ROMANTISCHE MOTIEVEN

Hoewel religieuze motieven bij nogal wat vrouwen op het eerste gezicht de doorslag lijken te hebben gegeven voor hun gang naar Syrië, waren het volgens hun familie vooral romantische motieven die tot hun vertrek hebben geleid. Kenmerkend voor bepaalde vrouwen is dat hun radicalisering plaatsvond samen met – of onder invloed van – hun man. Zij maakten deel uit van een van de netwerken van geradicaliseerde mannen en vrouwen, die na verloop van tijd één voor één naar Syrië vertrokken. De mannen van deze vrouwen waren meestal harde kernleden van netwerken die de gewapende strijd ondersteunden en die eind 2012, begin 2013, naar Syrië vertrokken waren. De vrouwen vertrokken samen met hun man of reisden hen kort daarna achterna.

Ik leer verschillende vrouwen kennen die zich als jonge meisjes niet of nauwelijks hebben beziggehouden met het geloof, maar op zeker moment – meestal onder invloed van hun man – tot inkeer kwamen. Ook jonge bekeerlingen behoren tot deze groep. De vrouwen stopten op het ogenblik dat ze begonnen te radicaliseren met hun studie, ruilden hun kleding in voor een nikab en hielden zich alleen nog maar bezig met hun geloof. Aanvankelijk speelde de jihad van deze vrouwen zich voornamelijk af op sociale media. Vervolgens voegden zij de daad bij het woord en vertrokken zij naar Syrië.

Hoewel op het eerste gezicht vooral religieuze motieven tot het vertrek van deze vrouwen hadden geleid, denken hun familieleden daar toch anders over. Een tante beschrijft hoe haar nichtje kort na haar huwelijk met een lid van Sharia4Belgium veranderd was van een modern meisje in een devote moslima. Het stel kende elkaar nog maar een paar maanden toen ze in het huwelijk traden. Kort daarna was de nieuwbakken echtgenoot ineens verdwenen. Zijn vrouw volgde hem een week later. Pas een jaar later kreeg de familie te horen dat beiden naar Syrië waren vertrokken. Zij waren er altijd van uitgegaan dat ze naar Marokko waren verhuisd. Volgens de tante was haar nichtje haar man gevolgd omdat zij hem steunde in zijn ideologie, maar ook omdat zij bij de man wilde zijn die ze adoreerde. 'Omdat ik denk dat ze haar liefde volgde. Ze volgde haar man, zonder besef.' De zus van een bekeerlinge denkt hier precies hetzelfde over. 'Ze is daarheen gegaan om mensen te helpen. Maar ook om bij haar man te zijn. Want hij is altijd haar grote liefde geweest,' zei ze. Een andere vrouw reisde haar man, die sinds eind 2012 in Syrië vocht aan de zijde van Majlis Shura al-Mujahideen, een paar maanden later achterna. Kort voor zijn vertrek waren ze een islamitisch huwelijk aangegaan. Volgens haar moeder was zij een gewoon meisje, dat nooit met haar geloof bezig was. Maar nadat zij haar toekomstige ontmoette was alles veranderd. Zij ging van school en ruilde haar kleding in voor een nikab en zwarte handschoenen. Een andere jonge vrouw was hopeloos verliefd op de jonge man waar ze een halfjaar eerder mee getrouwd was. Nadat hij in november 2012 naar Syrië was vertrokken, deed zij maandenlang pogingen om zich bij hem te vervoegen. De beide vrouwen, die vriendinnen waren, waren ongerust dat ze anderen (die niet eens getrouwd waren) uit hun omgeving zagen vertrekken en zij nog altijd geen toestemming hadden gekregen van hun mannen om hen te volgen. Ze vroegen zich af of hun mannen met hen getrouwd waren uit liefde, of dat ze een laatste daad hadden willen stellen voor ze als martelaar zouden omkomen op het slagveld. Tegelijkertijd droomden zij van het leven dat ze met hun mannen in Syrië zouden hebben en belden ze hen dag en nacht op om hun stem te horen. Het was duidelijk dat de beide jonge vrouwen geen religieuze motieven hadden toen zij naar Syrië vertrokken, ook al hielden ze dit de buitenwereld voor. Zij wilden gewoon bij de man zijn die zij adoreerden.

Een van hen spreek ik een aantal keren als zij in Syrië is. Haar man is inmiddels gesneuveld. 'Het was enkel de liefde voor Allah die mij ervan overtuigde om naar Syrië te komen,' zegt ze. 'Ik kwam hiernaartoe voor jihad fisabillillah (jihad op het pad van Allah) en omdat ik het land van de kufar wilde verlaten, omdat ik in een islamitisch land wilde wonen en omdat ik *shahada* (martelaar) wilde worden.' Zij ontkent dat zij naar Syrië is gegaan omdat ze bij haar man wilde zijn, zoals haar moeder suggereert. 'Subhan' Allah Alhamdoullila, we zijn hier voor de jihad, en niet alleen om thuis te blijven en te wachten tot onze echtgenoot thuiskomt. We zijn hier *Al Hamdoullilah* en blijven hier Insha'Allah tot onze shahada ibnillah!' schreeuwt zij het uit.

Na een paar gesprekken op Facebook verbreekt zij het contact met wat ze noemt 'een vijand van Allah'. Wat zij niet weet is dat ik ooit wel eens tapverslagen van telefoongesprekken tussen haar en haar strijder heb gelezen. Dat waren vooral gesprekken tussen twee verliefde tieners die in de meeste gevallen een erotische lading hadden. Over het geloof of de heilige strijd die haar man in Syrië voerde werd nooit met een woord gerept. Toch benadrukt ze tijdens de gesprekken die ik met haar heb keer op keer dat ze martelaar wil worden en haar man wil volgen naar het paradijs. 'Hopelijk duurt het niet lang meer.' Maar uiteindelijk trouwde ze een paar maanden later met een andere strijder en werd moeder van vijf kinderen.

Daarnaast zijn er vrouwen die verschillende mislukte relaties of huwelijken achter de rug hebben en het vanuit hun achtergrond als moslima belangrijk vinden om opnieuw te trouwen, maar op een leeftijd zijn gekomen dat dit niet meer zo vanzelfsprekend is. Ook deze vrouwen maakten allemaal een radicaliseringsproces door en zijn warme supporters van de gewapende strijd, maar volgens hun families zijn ze naar Syrië vertrokken omdat ze daar een nieuwe kans kregen, namelijk een huwelijk aangaan met een strijder. Een van de vrouwen, die met al haar kinderen vertrok, heeft verschillende mislukte huwelijken achter de rug en hoewel zij voor haar vertrek een kort maar hevig radicaliseringsproces doormaakte, denkt een van haar ex-echtgenoten dat de ware toedracht van haar vertrek een heel andere was: 'Mijn dochter vertelde me op een gegeven moment dat haar moeder graag nog een keer zou willen trouwen voordat ze 33 werd,' zo vertelt hij. 'En ik heb een donkerbruin vermoeden dat zij eigenlijk wel verlangde naar een stabiele relatie. Waar ze die kon vinden dat maakte weinig uit, want in Nederland maakte ze toch weinig kans. Ik ben hertrouwd en een maand later was ze weg. Ze wist dat ik al langer een relatie met deze vrouw had. Dat vond ze goed en ze wenste me ook alle geluk. Maar samenwonen met iemand is oké, maar trouwen is zo radicaal definitief.'

Volgens de familie van een 36-jarige bekeerlinge heeft het feit dat zij nog geen gezin had de doorslag gegeven om naar Syrië te vertrekken. Ze liet haar baan, haar familie en alles wat haar lief was achter en vertrok om te trouwen met een jihadist. 'Ze begon ouder te worden en ze wilde een gezin hebben. Ze heeft denk ik die man leren kennen, ze was 36 toen ze daarheen gegaan is, ze was op een leeftijd dat ze een gezin wilde stichten en ze heeft haar hoofd op hol laten brengen, denken wij.'

HULP VERLENEN

Maar het lijkt erop dat niet alleen romantische motieven vrouwen naar het kalifaat hebben gelokt. Zo vertrok Theresa bijvoorbeeld in september 2015 met als doel in Idlib een opleiding tot verpleegkundige te volgen. Het valt nauwelijks te bevatten dat een 18-jarige zich op dat moment liet wijsmaken dat dit tot de mogelijkheden behoorde. Het was de periode waarin allang duidelijk was tot welke gruwelijkheden IS in staat was. Toch had het Theresa niet tegengehouden om te vertrekken. Tijdens mijn gesprekken met de ouders en later met de vrouwen komt wel vaker aan de orde dat jonge vrouwen werd wijsgemaakt dat de gruweldaden van IS niet het werk van de organisatie was maar dat de Verenigde Staten hierachter zaten. Theresa, die in de knoop zat met zichzelf, vond dat ze haar broeders en zusters moest gaan helpen. In een afscheidsbrief aan haar ouders schreef ze dat ze in Nederland niets kon betekenen en dat ze iets nuttig wilde doen. Naar Syrië gaan om daar oorlogsslachtoffers te helpen was haar nieuw levensdoel geworden. Maar algauw werd duidelijk dat haar iets was voorgehouden wat helemaal niet bestond.

DE VROUWEN AAN HET WOORD

Als ik in juli 2018 contact krijg met de eerste vrouwen die opgesloten zitten in een van de kampen in het noorden van Syrië komt het waarom van hun vertrek uiteraard als een van de eerste onderwerpen aan de orde. Er worden mij in de eerste plaats de weinig geloofwaardige verhalen verteld over vrouwen die familieleden in Syrië hadden en erheen gegaan waren om hen te bezoeken, maar die vervolgens naar eigen zeggen niet terug kunnen keren. Of over vrouwen die niet wisten dat ze daarheen zouden gaan, maar daar onder druk van anderen terecht waren gekomen. De meeste verhalen die ik te horen krijg hebben echter betrekking op de man in hun leven.

Er zijn vrouwen die naar eigen zeggen naar Syrië gegaan waren omdat ze verliefd waren op een man die zich had aangesloten bij de gewapende strijd. Soms blijkt uit de verhalen dat zij getrouwd waren met een man die naar Syrië wilde vertrekken en zij zich genoodzaakt zagen om hun man te volgen. De man van Alina bijvoorbeeld maakte deel uit van de harde kern van Sharia4Belgium. Haar broer was eerder vertrokken en het leek erop dat haar man Mehdi dat ook wilde. 'Mijn man zat voor twee maanden in de gevangenis vanwege een gevecht. Hij zou een man in elkaar hebben geslagen. Ik hoopte dat wanneer hij vrij zou komen hij zijn vriendenkring zou veranderen en niet meer zou denken om naar Syrië te gaan. Hij kwam vrij en op het eerste gezicht leek het alsof hij veranderd was. Ik mocht van hem met onbedekt gezicht naar buiten. Dus ik was een beetje opgelucht. Maar dan kreeg hij telefoontjes van zijn broeders die al in Syrië waren en die hem vertelden dat het daar zo goed was.' Mehdi was vastberaden, hij wilde zich aansluiten bij de gewapende strijd, maar Alina zag dat niet zitten. Even dreigde ze ermee om te scheiden, maar dat zette ze uiteindelijk niet door. Ze liet zich ompraten om mee te gaan en hoopte dat ze snel terug zouden keren als het bleek tegen te vallen. 'Mijn dochter was elf maanden en ik besloot om samen met hem te gaan in de hoop dat hij het maar niets zou vinden en ons terug zou brengen. Omdat mijn man iemand was die snel dingen beu was dacht ik dat het zo zou zijn.' Maar Mehdi bleef tot het laatst geloven in IS en sneuvelde uiteindelijk, Alina achterlatend met vier kinderen.

Ook Kristina wilde naar eigen zeggen niet naar Syrië. Ze was getrouwd met een man die geradicaliseerd was en die zijn leven wilde opofferen voor de gewapende strijd. Ze werd ernstig door hem mishandeld, maar hij beloofde haar dat alles anders zou worden als ze samen met hem naar het kalifaat zou vertrekken. Onder druk van de omstandigheden besloot zij met hem mee te gaan. Ze was net bevallen van haar tweede kind, werd mishandeld en haar kinderen dreigden door de problemen die binnen het gezin speelden uit huis geplaatst te worden. Aangezien Kristina de druk niet meer aankon besloot ze mee te gaan, niet goed beseffende dat ze naar een oorlogsgebied ging. 'Toen ik naar Syrië afreisde, was ik in een soort van waas, alsof ik geen persoonlijkheid meer had. Ik denk gewoon dat mijn leven met al de problemen die ik had, dat ik het gewoon niet meer trok. Wat daar gebeurde dat interesseerde me allemaal niet. Waar ik naar op zoek was, was geluk. Leven. Dat ik naar Syrië ben gegaan is gewoon een vlucht geweest. En in de Koran stond dat Shaam de plek was waar je heen moest. In dat gebied zou je veilig zijn of zoiets. Als je verhuist naar een islamitisch land omwille van God, dan zou het goedkomen. En ik had mijn hoop daarop gevestigd.'

Ook Charifa vertelt dat haar vertrek naar Syrië in belangrijke mate een vlucht voor haar moeilijkheden was geweest. Ze had thuis veel problemen met haar ouders en werd uiteindelijk uit huis gezet. Naar eigen zeggen leerde ze hierdoor haar geloof kennen en begon ze te bidden om haar verdriet te verlichten. Doordat ze het gevoel had er helemaal alleen voor te staan, besloot ze een man te zoeken om mee te trouwen. Ze leerde via internet Anwar kennen. Het stel wilde graag trouwen maar de ouders van Anwar vonden hen nog te jong. Volgens eigen zeggen zouden ze om die reden naar Syrië zijn gegaan. Dat ze naar een oorlog ging leek ze niet te beseffen. Hoewel er in de tijd dat ze naar Syrië vertrok veel vrouwen op Facebook en

Twitter postten dat ze naar Syrië waren gegaan omdat ze hun Heer wilden dienen, zijn er volgens Charifa veel jonge vrouwen in Syrië terechtgekomen omdat ze een man gevolgd waren waar ze mee wilden trouwen.

Slechts enkele vrouwen die ik spreek vertellen dat het leven in de islamitische staat hen naar Syrië had gelokt. 'We zagen een belofte, we zagen een islamitische staat waar iedere moslim in zou willen leven,' zegt Rabia. 'En natuurlijk stond ik achter ISIS anders was ik hier niet naartoe gekomen. Maar uiteindelijk bleek dit allemaal een grote leugen, waar wij in hebben geloofd en wij zijn een van de velen die in hun val zijn gelokt.' Rabia vertrok pas eind 2015, toen al lang genoegzaam bekend was waar de organisatie voor stond. Maar toch had haar dat er niet van weerhouden om te gaan. 'Er werd ons verteld, en zo veel anderen, dat dit allemaal complottheorieën waren. Dat het geweld door de Amerikanen zelf werd uitgevoerd om IS zwart te maken, net zoals 9/11. Maar een paar maanden na onze aankomst hadden we door dat dit zeker geen complottheorieën waren en dat IS zelf verantwoordelijk was voor het geweld.'

De families hebben het gevoel dat religie en ideologie maar een beperkte rol speelden bij het vertrek van hun dochters. Tegelijkertijd vormde religie wel een antwoord op de persoonlijke problemen van de vrouwen en ontleenden zij hier een zekere mate van identiteit en betekenis aan. Bovendien is de vraag of de families wel een goed beeld hebben van wat zich heeft afgespeeld voor het vertrek van hun dochters. Ongetwijfeld zijn hun aspecten ontgaan die ertoe hebben geleid. De vrouwen zijn volgens hun familieleden ook vertrokken, omdat zij voorafgaand aan hun vertrek een romantische voorstelling moeten hebben gehad van hun leven in het strijdgebied. Bij verder doorpraten met de families blijkt dat het daarnaast vaak vrouwen betreft die eenvoudigweg een goede echtgenote wilden zijn en daarom hun man volgden. Verder waren er vrouwen die op zoek gingen naar een tweede kans, waren er vrouwen die onder druk van hun man mee waren gegaan, of volgden zij simpelweg de man die zij adoreerden.

Dat romantiek bij de meeste vrouwen die naar Syrië vertrokken waren overheerste, blijkt uit de gesprekken met de vrouwen zelf. De meest voorkomende reden die zij voor hun vertrek naar Syrië noemen, is dat ze de man waren gevolgd waar zij van hielden. In sommige gevallen vertrokken vrouwen tegen hun zin, maar gingen ze toch mee omdat ze een goede echtgenote wilden zijn of omdat ze hoopten dat hun leven daar beter zou worden. Het gaat echter te ver om te stellen dat religie en ideologie totaal geen rol hebben gespeeld. Zij hadden zich namelijk, zonder uitzondering, voorafgaand aan hun vertrek in toenemende mate verdiept in het geloof, hoewel dat bij de ene sterker is dan bij de andere. Bovendien waren het vrouwen die de gewapende strijd in Syrië een warm hart toedroegen, althans in het begin. Maar dat zou later anders worden.

Emina

Emina was hopeloos verliefd op Omar toen ze hem begin 2017 achterna reisde naar het kalifaat. Zij groeide op in Den Haag als jongste van een gematigd islamitisch gezin met vier kinderen. Ze was veel orthodoxer dan haar ouders. 'Dat ik een hoofddoek droeg en lange jurken was voor mijn vader een heel groot issue,' vertelt ze. '"Waarom loop je zo naast me?" zei hij. "Ik schaam me echt voor je. Ik heb liever dat je naar een discotheek gaat dan dat ik je zo naast me zie lopen." En dat vond ik heel kwetsend.' Hoewel ze orthodox was in haar geloof kon ze naar eigen zeggen prima opschieten met andersdenkenden. Ze was geliefd onder haar vriendinnen, die geen van allen orthodox waren. Ook had ze zich nooit onbehaaglijk gevoeld in Nederland. 'Ik kreeg gewoon respect van mensen. Van docenten, ik mocht bidden wanneer ik wou. Soms gaf de docent mij niet eens een hand maar zwaaide gewoon. Dus dat soort dingen vond ik heel erg fijn. Dus ik had niet zoiets van: ik haat Europa.' Maar omdat het niet klikte met haar ouders en andere familieleden speelde ze al een tijd lang met het idee om ooit in een islamitisch land te gaan wonen.

Emina en Omar hadden een relatie, maar aangezien beide jongeren erg orthodox waren in hun geloof, hielden ze afstand van elkaar. Ze wilden het liefst zo snel mogelijk met elkaar trouwen. Maar haar ouders vonden dat ze eerst haar studie af moest maken en dan pas aan een huwelijk moest denken. Emina zat op het hbo en werkte hard om haar diploma te halen. Omar zat op het mbo. Zij hadden het vaak over Syrië en Emina wist dat Omar daarheen wilde. Maar ze heeft nooit het idee gehad dat hij daadwerkelijk concrete plannen maakte om te vertrekken. Tot hij op een dag ineens verdwenen was. 'Hij trok zich de ellende die veroorzaakt werd door de oorlog in Syrië erg aan,' vertelt Emina, 'en wilde opkomen voor de mensen die door het leger van Assad en de rest van de wereld gebombardeerd werden.' Maar toen hij daadwerkelijk vertrokken was stortte Emina's wereld in.

Na drie dagen ontving ze een bericht uit Syrië. 'Het gaat goed met mij. Laat mijn ouders weten dat het goed is. Ik hoop dat ik je over een tijdje kan spreken. Ik hou van jou.' Emina, die nog steeds overstuur was door zijn plotselinge vertrek, tikte als een bezetene op haar telefoon. 'Ik mis je,' schreef ze. 'Kom aub terug. Je ouders zijn kapot. Ik ben kapot.' Maar dat bericht heeft Omar nooit gelezen. Het moeilijkste kwam toen Emina naar de ouders van Omar moest, die ze nog nooit eerder had gezien, om hun uit te leggen waarom hun zoon naar het kalifaat was vertrokken. 'Zijn moeder was gewoon helemaal ingestort. Ik had alleen een foto van haar gezien, maar toen ik haar zag, ze was gewoon een heel andere vrouw geworden. Het was alsof ze in die paar dagen gewoon helemaal gekrompen was. Ze begon ook meteen te huilen toen ze mij zag. Ze zei: "Mijn zoon, mijn hart, ik kan dit niet aan. Doe jouw moeder dit nooit aan."'

De drie maanden die daarop volgden hoorde Emina niets van Omar. Maar op een middag, ze zat in de klas, nam hij weer contact op. Hij zat in Raqqa en had de afgelopen drie maanden in een trainingskamp doorgebracht. Emina wilde het allerliefst meteen naar hem toe. Ze wilde hem omhelzen om hem nooit meer los te laten, zo verliefd was ze op hem en zo bang was ze dat hem in Syrië iets zou overkomen. Maar ze dacht aan haar ouders, aan haar vriendinnen, aan school en kwam tot besef dat ze hem onmogelijk achterna kon reizen.

Na het bericht van Omar had het jonge stel dagelijks contact met elkaar. Iedere keer weer vroeg hij haar of ze hem wilde volgen. Emina wilde niks liever. Maar ze hield ook haar hart vast toen ze de beelden zag die haar bereikten uit het kalifaat. Het was eind 2015 en de wereld had al uitgebreid kunnen kennismaken met de gruweldaden van IS. Hoe dat precies zat met de verbranding van die Jordaanse piloot, wilde ze weten,[79] want ze wist dat alleen God met vuur mocht bestraffen. 'En dan zei hij je moet niet altijd de media volgen en je moet ook beseffen dat dit een oorlogsgebied is en wij worden ook verbrand. En dan stuurde hij foto's van mensen, van kinderen vooral, die verbrand waren. En dan zei hij: "Deze piloot heeft al die kinderen verbrand." Maar voor mijn gevoel was de verbranding van die piloot islamitisch niet goed. Maar dan had hij zoiets van: als iemand dat bij jou doet, mag jij dat ook terugdoen. En daar heb ik eerlijk gezegd geen mening over. Nou, ik heb er wel een mening over. Ik vind dat dat niet kan. Maar ik ben er ook van overtuigd dat ieder mens fouten maakt. Want dan bekijk je het op twee manieren. En beide kanten vind ik gewoon gewelddadig. En niet alleen van die piloot die is verbrand, maar dan kijk ik ook naar dat kind dat ook is verbrand.'

Naast het feit dat Omar de misdaden van IS goedpraatte spiegelde hij Emina een idyllisch beeld voor van het leven daar. 'Hij vertelde dat het er goed leven was en dat vrouwen helemaal niet onderdrukt werden zoals in de westerse media vaak verkondigd werd.' Hij stuurde haar foto's van vrouwen in parken en in de stad. 'En hij zei: "Ze hebben gewoon alle vrijheid. Niemand gaat jou zomaar als slaaf verkopen. Je hebt rotte appels, maar je moet ook beseffen dat overal rotte appels bestaan. Waarom kijk jij alleen maar naar de negatieve dingen van hier?"' Emina moet ergens wel geweten hebben dat wat IS deed niet uit te leggen viel, maar toch leek haar liefde voor Omar dit besef uit te wissen. Onder zijn invloed besloot zij de 'leugenachtige' media in Nederland niet meer te geloven. 'Op een gegeven moment heb ik alles genegeerd, gewoon alles.'

Een jaar nadat Omar was vertrokken nam Emina een besluit dat haar leven voorgoed zou veranderen. Ze vertrok naar het kalifaat, haar geliefde achterna. Maar de verwachtingen die ze had voor haar vertrek getuigen van een grenzeloze kinderlijke naïviteit. 'Ik had er natuurlijk voor gekozen om naar een oorlogsgebied te gaan, maar ik ging toch meer met het idee van huisje, boompje, beestje. Je gaat daar niet naartoe omdat je denkt: ik wil dood, ik wil dat mijn kind doodgaat, ik wil dat mijn man doodgaat.' Dat Emina een romantisch beeld van het kalifaat had bleek al toen ze onderweg was en strijders in gevechtskledij zag. Ze vertelt dat ze het 'stoer' en 'spannend' vond toen ze deze mannen zag. Dat ze al kort nadat ze de grens was overgestoken terechtkwam in een land in oorlog waar de kogels haar letterlijk om de oren vlogen, bleek dan ook als een verrassing te komen. Maar ze had op geen enkel moment getwijfeld of ze haar reis moest voortzetten, want als ze zou aankomen in het kalifaat zou alles anders zijn, zo dacht ze.

Na een helse tocht van een aantal maanden kwam Emina begin februari 2017 in Raqqa aan, waar ze een paar dagen later een islamitisch huwelijk aanging met Omar. De eerste drie maanden had ze een goed leven in Syrië. Het was eigenlijk voor het eerst dat het stel ongestoord samen kon zijn. Emina was nu immers een getrouwde vrouw en eindelijk samen met haar grote liefde. Opmerkelijk is dan ook dat ze haar verblijf in Raqqa in hoge mate romantiseert, want op het moment dat ze aankwam lag de stad onder vuur van de coalitie, maar volgens Emina was daar nauwelijks iets van te merken. Terwijl andere vrouwen op dat ogenblik al alle moeite deden om Raqqa te ontvluchten, ging zij elke dag naar het internetcafé om met haar ouders en haar vriendinnen te praten om vervolgens naar het winkelcentrum te gaan, waar ze elke dag iets lekkers kocht. Iedere avond nam haar man haar, achter op de motor, mee uit, naar een ijssalon. 'Dan reden we op de motor en dan ging mijn man schreeuwen: "Emina, ik hou van jou!" En dan schreeuwde ik terug: "Ik ook van jou!" En dan gingen we samen lachen, ik vond het gewoon heel leuk daar. Als er geen geweld was geweest, geen bombardementen en geen foute mensen die daar zaten, alleen de goeie mensen met de goeie dingen, dan was het gewoon een hele goeie plek geweest.'

Het leven in het kalifaat

Het kalifaat

Op 29 juni 2014 riep Abu Bakr al-Baghdadi vanuit de preekstoel van de al-Nuri-moskee in Mosul het kalifaat uit. Gekleed in een zwart gewaad stelde hij zichzelf voor als de erfgenaam van het middeleeuwse kalifaat van de Abbasiden, en als de belichaming van de geest van zijn heldhaftige voorganger, Abu Musab al-Zarqawi.[1] Wereldwijd waren de schriftgeleerden, in een historische unieke uiting van saamhorigheid en consensus, echter categorisch in hun afwijzing van deze islamitische staat en zijn leider omdat deze in hun ogen in geen enkel opzicht voldeed aan de regels van de islam: de 'kalief' had zichzelf benoemd, de 'sharia' die werd toegepast voldeed niet aan de bij consensus aanvaarde voorwaarden, en de zelfuitgeroepen staat maakte zich schuldig aan onderdrukking en geweld tegen zowel moslims als niet-moslims.[2] Maar IS trok zich daar weinig van aan, en vestigde al snel zijn macht over het grensgebied van Irak en Syrië, met olievelden en grote steden als Mosul en Raqqa.

Na de uitroeping van het kalifaat werd de hele wereld vrij snel getuige van het geweld dat door IS in naam van het geloof werd gepleegd. Bovendien werd een centrale rol toebedeeld aan de Hisba, de religieuze politie, die iedereen bekeurde of oppakte die de sharia had overtreden.[3] De propagandamachine van de organisatie draaide op volle toeren en uit alle uithoeken van de wereld werden moslims opgeroepen om zich naar het kalifaat te begeven. In de propagandafilms die verspreid werden lieten strijders zien hoe hun leven in het kalifaat was. Het kalifaat, dat werd voorgesteld als het voorportaal van het paradijs, waar alles in overvloed was. Wie echter veel meer op de achtergrond bleven waren de vrouwen. Bovendien was nooit duidelijk gecommuniceerd welke rollen zij precies vervulden. Maar daar kwam een aantal maanden na de uitroeping van het kalifaat verandering in.

DE ROLLEN VAN VROUWEN IN HET KALIFAAT

Eind 2014 publiceerde de Zora Foundation, de IS-mediagroep, een document waarin richtlijnen werden gegeven hoe vrouwen de ultieme echtgenoten konden zijn van de strijders in Syrië en Irak.[4] Daarnaast werd een maand daarna een document verspreid via internet onder de naam *A Sister's Role in Jihad*, dat geschreven was door een 'zuster' waarvan de identiteit nooit onthuld werd.[5] Ook daarin werden de belangrijkste taken van vrouwen in het kalifaat beschreven. Maar het meest in het oog springende document was *Women in the Islamic State. Manifesto and Case Study*, dat in januari 2015 door IS-aanhangers werd verspreid op internet. Het manifest was opgesteld door de al-Khansaa Brigade, een soort ordetroepen die optraden in Raqqa en Mosul en uitsluitend bestonden uit vrouwen. Het was opgesteld in het Arabisch en verscheen op verschillende jihadistische websites. Het bevatte de richtlijnen waaraan vrouwen in het kalifaat zich dienden te houden. Het was een hallucinant document waarin te lezen stond hoe het leven van vrouwen in het kalifaat hoorde te zijn.

HUISHOUDELIJKE ROLLEN

Waar de islam de man dominantie had gegeven ging men bij de vrouw uit van onderwerping. Zo werd er betoogd dat de schepper had geoordeeld dat er geen grotere verantwoordelijkheid voor vrouwen was dan een vrouw te zijn voor haar man. De grootheid van haar positie, het doel van haar bestaan, was de goddelijke plicht van het moederschap.[6] Dat speelde zich voornamelijk thuis af samen met haar kinderen. Wanneer een vrouw haar vijf gebeden deed, vastte, haar lichaam bewaakte en haar man gehoorzaamde dan zou zij volgens een van de in het document aangehaalde Hadiths het Paradijs kunnen betreden via om het even welke deur.[7] Vrouwen moesten verborgen en gesluierd zijn. Modewinkels waren verboden en werden beschreven als het werk van de duivel. Vrouwen konden uitsluitend onder uitzonderlijke omstandigheden het huis verlaten – bijvoorbeeld om deel te nemen aan de jihad als er geen mannen beschikbaar waren – of om religieuze lessen te volgen. Deelnemen aan de gewapende strijd stond erg laag op de lijst van verantwoordelijkheden die werden toebedeeld aan vrouwen.

In het kalifaat golden een goede echtgenote zijn voor haar man, het huishouden runnen en haar kinderen opvoeden als de belangrijkste verantwoordelijkheden van de vrouw.[8] Zuivere moslimvrouwen ondersteunden de Ummah door een goede huisvrouw te zijn die de volgende generatie grootbracht overeenkomstig de IS-ideologie.[9]

Zij speelden een cruciale rol in het bestendigen en verspreiden van het IS-gedachtegoed.[10] Bovendien zorgden zij voor hun mannen zodat zij gemotiveerd bleven om te strijden.[11] Van vrouwen werd verwacht dat zij thuisbleven, dat zij verborgen en gesluierd waren, en taken vervulden zoals het koken van maaltijden, het schoonmaken van de uniformen en het huis.[12] Vrouwen moesten daarnaast voldoen aan de seksuele behoeften van hun man.[13] Voordat zij een IS-strijder trouwden werd hen ingeprent om het martelaarschap van hun toekomstige man niet te vrezen of er bedroefd om te zijn, maar het eerder te zien als een eer en een privilege.[14] Via sociale media werd de rol als vrouw en moeder in hoge mate geromantiseerd. Sprookjesachtige afbeeldingen van bruiloften van IS-strijders en hun vrouwen hebben dan ook talrijke vrouwen naar het kalifaat doen vertrekken.[15] Het vertrek werd bovendien aangemoedigd door te benadrukken dat in westerse samenlevingen vrouwen ervan weerhouden worden hun goddelijke plicht te vervullen.[16]

PROFESSIONELE ROLLEN

Hoewel de belangrijkste taken van de vrouw binnenshuis werden uitgevoerd, werd sommige groepen vrouwen wel toegestaan om het huis te verlaten om diensten te leveren om de Ummah te versterken.[17] Sinds de uitroeping van het kalifaat ontstond steeds meer behoefte aan mensen met professionele vaardigheden. In 2014 dook een audio-opname op van Abu Bakr al-Baghdadi waarin hij een oproep deed aan hooggekwalificeerde mensen zoals wetenschappers, predikers, rechters, dokters, ingenieurs en geleerden

om zich naar het kalifaat te begeven.[18] Sinds die tijd bleek
IS aantoonbaar succesvoller om mensen te rekruteren met
bepaalde vaardigheden. De behoefte aan hooggekwalificeerde
mensen betrof zowel mannen als vrouwen.[19] Aangezien
IS geen contact toeliet tussen vrouwen en mannen
die geen familie waren, hadden zij vrouwen nodig die
konden werken als dokter, verpleegkundige en lerares.[20]
Er waren ook voorbeelden van vrouwen die werkten in de
rechtshandhaving, die administratieve taken uitvoerden
en die in weeshuizen werkten.[21] Zij mochten hun huis verlaten
maar moesten zich strikt houden aan de regels van
de sharia, zoals beschreven door IS.

OPERATIONELE ROLLEN

Over de mate waarin vrouwen deel hebben genomen aan
het geweld van IS is weinig bekend. Moderne en toonaangevende
jihadistische ideologen en geestelijken waren
steeds dubbelzinnig over de rol van vrouwen in de jihad.
De vrouwen die in het verleden hadden gevochten om de
islam te beschermen werden door hen gezien als heldinnen.
Maar toch werden de vrouwen zelden aangemoedigd
of opgeroepen zich aan te sluiten bij de gewapende
strijd. Alleen Tsjetsjeense separatisten, Hamas, Palestinian
Islamic Jihad, Al-Qaeda in Irak en Boko Haram hadden
vrouwen toegelaten in militante posities, meestal als zelfmoordterroristen.
Toch bleek uit de verklaringen van de
jihadistische leiders dat de vrouwen niet gezien werden
als minder belangrijk dan mannen.[22] Yusuf al-Uyayri,
de eerste leider van Al-Qaeda in het Arabische schiereiland
en een invloedrijk jihadistisch ideoloog, verklaarde

dat het succes of falen van de jihad afhankelijk was van de inzet en steun van vrouwen.[23] Ook Osama bin Laden en Ayman al-Zawahiri benadrukten het belang van de rol van vrouwen in de jihad als moeder en echtgenote.[24] Bovendien waren er aanwijzingen dat naarmate IS meer in de verdrukking kwam en er niet voldoende mannen meer overbleven om zelfmoordaanslagen te plegen zij mochten worden vervangen door vrouwen. In het IS-bruiloftscertificaat van mei 2015 stond dat over het martelaarschap van de vrouw werd beslist door kalief Abu Bakr al-Baghdadi. 'Wanneer de Prins der gelovigen (Baghdadi) instemde dat zij een zelfmoordmissie zou uitvoeren, dan kon haar man haar dit niet verbieden' stond er letterlijk.[25] Toch is onduidelijk of dit vrouwen heeft aangezet tot zelfmoordmissies.

Vrouwen konden in het kalifaat het dichtst bij een militante rol komen wanneer zij lid werden van de volledig uit vrouwen bestaande Al Khansaa Brigade. Deze brigade was begin 2014 opgericht, naar verluidt om erop toe te zien dat de strikte kledingvoorschriften die aan vrouwen werden opgelegd werden nageleefd. Zo was tenminste hoe de buitenwereld de Al Khansaa Brigade het beste kende, en hoe ze in de media werd geportretteerd. Maar in werkelijkheid was de eenheid opgericht voor het uitvoeren van fouilleringen bij de controleposten van de Islamitische Staat, nadat een reeks aanslagen had plaatsgevonden tegen bevelhebbers, meestal uitgevoerd door mannen die vrouwelijke religieuze kleding hadden aangetrokken.[26] Daarnaast verzamelden zij informatie voor de geheime dienst, deden zij aan rechtshandhaving, gaven zogenaamde spionnen aan en droegen hun steentje bij aan de rekrutering van nieuwe IS-leden.[27] Naarmate de oorlog vorderde kregen zij er nog andere taken bij. Zo stonden zij in voor de bewaking van duizenden gekidnapte jezidi's, christenen en buitenlandse gijzelaars die gevangen werden gehouden in detentiekampen, die dagelijks onderworpen werden aan fysieke mishandeling en martelingen, verkrachting en executies.[28]

Overigens zouden niet alleen de leden van de Al Khansaa Brigade zich schuldig hebben gemaakt aan geweld. Naarmate de oorlog vorderde, en met name sinds 2016, zouden meer vrouwen operationele taken hebben uitgevoerd in het IS-gebied. Zo zouden in februari 2016 vrouwelijke militanten en zelfmoordterroristen ingezet zijn in Libië. In de strijd om Mosul in juli 2017 waren er signalen dat er eveneens vrouwelijke kamikazes hadden deelgenomen.[29] En sinds oktober 2017 zou het gerucht hebben gecirculeerd dat IS vrouwen had opgeroepen om de wapens op te nemen.[30] Maar uiteindelijk is van dat laatste weinig terechtgekomen. Bij de herovering van Baghouz, het laatste IS-bolwerk, in maart 2019, waren er duizenden vrouwen die zich in de weken voorafgaand aan het slotoffensief overgaven. Hier en daar had een vrouw deelgenomen aan de gevechten, maar dat betrof maar een fractie van het aantal dat inzetbaar was voor de strijd. Hoewel zij in die tijd van grote chaos zonder enig probleem de wapens hadden kunnen opnemen werd ervoor gekozen om dit toch niet te doen. Het heeft er alle schijn van dat dit niet gebeurd is omdat traditionele gendernormen dominant zijn in de jihadistische ideologie[31] en het risico dat men steun zou verliezen wanneer men vrouwen inzette, kan verklaren waarom men het uiteindelijk toch niet heeft gedaan.[32]

REKRUTEURS EN VERSPREIDERS VAN PROPAGANDA

Wel waren westerse vrouwen een belangrijke propagandatroef voor IS. De morbide fascinatie met de rollen die vrouwen speelden binnen de organisatie gaf aanleiding tot sensationele, internationale media-aandacht, waar terroristische organisaties altijd op uit zijn.[33] Zich realiserend wat een belangrijk instrument ze in handen hadden, begon IS vrouwen actief in te zetten voor propagandadoeleinden.[34] Hun aanwezigheid voedde de IS-retoriek dat het geen terroristische organisatie was, maar een legitieme staat waarin gezinnen volgens de wetten van de islam konden leven.[35] Daarnaast waren vrouwen vanaf het begin van de oorlog in Syrië actief in het zelf verspreiden van de jihadideologie. Zij verspreidden foto's over het paradijselijke leven dat zij in het kalifaat hadden, verheerlijkten de gewapende strijd, verwierpen de westerse samenleving en klaagden de (gepercipieerde) stigmatisering aan van moslims wereldwijd. Bovendien propageerden zij het idee dat er een oorlog gaande was tegen de islam en verheerlijkten zij het geweld tegen de 'vijanden van de islam'. Vrouwen die naar het kalifaat gemigreerd waren riepen anderen op om hetzelfde te doen.[36] En uiteindelijk was de enorme aandacht voor vrouwen die Baghouz ontvluchtten, en waar sommige zich van hun meest radicale kant lieten zien, een belangrijk strategisch voordeel voor IS. Ook al stond de organisatie op instorten en bleef er na de herovering van het dorp alleen nog maar stof en zand over, de radicale uitspraken van sommige vrouwen hadden uitsluitend tot doel om de harten te winnen van potentiële rekruten.

Hoewel er nauwelijks aanwijzingen zijn dat westerse vrouwen actief betrokken zijn geweest bij het geweld gepleegd door IS, wil dit niet zeggen dat zij zich onthielden van het produceren of verspreiden van gewelddadige beelden. In 2014, toen internet in het kalifaat nog vrij goed beschikbaar was, kwamen dagelijks commentaren langs van vrouwen die het geweld goedpraatten. De zwartgeblakerde lichamen van gedode gevangenen, die in de zon werden gehangen, waren voor hen het bewijs dat deze ongelovigen naar de hel waren gegaan, dit in tegenstelling tot de vele strijders die met een glimlach op hun gezicht waren gestorven. Er waren daarnaast een paar belangwekkende beelden en uitspraken van vrouwen die het geweld goedpraatten en aanmoedigden.[37] Zo was er het voorbeeld van een Britse vrouw die postte dat zij de eerste vrouw wilde worden die een ongelovige onthoofdde.[38] En een andere Britse vrouw, een voormalig medisch studente, postte een foto van zichzelf met een witte schort terwijl ze een hoofd vasthield. Later werd het stil op sociale media omdat internet niet langer toegestaan werd door IS. Vanaf dat ogenblik werd het gissen naar welke ontwikkeling de vrouwen doormaakten en hoe zij het geweld om hen heen percipieerden. Dat zou pas veel later blijken.

Vrouwen over hun leven in het kalifaat

'De vrouwen waren vaak het ergst,' zei Pari Ibrahim, oprichtster van de Free Yezidi Foundation, een ngo in Nederland, in april 2019 in NRC *Handelsblad*. 'Jezidi-meisjes die zijn ontsnapt, vertellen ons dat zij door de vrouwen werden aangekleed en opgemaakt voor de IS-strijders om door hen verkracht te worden. Dus als zo'n IS-vrouw zegt dat zij daar niets mee te maken heeft gehad, dan geloof ik daar niets van.'[39] Over de rol die IS-vrouwen in het kalifaat hebben gespeeld is veel discussie losgebroken vanaf het moment dat vrouwen die opgesloten zaten in de kampen in Noord-Syrië aanspraak begonnen te maken op terugkeer naar de landen die ze eerder hadden uitgespuwd. De publieke opinie was vanaf het begin fel gekant tegen hun terugkeer en ook de politiek leek niet gewonnen voor het idee. Het feit dat deze vrouwen deel hadden uitgemaakt van een moorddadig regime en wellicht misschien zelfs misdaden hadden begaan of ten minste hadden ondersteund of aangemoedigd, was daarbij doorslaggevend. Bij deze vrouwen werd er als vanzelfsprekend van uitgegaan dat zij geen openheid van zaken gaven over hun tijd in het kalifaat. De manier waarop zij de daden van IS hadden goedgepraat en in sommige gevallen zelfs hadden toegejuicht via sociale media leidde maar tot één conclusie: deze vrouwen waren medeverantwoordelijk voor de gruweldaden van IS. En misschien waren zij als aanjagers op de achtergrond wellicht zelfs moordlustiger geweest dan hun mannen. Alles wat de vrouwen daar zelf tegen inbrachten werd afgedaan als leugens.

Dergelijke veronderstellingen over vrouwen die deel uitmaakten van moorddadige regimes zijn niet nieuw. In 1991 verscheen het boek *Shoot the Women First*, waarin ervan uitgegaan werd dat vrouwelijke terroristen het gevaarlijkst waren. Beatrice de Graaf haalt in haar boek *Gevaarlijke vrouwen* de vaak veronderstelde notie aan dat vrouwen, als het gaat over terrorisme, als gevaarlijk, misschien zelfs als gevaarlijker worden gezien dan mannen. Vrouwen, zo luidt volgens De Graaf het cliché dat veelal opdook in geschriften van terrorismebestrijders en de politie, hadden immers een grens overschreden. Op het moment dat zij de rol van moeder, echtgenote of huisvrouw afwierpen en zich geheel door woeste emoties lieten leiden, waren zij niet meer voor rede vatbaar. Dan waren zij meedogenloos in hun terroristische furie, hysterisch in hun haat tegen het establishment en genadeloos in het afslachten van hun slachtoffers.[40] Op basis van haar eigen onderzoek komt De Graaf echter niet tot de conclusie dat vrouwelijke terroristen gevaarlijker zijn dan mannen. Hun aandeel binnen terroristische groepen ligt zelden hoger dan tien procent, alhoewel dat percentage sinds de jaren tachtig wel stijgende is. Vrouwen bekleedden binnen terroristische organisaties slechts bij uitzondering hoge posities. Ze werden er veel vaker dan de mannen door partners, familie of kennissen bij gehaald en radicaliseerden zelden helemaal alleen. Ook dat vrouwen als individu gevaarlijker, sadistischer en gemener zouden zijn dan mannen kon volgens De Graaf op basis van wat we wisten niet worden aangetoond. Wat wel klopte was dat ze in de beeldvorming veel vaker als gevaarlijk werden beschouwd dan hun mannen.[41] Dat was in feite ook wat Pari Ibrahim van de Free Yezidi Foundation zei.

Maar de vraag is wat we nu feitelijk weten over het leven dat deze vrouwen in het kalifaat hebben geleid. Erg weinig, zo blijkt. Er is wel een aantal onderzoeken verricht, maar die geven meestal weinig inzicht in het dagelijks leven van vrouwen in Syrië.[42] De vrouwen verspreidden via sociale media vaak berichten over het leven daar, maar deze maakten vooral deel uit van de propagandamachine die IS was en lieten weinig zien van hoe hun bestaan daar feitelijk was. Het enige waar we ons op kunnen baseren zijn de verhalen die hierover de laatste jaren in de media verschenen zijn. En daarvan kunnen we niet altijd zeggen dat ze met gevoel voor nuance zijn opgeschreven.

Mijn contacten met de families gaven mij de mogelijkheid om het wel en wee van de vrouwen in Syrië de laatste jaren te volgen. Het was echter nog steeds lastig om een idee te krijgen van hoe hun leven in het kalifaat daadwerkelijk was. De vrouwen lieten daar zelfs tegenover hun familieleden vaak heel weinig over los. Er leek een ongeschreven code te bestaan om zo weinig mogelijk met het thuisfront te delen over het dagelijks leven in het kalifaat. In al die jaren heb ik nooit gehoord dat dochters hun ouders vertelden waar ze precies waren, hoe hun dagen eruitzagen en wat ze deden om de verveling van alledag te verdrijven. Wat vaak een beeld schiep waren de vele foto's die ze in de loop der jaren naar hun ouders stuurden, maar niettemin bleef het steeds bij gissen. Toen veel vrouwen het kalifaat ontvlucht waren en in de kampen in Noord-Syrië terecht waren gekomen had ik urenlange gesprekken met hen over hun leven in het kalifaat, de gruweldaden van IS en de betrokkenheid van hun man hierbij.

Maar er is uiteraard voorzichtigheid geboden bij de interpretatie daarvan. De vrouwen hebben er namelijk belang bij om zich zoveel mogelijk te distantiëren van IS en hun man of zichzelf niet in diskrediet te brengen. Zij weten dat hen in België en Nederland een gevangenisstraf boven het hoofd hangt en het zou hun repatriëring niet versnellen wanneer zij getuigden over de gruweldaden van IS. Bovendien is een aantal van hun mannen opgesloten in gevangenissen in Syrië of Irak, waardoor het risicovol is om over de deelname van hun man bij de gewapende strijd te praten. Verder heb ik ook wel eens een e-mail gezien van een advocaat waarin de vrouwen op het hart werd gedrukt om zich tijdens contacten met de media in niet al te positieve bewoordingen uit te laten over IS. Ten slotte was het erg lastig om de uitspraken van de vrouwen te checken en daar kwam bij dat het contact via WhatsApp liep, wat heel lastig was. In die context hebben de gesprekken met de vrouwen plaatsgevonden. Evengoed bieden ze een mooie inkijk in hoe hun leven in Syrië de laatste jaren was geweest. De volgende hoofdstukken gaan hier nader op in.

KIEKJES UIT HET KALIFAAT

In de loop van 2013 en ook nog een belangrijk deel van 2014 kon men in de meeste huizen in Syrië, en met name in de grote steden zoals Raqqa, nog vrij makkelijk toegang krijgen tot het internet. Dat was heel goed te merken aangezien de vrouwen, die een groot deel van de tijd binnenshuis doorbrachten, via allerlei sociale media zoals Twitter, Telegram, WhatsApp en Facebook, dagelijks contact hadden met hun familie. Ook werd er door de vrouwen in de beginperiode druk gepost op sociale media.[43]

Op de foto's die de vrouwen naar hun ouders stuurden was vaak te zien dat zij, terwijl de mannen aan het front streden, van alles deden om thuis de verveling van alledag te verdrijven. Zo zag ik foto's van vrouwen die probeerden de tijd door te komen door zich op te maken om foto's van de metamorfose vervolgens naar hun families te sturen. Ook stuurden ze elkaar uitnodigingen om te eten met een foto van wat ze gekookt hadden, die vervolgens op Facebook werd gezet. Ik heb ook wel eens foto's zien langskomen van vrouwen in het zwembad, al waren dat uitzonderingen, of van vrouwen die met hun kinderen een speeltuintje bezochten, of waarop te zien was dat ze naar de markt waren geweest of dat ze een nieuwe jurk hadden gekocht. Afgaande op de foto's was duidelijk dat sommigen het financieel beter hadden dan anderen die in aftandse panden woonden en wier kinderen oude, onverzorgde kleding droegen. Het leek erop dat naarmate hun man hoger in de hiërarchie van IS stond de vrouwen zich meer luxegoederen konden permitteren. Maar ook dat was niet helemaal zeker.

Maar naarmate de oorlog vorderde werd het contact schaarser. Het gebruik van internet thuis werd door IS verboden en was uitsluitend nog toegestaan in internetcafés. Gebruikers konden een kaartje kopen en in de auto of op de stoep voor het café het internet op. Maar naarmate de tijd vorderde was ook dit niet meer toegestaan en kon je alleen binnen in het internetcafé online gaan, zonder veel privacy overigens. Bovendien waren er regelmatig invallen door de geheime dienst waarbij alle telefoons moesten worden ingeleverd en de gesprekken die via WhatsApp waren gevoerd en de sites die bezocht waren werden gecontroleerd.

Naarmate er meer werd gebombardeerd behoorde ook dit niet meer tot de mogelijkheden. Vanaf dat moment hadden de vrouwen samen de beschikking over één telefoon, die dan blijkbaar opgehaald werd en naar een internetcafé gebracht. Ouders hoorden dan allemaal op een en dezelfde dag van hun dochters. De vrouwen waren overigens te allen tijde afhankelijk van hun man om het contact te bewaren met het thuisfront. Van velen is bekend dat hun man alles meelas en contactpersonen die niet werden goedgekeurd werden zonder enig woord van uitleg geblokkeerd. Ook waren er ouders die vanuit het kalifaat bedreigingen ontvingen van de echtgenoten en waren er periodes dat hun dochters geen telefoon meer mochten hebben als hun man hen ervan begon te verdenken dat ze wilden vluchten of ze kennelijk om een andere reden 'gestraft' waren.

Ontsnappen was overigens moeilijk omdat de vrouwen vaak niet alleen door hun eigen man in de gaten werden gehouden, vooral als ze kinderen hadden, maar ook andere mannen een oogje in het zeil hielden wanneer die van huis was. Toch kozen veel vrouwen er bewust voor om in het kalifaat te blijven, hoewel het leven er steeds moeilijker werd, met name sinds augustus 2014, toen de bombardementen door de internationale coalitie begonnen.

DE VERHALEN VAN DE VROUWEN

Het leven van de vrouwen veranderde aanzienlijk naarmate de oorlog vorderde. In het begin, zo vertellen velen, hadden ze er een goed leven, maar toen de bombardementen begonnen, wat al vrij snel gebeurde, veranderde dat drastisch. Gaandeweg het conflict verdween de schijnbare zorgeloosheid die de foto's in het begin uitstraalden. 'Je was moeder voor je kinderen en je leefde elke dag in angst,' vertelt Saliha over haar leven in het kalifaat. 'Je leefde van dag tot dag, want het kon elk moment gebeuren dat jouw huis werd gebombardeerd.' Vanaf het begin van haar verblijf in Syrië, medio 2013, waren er bombardementen geweest door het Syrische regime. Maar toen de bombardementen van de internationale coalitie begonnen en Rusland zich later ook in het conflict ging mengen, was er volgens Saliha iedere dag sprake van 'een regen van bommen'. 'Onze spullen stonden altijd ingepakt, klaar voor vertrek. Ik had mijn oudste dochter geleerd dat ze iedere avond haar speelgoed moest opruimen en in haar rugzakje moest stoppen.' Saliha was haar vriend Hicham achterna gereisd, die al sinds eind 2012 in Syrië was. Ze kwam aanvankelijk terecht in Idlib, waar het goed leven was hoewel ze van Hicham nooit alleen de deur uit mocht. Er was een foto van haar in een zwembad, kort nadat haar oudste dochter geboren was. Maar dit waren uitzonderingen, zei ze, het leven speelde zich voor haar toch hoofdzakelijk thuis af. Ook Latifa vertelde dat ze iedere dag in angst leefde. 'Als je kookte, naar het toilet ging, naar het internetcafé, winkelen, douchen, was je angstig. Doordat je de hele tijd dacht dat er elk moment een vliegtuig kon komen om te bombarderen. Verder was ik een moeder en veel in mijn huis met mijn kinderen en probeerde ik er wat van te maken, alhoewel dat heel moeilijk was.' Ze was begin 2013 haar man achterna gereisd toen die zich had aangesloten bij Majlis Shura al-Mujahideen.

De dagen van de vrouwen waren eigenlijk allemaal hetzelfde. 's Ochtends maakten ze ontbijt voor hun man. De mannen kregen elke dag een boodschappenlijst mee omdat er iedere dag inkopen gedaan moesten worden aangezien er naarmate de oorlog vorderde geen stroom was en dus ook geen werkende koelkast. De rest van de dag hielden ze zich bezig met huishoudelijke taken, zoals schoonmaken, de kinderen verzorgen en de was doen. Wanneer de man 's middags thuiskwam met de boodschappen werd het avondeten bereid. 's Avonds na het avondeten deden ze de afwas. De kinderen werden naar bed gebracht en dan was het tijd voor ontspanning. Meestal bestond die eruit dat de vrouwen samen met hun man een film keken die stiekem gedownload was. Er waren wel eens uitjes, naar een internetcafé bijvoorbeeld, naar de kermis, naar de markt of naar een restaurant dat speciaal ingericht was voor families. De vrouw kon daar haar gezichtssluier omhoog doen zonder dat iemand haar zag. Toen dit soort plaatsen steeds vaker mikpunten werden van de coalitievliegtuigen bleven de meeste vrouwen echter liever thuis.

Naar westerse zenders kijken of luisteren was verboden. 'Als je een satelliet op je dak had werd je meegenomen, ging je naar de gevangenis,' vertelt Saliha. 'Er was alleen een radiozender van IS. In het publieke leven hoorde je alleen die radiozender. Ook thuis mochten mensen alleen deze zender beluisteren. Als je niet stiekem het westerse nieuws volgde, had je totaal geen besef van wat er in de rest van de wereld gebeurde.'

De vrouwen vertellen hoe afhankelijk ze waren van hun man omdat hij hun enige houvast was en hun schakel met de buitenwereld. Uit de meeste verhalen blijkt dat ze zich totaal aan hem moesten onderwerpen. Zo mochten de meesten nooit alleen naar buiten, hadden ze 'regels' in huis en mochten ze nooit naar andere mannen informeren. Met wie hun man omging wisten de vrouwen hierdoor niet.

De eerste jaren had Charifa een goed leven, hoewel ze van haar man Anwar nooit zonder hem de deur uit mocht. Het stel was in oktober 2013 naar Syrië vertrokken en woonde aanvankelijk in Al-Bab, een stad in het Syrische gouvernement Aleppo. 'Het was er rustig en je merkte er niet veel van de oorlog,' vertelde Charifa. 'Ik had een heel rustig, chill leven. Mijn man en ik dronken elke avond na het avondeten thee of een bakkie koffie. Hij deed iedere dag boodschappen. Ik leefde in rust. Ik was op mezelf. Ik had niet zo veel contacten. Mijn man en ik keken vaak documentaires of films. Hij bracht me ook wel één keer in de zoveel tijd naar de stad om te winkelen. Ik mocht nooit naar buiten en op een gegeven moment was ik de hoeken aan het tellen. Ik verveelde me en op een keer was ik toch wel aan het zeuren bij mijn man dat ik mensen wou leren kennen, dat ik niet echt vriendinnen had. En toen kwam hij thuis met een grote doos Walt Disney-dvd's, dus ik was even zoet' (lacht). Maar dat goede leven veranderde toen IS steeds meer onder vuur kwam te liggen en het stel in maart 2017 naar Raqqa trok. 'Toen ik in Raqqa kwam was bijna iedereen al weg naar Mayadin. Het was niet veilig om daar als vrouw alleen op straat te lopen. Het was kei gevaarlijk. Om de vijftien minuten kwam er een mortier en je wist niet welke kant die opging, dus dan moest je hopen dat die niet op je huis viel.'

Geen van de vrouwen kan zich iets voorstellen bij het geromantiseerde verhaal dat Emina had verteld over haar leven in Raqqa. Zo had zij verteld dat zij als vrouw alle vrijheid had gehad om te gaan en staan waar ze wilde en dat ze elke avond achter op de motor door haar man werd meegenomen naar de ijssalon. De andere vrouwen zijn allemaal in dezelfde periode als Emina in Raqqa geweest maar zij herinneren zich vooral dat er veel bombardementen hadden plaatsgevonden, dat zij nog beperkter in hun bewegingsvrijheid waren dan ze ooit waren geweest, dat ze geen toegang hadden tot internet en als vrouw niet zelfstandig naar een internetcafé mochten gaan en al helemaal niet naar een ijssalon.

'Naar de ijssalon?' vraagt Rabia verwonderd. 'Nou, geen van de mannen daar nam zijn vrouw elke dag mee naar de ijssalon hoor. Want die was namelijk enkel voor mannen bedoeld.' Emina had mij uitgelegd waar de ijssalon was die ze zogenaamd iedere avond bezocht en Rabia weet precies welke ik bedoel als ik haar erover spreek. 'Dat was in de buurt waar de onthoofdingen plaatsvonden,' zegt ze, 'daar mochten vrouwen echt niet komen.' Ook Saliha kan zich niets voorstellen bij het verhaal van Emina. 'Ze verkoopt sprookjes. Dat zijn echt geen verhalen gebaseerd op waarheid! Ik denk dat sommige mensen echt in fantasie leefden daar.' 'Ik sta versteld dat er mensen vertelden dat ze daar een prima leven hadden,' zegt Latifa. 'Je had ijssalons en je kon winkelen, maar het was echt niet zoals zij vertelde.' 'Er waren inderdaad wel vrouwen die naar de stad gingen en gingen winkelen,' zegt Rabia. 'Dat deed ik zelf ook. Maar noem je dat vrijheid? Het gaat om de ideologie waar je onder moet leven. En het was vrijheid naar hun Daesh-termen. Hoe kun je dat vrijheid noemen terwijl je ziet wat er rondom je gebeurt? In het begin waren velen, waaronder ik, blind. Maar het werd steeds duidelijker waar Daesh voor stond. Ik denk dat mensen die zo praten, dat het mensen zijn die nog achter de is-ideologie staan. Die proberen alles mooier te maken zodat mensen er geen slecht beeld van krijgen. Of ze is gewoon bang voor de gevolgen. Want ik begrijp dat niet iedereen slecht wil praten over is uit angst.'

HET LEVEN ALS WEDUWE

De meeste vrouwen hebben een tijd als getrouwde vrouw in het kalifaat geleefd en sommige onder hen zijn op een gegeven moment weduwe geworden. Zij beschreven hoe drastisch anders het leven als weduwe was dan als getrouwde vrouw. Het was altijd de grootste angst geweest van de vrouwen om ooit weduwe te worden omdat ze wisten dat hun leven, en dat van hun kinderen dan enorm beperkt zou worden. En daarnaast was er de angst om er als vrouw alleen voor komen te staan. Hun schakel met de buitenwereld viel weg en vrouwen die toen al met de gedachte speelden om het kalifaat te ontvluchten, beseften dat dit zonder hulp van een man vele malen moeilijker zou zijn. Maar daarnaast was er natuurlijk ook het verdriet om hun omgekomen man die zij vaak gevolgd waren naar het kalifaat. In elk geval staan de verhalen die de vrouwen vertellen in schril contrast met de beelden die vaak te zien zijn geweest op sociale media van vrouwen die hun man het slagveld op stuurden in de hoop dat zij het martelaarschap zouden verwerven.

'Als je man er niet meer is dan stort je wereld helemaal in,' vertelt Saliha. 'Want hij heeft je altijd afgesloten voor de buitenwereld en als hij er niet meer is, sta je er opeens helemaal alleen voor.' Weduwen werden opgezocht door de geheime dienst van IS en kregen een lijst met vijftig regels in hun handen geduwd. Zij mochten uitsluitend tussen 9.30 en 16.00 uur hun huis verlaten. Bezoek mocht niet blijven logeren maar moest voor het avondgebed weg zijn. 'Je leefde in een gevangenis in je eigen huis,' vertelt Saliha. Boodschappen werden tweemaal per week gehaald zodat vrouwen geen reden hadden om naar buiten te gaan. Mina hertrouwde kort na haar rouwperiode met Younes, die al twee vrouwen had. Zij deed dit, zo vertelde ze aan haar moeder, zodat zij en haar kinderen meer bewegingsvrijheid zouden hebben. Op foto's die ze naar haar ouders stuurde was inderdaad te zien dat Younes haar kinderen wel eens mee uit nam. Dan zaten haar kinderen op een paard of bezochten ze een marktje.

Maar daarnaast hertrouwden vrouwen omdat ze niet in een van de zusterhuizen terecht wilden komen, waar strenge regels golden. 'De *madafas* (vrouwenhuizen) waren niet fijn om in te verblijven omdat je allerlei regels van ISIS moest naleven,' zegt Alina. 'Bijvoorbeeld, je mocht enkel naar buiten als je toestemming had van de verantwoordelijke, ook al had je kind medische zorg nodig. Als je bezoek wou ontvangen kon dat enkel na toestemming. Ze maakten de vrouwen daar het leven zuur zodat ze zouden trouwen, want daar werd wel reclame voor gemaakt. Er kwamen mensen van het huwelijksbureau reclame maken voor zogezegde potentiële huwelijkskandidaten.'

Het leven van de vrouwen was er altijd een van verveling en uitzichtloosheid geweest. Velen waren naar het oorlogsgebied vertrokken omdat zij ervan droomden om aan de zijde van hun man mee te helpen aan de opbouw van het kalifaat. Maar naarmate de oorlog voortduurde en IS steeds meer terrein verloor, leek er van deze droom maar weinig meer overeind te blijven. Groot moet de ontgoocheling zijn geweest bij deze jonge vrouwen, toen ze erachter kwamen dat er van het romantisch beeld dat zij hadden van hun leven in het kalifaat weinig of niets terecht was gekomen. Deze teleurstelling werd het beste geïllustreerd aan de hand van de foto's die zij naar hun families stuurden. Waar er in het begin nog jolige kiekjes werden genomen van jonge dames die er lol in hadden om zich op te maken, werden deze steeds somberder. De foto's die zij deelden waren beelden van bleke, armoedige meisjes, die er steeds bleker en armoediger gingen uitzien. Het waren beelden die genomen waren in uitgewoonde panden, waar weinig licht was, en waar je op de achtergrond steeds reistassen zag staan, voor het geval zij onverhoopt moesten vluchten. Op de gezichten van de jonge moeders was te lezen dat het leven in Syrië hen had getekend. Vooral de foto's die zij aan het eind van de oorlog naar hun families stuurden waren een illustratie van de vergane glorie van het kalifaat. En het zou daarna nog veel erger worden.

Vrouwen en de gruweldaden van IS

'Ik woonde ooit in Raqqa dicht bij de rotonde waar ze hoofden op die hekken spiesden. Ik rook de geur van de lichamen die daar lagen te rotten in de zon. En ik wou niet naar buiten om dat beeld te zien. Voor mij is dit het verminken van lijken en in de islam is dit niet toegestaan. Ze konden die moorden wel rechtvaardigen door te zeggen dat het spionnen waren of wat anders, maar om alles publiekelijk te doen en horrorpropagandafilms erover te maken, dat ging allemaal veel te ver.' Aan het woord is Alina, een van de weinigen die zo openlijk durfde te praten over het geweld van IS. Alle andere vrouwen proberen het onderwerp angstvallig te vermijden. Natuurlijk weten zij van het geweld dat om hen heen gepleegd was, maar erover praten vinden ze blijkbaar lastig. Daar is een goede reden voor. Het heeft er alle schijn van dat zij niet willen overkomen als vrouwen die wellicht een tijd lang de ogen hebben gesloten voor het geweld van IS. Ze hebben er ook geen belang bij om over te komen als vrouwen die zich niet meteen van het geweld om hen heen hadden gedistantieerd. En natuurlijk blijkt uit hun verhalen ook dat ze niet bij machte waren om zich ertegen te verzetten. In het kalifaat waar iedereen iedereen wantrouwde was het nu eenmaal niet zo makkelijk om op te staan en je tegen de heersende ideologie te keren. De repercussies vanwege het uiten van kritiek waren ernstig, waardoor slechts weinigen dat zullen hebben gedaan. Maar gaandeweg onze gesprekken blijkt dat de twijfel bij sommigen toch was toegeslagen. Het geweld dat door IS werd gepleegd deed hen naar eigen zeggen steeds meer beseffen waar de organisatie voor stond. 'Alle gruweldaden deden ons beseffen dat IS helemaal geen islam was,' zegt Rabia. 'Ik ben blij dat we ons geloof goed genoeg kenden om te weten dat IS één grote leugen was.' Ik spreek vaak met haar over de walging die zij voelde wanneer ze terugdacht aan die periode. Als ze nu terugleest wat ze destijds op Facebook heeft gepost, kan ze nauwelijks geloven dat zij ooit die ideeën had. 'Als ik soms nadenk over die periode schrik ik echt van mezelf, hoe ik zo naïef heb kunnen zijn om dat allemaal te geloven. Ik walg echt van die periode.'

Hoewel ze zich nu tegen het geweld lijken te keren waren sommigen naar het kalifaat vertrokken toen al genoegzaam bekend was waar de organisatie voor stond en tot welke gruweldaden zij in staat was. Toen Rabia naar Syrië vertrok was al bekend dat er onder IS onthoofdingen plaatsvonden. En toen Katie zich naar Syrië begaf had de wereld al kunnen zien hoe IS haar tegenstanders in brand stak of verdronk. 'Maar,' zo vertelt Rabia, 'er werd ons verteld dat dit deel uitmaakte van een groot complot en dat de Amerikanen deze executies zelf uitvoerden om IS in een kwaad daglicht te stellen.' Ook Katie was iets dergelijks verteld. Maar toen de vrouwen geconfronteerd werden met het geweld van IS en er zelf slachtoffer van dreigden te worden, hadden ze door dat de verhalen over het geweld niet verzonnen waren maar bij het dagelijks leven in het kalifaat hoorden.

'Heel veel mensen binnen IS waren tegen die verbranding van die piloot omdat er een overlevering is die zegt dat enkel Allah met vuur mag straffen,' zegt Rabia. 'Maar zij kwamen met andere overleveringen, ik weet niet van welke geleerde.' 'Ik heb dat filmpje (over de verbranding van Jordaanse piloot) niet gezien... bewust!!' zegt Saliha. 'Want het is niet toegestaan dat een moslim een ander mens verbrandt met vuur. Ik ben het daar niet mee eens. Maar ik ben het ook niet eens met wat de coalitie deed. Bombarderen in woonwijken, op de markt. Er woonden ook gewoon Syrische, onschuldige mensen in die wijken.' 'Wanneer ze die piloot hadden verbrand was ik heel erg in shock,' zegt Alina, 'want er staat juist in de Koran dat je niet met vuur mag bestraffen, dat enkel Allah dit doet door de bestraffing in het hellevuur. Hier zat ik lang mee en begon ik in de knoop te geraken. Hoe kon deze Staat dit doen als zij zogezegd regeerden met de Koran als wetgeving? Veel mensen bij ISIS zeiden over die verbranding dat het niet mocht en je had geleerde mannen die dat probeerden te legitimeren met religieuze bewijzen in de Koran. Maar wij hoorden over die piloot ook dat juist hij zo'n huis met weduwen en weeskinderen had gebombardeerd en ze waren allemaal omgekomen. Dat was de eerste keer dat een plek met vrouwen en kinderen "getarget" werd. En dit waren kwetsbare mensen, het waren geen strijders die een bedreiging vormden voor hen. Die kinderen konden mijn kinderen geweest zijn.' Hoewel Alina zich leek te distantiëren van het geweld dat tegen de piloot door IS werd gebruikt, leek ze zich aan de hand van deze opmerking toch enigszins te scharen achter de rechtvaardiging die door IS aan de verbranding van de piloot werd gegeven. En dat leek Saliha ook enigszins te doen.

Door de gruweldaden die er werden gepleegd, waren er

vrouwen die begonnen te twijfelen aan het geloof en er afstand van deden. 'Ik heb niks gezien van de gruweldaden,' zegt Kristina, 'maar ik heb wel een keer een jezidivrouw gezien. En voor de rest heb ik alleen maar dingen gehoord. Maar toen werd ik bijna gek. Want ik hoorde dat ze tegen hun zin verkracht mochten worden. Dat ze geslagen werden. En dat ze geen hoofddoek moesten dragen maar dat ze in hun blote borsten moesten rondlopen. Toen dacht ik: dit kan de islam niet zijn en toen ben ik het gaan opzoeken in de bronnen. Mijn man had die gedownload op mijn telefoon. Dat was van IS en zo. En daar stonden dingen in die voor mij gewoon not done waren. En vanaf dat moment ben ik het gaan haten. Ik haatte Mohamed. Ik haatte gewoon het aanbidden van hem. Ik haatte het, ik haatte het allemaal.'

Er zijn vrouwen die geen afstand doen van hun geloof, maar wel zeggen dat ze tot het besef kwamen dat wat IS praktiseerde niet de islam was zoals zij die kenden. 'Ik ben niet gaan twijfelen aan mijn geloof,' zegt Rabia. 'Ik denk gewoon dat ik een verkeerde kijk had op de islam en dat datgene wat ik praktiseerde eigenlijk helemaal niets met de islam te maken had.' 'Ik twijfel niet aan mijn geloof,' zegt ook Saliha, 'maar ik twijfel of ik de islam wel goed begrepen heb. Wat ISIS deed is absoluut geen islam. Seksslavinnen is geen islam. Vrouwen onder druk zetten. Absoluut niet.'

Saliha vertelt dat ze nooit een onthoofding had gezien. 'Maar ik heb wel ooit iemand in een kooi gezien, in de zon, en dat vond ik echt heel erg. Toen besefte ik echt dat we allemaal onze mensenrechten kwijt waren. En dat die echt veel waard zijn.' Hoe was het om in een dergelijke gewelddadige samenleving te leven? 'O, je bent zo bang, want je weet: je bent als mens niks waard, want je heb geen rechten.' Maar was er binnen de IS-ideologie niet ook rechtvaardiging voor dit soort geweld? 'Kijk, de mensen vroeger vonden het normaal, de geschiedenisboeken staan er vol van. In 1500 werd er onthoofd in Spanje, Frankrijk. Maar wij die in de jaren tachtig geboren zijn, het is niet normaal voor ons. We zijn nooit blootgesteld aan zulke dingen.' Maar toch zijn er jonge mannen die hier gretig in meegegaan zijn. 'Ja dat klopt, maar denk je dat ze het normaal vonden? Ik denk het niet, ook al stond het in de Koran. Denk je dat het voor hen normaal was? Ik geloof het niet dat mensen die in een maatschappij zijn opgegroeid met mensenrechten dat ze het normaal vonden en niks voelden.' Ondanks haar openheid merk ik dat Saliha zich ongemakkelijk voelt om hierover te praten. Dit alles was gebeurd, zegt ze, maar ze wilde er liever niet meer aan denken. 'Ik wil gewoon terug naar een normale samenleving waar ik mensenrechten heb. Ik wil er niet meer aan denken wat er gebeurd is. Ik wil het wissen uit mijn geheugen en ik hoop bij God dat mijn kinderen er niks van mee hebben gekregen. Want als ze er wel iets van meegekregen hebben, zullen ze later vragen gaan stellen.' De bombardementen en de kinderen die doodgingen vond ze het moeilijkste aan haar verblijf in Syrië. 'Onthoofdingen heb ik nooit gezien. Maar het gevoel van de bombardementen ken ik nog heel goed. Als je kind niet meer ademt en je haar onder het puin vandaan haalt. Heb het zelf meegemaakt met mijn dochter. Dat vond ik het ergste. Heel de wereld kon met zijn bommen onschuldige burgers en kinderen van IS-mannen dood maken, zonder pardon.'

'Mijn man beschermde mij eigenlijk voor wat er in de

buitenwereld aan de hand was,' zegt Alina. 'Hij vertelde niet veel. Maar na zijn dood stond ik er alleen voor en begon ik dingen te zien waarmee ik niet akkoord ging. Er was veel onrecht gedaan aan onschuldige mensen, zowel aan burgers als aan ISIS-gangers zelf, en dit door de mensen die de touwtjes in handen hadden.' Ook zij is naar eigen zeggen nooit getuige geweest van het geweld op straat en ze vertelt dat ze niet in detail wist welke rechtvaardigingen er door IS aan gegeven werden. Maar net als Saliha verwijst ze naar de Koran, waaruit blijkt dat er door de geschiedenis heen altijd onthoofdingen hebben plaatsgevonden. 'Onthoofdingen is iets wat in de Koran staat, dat is iets wat in de geschiedenis van de islam werd gedaan en door de geschiedenis heen. Net zoals het kruisigen in de Bijbel staat en werd uitgevoerd door de kruisvaarders tijdens hun heilige oorlogen. ISIS stond voor een Islamitische Staat, wat wil zeggen dat ze moest regeren met de Koran als wetgeving. Persoonlijk vond ik die onthoofdingen niet van deze tijd. In het verleden werd er met zwaarden gevochten en oorlog gevoerd, daarom dat het soms gebeurde dat men ledematen of hoofden afhakte met zwaarden. Dit gebeurde in Raqqa, ik hoorde wel van executies, maar ik wist het juiste verhaal nooit. Ik denk dat het (onthoofdingen) voor de meesten geplaatst kon worden als iets wat in de oorlog gedaan werd met de "vijand". Zoals bijvoorbeeld die Amerikaan Foley, van wie ze zeiden dat hij een spion was. Achteraf bleek hij een journalist te zijn. Ze verspreidden denk ik die leugens om hun executies te rechtvaardigen. En de gewone burgers geloofden dat die persoon dan echt een bedreiging was. Ook hadden we de kennis niet dat ze zulke zaken zouden doen. Dit werd door hogerop besloten, door de leiders en de mensen in dat bestuur. We leefden wel in hun gebied maar wijzelf hadden niets in handen noch konden we er iets tegen doen.'

De vrouwen distantiëren zich van het geweld dat ooit door IS is gepleegd, maar er was natuurlijk een periode tijdens welke zij wisten dat dit allemaal gaande was maar er zich niet van distantieerden. In ieder geval zijn zij lange tijd in Syrië geweest en hebben zij tijdens de gruwelijkheden geen aanstalten gemaakt om te vluchten. Hebben zij in die periode gezwegen over het geweld waar zij vast en zeker van geweten moeten hebben? En betekende hun zwijgen dat ze ermee instemden? Of ligt er een andere reden aan hun zwijgen ten grondslag? En wanneer was dan uiteindelijk het kantelpunt gekomen? Het lijkt erop dat de meeste vrouwen zich tegen het geweld van IS begonnen te keren toen zij er zelf het slachtoffer van dreigden te worden. Bovendien werden de plannen van de vrouwen om aan IS te ontsnappen steeds concreter naarmate er meer gebombardeerd werd. Daarnaast doet de vraag zich echter voor wat de vrouwen maar zelfs ook de mannen die deel uitmaakten van IS hadden kunnen doen tegen het geweld dat door de organisatie werd gepleegd. In het gewelddadige regime dat IS was kon men zich niet openlijk distantiëren van wat zij deed, omdat de gevolgen dan groot zouden zijn geweest. 'ISIS deed zaken die tegenstrijdig waren met de islam,' zegt Alina. 'Maar we leefden niet in een staat die vrijheid van meningsuiting had. Elk woord tegen de staat, de veiligheidsdienst of de kalief kon je je hoofd kosten. Er zijn vele voorbeelden van ISIS-strijders die gesproken hebben en door ISIS zelf geëxecuteerd werden. Dus het was niet zo gemakkelijk om zomaar te vertrekken. Eens je daar zat, zat je vast, ook al realiseerden we ons dat veel dingen niet oké waren.'

Mannen en IS

Het beeld dat ons wellicht het meest zal bijblijven als wij aan de oorlog in Syrië denken is het meedogenloze geweld dat gepleegd werd door mannen. De meeste mannen die daarheen waren gegaan sloten zich aan bij de gewapende strijd, al zullen er wellicht voorbeelden zijn geweest van mannen die vanwege gezondheidsredenen hiervan vrijgesteld werden en het is ook bekend dat er mannen werden ingezet in logistieke functies. Maar het grootste deel, daar kunnen we van uitgaan, werd ingezet als strijder. Tijdens mijn gesprekken met de vrouwen komen de mannen heel vaak ter sprake, maar het wordt nooit echt duidelijk wat hun precieze rol bij IS was. De vrouwen weten het niet of zeggen het niet te weten omdat hun leven zich vooral binnenshuis had afgespeeld en hun mannen weinig of niets vertelden van wat zich daarbuiten afspeelde.

Maar naast het beeld van de mannen die zich als strijder bij IS hadden aangesloten, doemt er op basis van de gesprekken nog een ander, minder bekend beeld op. De vrouwen vertellen mij namelijk dat sommige mannen gaandeweg waren gaan twijfelen en dat sommigen hadden geprobeerd zich aan de strijd te onttrekken. In beide gevallen had dat ertoe geleid dat zij waren gestraft en soms zelfs vermoord, want op 'afvalligheid' stond namelijk de doodstraf. Maar uit de verhalen van andere vrouwen blijkt juist weer dat hun mannen IS tot het eind trouw waren gebleven. Ook zij uitten wel eens kritiek op wat er gaande was en stelden zich vragen wanneer IS handelingen pleegde die ingingen tegen de islam, maar zij kozen er toch voor om te blijven. Het gevolg was dat de vrouwen van deze mannen ook genoodzaakt waren te blijven. Pas toen hun man sneuvelde ontvluchtten zij het kalifaat. Maar dat de mannen af en toe overvallen werden door twijfels of zij wel het goede deden, bleek een rode draad in de gesprekken. Uiteindelijk zouden die twijfels ertoe leiden dat een aantal onder hen ervoor koos om IS de rug toe te keren.

TWIJFELENDE MANNEN

'Ik kreeg een diep nadenkende, afwezige man in huis,' vertelt Charifa, die in augustus 2017, een paar maanden voor de herovering van Raqqa, samen met haar man Anwar de stad ontvluchtte. 'Ik zag dat hij verward was van alles. Dus ik vroeg hem wat er met hem was. Hij zei: ik kan niet praten, want er was een tweede vrouw in beeld en hij was bang dat zijn mening naar buiten zou gaan. Hij twijfelde al lang aan IS, dat wist ik, maar dat het zo diep zat, dat wist ik niet. Pas op het eind. We spraken niet over vluchten. Maar hij heeft altijd gezegd: bereid je voor. Dus toen hij de kans kreeg om te vluchten, toen was het geen verrassing voor mij. Hij had zo vaak kritiek op ISIS, maar ik begreep er weinig van, daarom dat hij het er met mij niet in detail over had. Mijn man zei heel vaak: wat zij doen is geen gedrag van een moslim. Want ze maakten hun eigen regels en zeiden vervolgens dat het de sharia was.' 'Mijn man is als eerste beginnen twijfelen,' zei Chazia, 'omdat hij alles zag. Ik was gewoon thuis. Ik dacht: ik leef in een islamitische staat en alles is eerlijk, mensen wordt geen onrecht aangedaan. Maar ik zag de buitenwereld niet. Mijn man begon me te vertellen wat er allemaal gaande was. Dat ze gewoon moordenaars waren. Dat hij heel veel dingen zag die niet klopten. Zelfmoordaanslagen bijvoorbeeld, daar was hij tegen, hij zei dat het niet toegestaan was door Allah. Waarom zeggen ze dat dit toegestaan is? zei hij. Zelfs een ongelovige doet dat niet.' Ook Saliha heeft naar eigen zeggen kunnen observeren hoe Hicham steeds meer begon te twijfelen. Terugblikkend op die tijd zegt zij dat ze eigenlijk nooit geweten heeft wat hem precies bezighield. 'Hij was niet zo'n prater, en als hij 's avonds thuiskwam, spraken we niet over wat hij die dag had meegemaakt.' Over de gruwelijkheden die hij wellicht had gezien hadden ze het nooit. Het zou best kunnen, zo denkt Saliha, dat haar man onthoofdingen heeft gezien, want die gebeurden gewoon op straat. Maar zeker weten doet ze het niet. Wel zegt ze te weten dat Hicham het vaak niet eens was met wat IS deed en dat hij zich gaandeweg steeds meer vragen begon te stellen. Zo zou hij bijvoorbeeld naar aanleiding van de aanslagen in Parijs in januari 2015, waar terroristen zich opbliezen in de buurt van het Stade de France, een bloedbad aanrichtten in concertzaal Le Bataclan en willekeurige cafés onder vuur namen, verontwaardigd zijn geweest en afstand hebben genomen van wat daar uit naam van IS, waar hij toe behoorde, was gedaan. 'Hij kwam thuis en liet gelijk zijn telefoon zien. Hij liet mij een nieuwspagina zien en op die pagina stond dat IS een aanslag gepleegd had. Ik keek naar het gezicht van mijn man en zag boosheid en verontwaardiging. "Wij moslims moeten afstand nemen van zulk soort geweld of operaties," zei hij. "Het is niet van de islam om jezelf op te blazen. Zelfmoord, dat is verboden. Hoe kunnen deze mensen, die claimen moslim te zijn, dit doen? Hoe kunnen ze iets toegestaan verklaren terwijl God het verboden heeft? Dit is niet van de islam, een moslim doet dat niet", zou hij volgens haar hebben gezegd. Maar niet alleen zou Hicham zich volgens Saliha hebben uitgesproken tegen de aanslagen in het Westen. Hij zou ook hebben bekritiseerd hoe het er in Syrië aan toeging. 'De dag dat ze vrouwen als slavinnen hadden genomen hoorde ik hem echt hard praten tegen een andere man. Dat het niet normaal was en geen islam was. Seksslavinnen is geen islam. En verbranden (van de Jordaanse piloot) met vuur ook niet. Daar was hij echt boos om.' Of hij spijt had dat hij naar Syrië was gegaan, vraag ik haar. 'Ik weet het echt niet,' zucht ze, 'maar ik denk het wel, want hij zei altijd: "Deze mensen zijn echt geen moslims." Want ze deden dingen die in strijd waren met de islam.' Maar wat Hicham diep vanbinnen bezighield heeft Saliha nooit geweten. 'Hij sprak niet echt over zijn gedachten en gevoelens met mij. Soms ben ik echt boos op hem. Denk ik: waarom was je zo een boer? Hij sprak zo weinig.'

De vraag is hoe in die tijd de gesprekken verliepen tussen Hicham en zijn zwager, de broer van Saliha, die wel achter de gewelddaden van IS stond en die goedpraatte. Had hij als IS-lid tegen zijn zwager, die achtergebleven was in Nederland, verklaard dat de gewelddadigheden die in naam van IS gebeurden verkeerd waren? Of dikt Saliha de afkeurende reactie van haar man toch een beetje aan? Het is begrijpelijk dat zij zich inmiddels distantieert van IS. Maar heeft ze dat ten tijde van de gewelddadigheden die door IS waren gepleegd met evenveel overtuiging gedaan?

En zijn de uitspraken die zij nu doet niet vooral ingegeven door de angst dat zij zal worden gestraft voor het feit dat zij IS ooit heeft gesteund? En probeert zij de rol van haar man hierdoor niet te minimaliseren? Hoe hij ertegenaan keek heb ik Hicham nooit kunnen vragen aangezien hij begin 2016 omkwam.

DE THUISBLIJVERS

Verschillende vrouwen geven aan dat hun man op een gegeven moment niet meer wilde 'werken' voor ISIS, een eufemistische term, omdat ze het blijkbaar niet over hun lippen krijgen dat hun man in de rangen van IS had gestreden. Ook Saliha vertelt hierover. 'Dan kwamen die mannen aan de deur schreeuwen en ze namen hem mee, ik wist niet waar hij was. Had hij straf gekregen. In de woestijn, voor zo veel dagen.' Maar volgens Saliha was dit niet alleen haar man overkomen. De man van haar vriendin Latifa werd namelijk ook regelmatig opgehaald omdat hij niet wilde vechten. Of dat werkelijk heeft plaatsgevonden valt overigens niet te controleren. Maar het lijkt niet geheel onwaarschijnlijk dat westerse mannen die al een aantal jaren in Syrië waren op een gegeven moment steeds meer genoeg kregen van de heilige strijd en sommigen pogingen deden om zich eraan te onttrekken. Chazia vertelt hoe haar man langzaamaan afstand nam van IS en over de gevolgen die dat had voor haar gezin. 'Toen hij was gestopt begonnen mensen anders naar ons te kijken, begonnen over ons te spreken. Ze zeiden tegen mij: "Jouw man is een thuisblijver, waarom werkt hij niet, jullie zijn lafaards. Jullie hebben jullie rug gekeerd naar dit kalifaat."

In het begin had mijn man gezegd dat hij problemen met zijn ogen had, maar op een gegeven moment geloofden ze dat niet meer.'

DE DOORZETTERS

Omar, de man van Emina, daarentegen uitte zijn twijfels over IS nooit. 'Hij had het wel over de verrotte appels,' zegt ze. 'Dat waren degenen die de burgers onderdrukten, onschuldige mensen pijn deden.' Maar met de onthoofdingen die plaatsvonden leek hij niet zo veel moeite te hebben. 'Om eerlijk te zijn had ik daarover wel een meningsverschil met mijn man. Ik kon daar niet naar kijken. Ik vond altijd, en dat vind ik nog steeds, dat iedereen mans moet zijn om één op één te vechten. Verbranden, onthoofden, dat niet. En mijn man, hij zou het zelf niet gedaan hebben, dat weet ik zeker, maar hij zei er niets van. Toen er twee Turkse soldaten werden verbrand had hij wel zoiets van: het is overdreven. En de vriend van mijn man die zonder reden knock-out geslagen werd, op zulke momenten was mijn man wel echt aan het vloeken. Dan zei hij: "Wat voor mensen zijn dit die dit doen? Hoe kunnen ze dit doen?" Mijn man kon niet tegen onrechtvaardigheid.' Volgens Emina heeft Omar op straat nooit een onthoofding gezien in de periode dat hij in Syrië was. 'Maar hij keek wel naar die video's. Niet dat hij zo expliciet ging kijken, maar hij keek ze wel.' Of hij het eens was met de onthoofdingen zegt ze niet te weten. 'Maar hij was het er wel mee eens dat ze werden vermoord.' Hij was volgens haar zo geworden omdat hij er getuige van geweest was dat vrouwen en kinderen tijdens een droneaanval levend verbrand waren. Die dag was hij helemaal ontdaan thuisgekomen. Twee dagen lang had hij niets gegeten. 'Hij was zo bleek. En hij herhaalde: "Ik haat ze, ik haat ze, dat ze hun dit aandoen." Maar als iemand was opgehangen of vermoord zonder goede reden, dan was hij daar zwaar op tegen,' merkt ze droog op. Emina is ervan overtuigd dat Omar nooit heeft meegedaan aan de gewelddadigheden van IS omdat hij volgens haar tegen nodeloos geweld was. 'Ik had op een gegeven moment heel veel mieren in de keuken. En ik had gekookt en ik had een hele hete pan. En ik dacht: die mieren laten mij niet met rust, en toen had ik die pan op hen gezet. En mijn man die zag het en die zei. "Wat? Ben je dom? Hoe kan je zo harteloos zijn? Dood ze dan gewoon op een normale manier."' Emina zegt te weten dat Omar vlak na zijn aankomst in Syrië in een trainingskamp had gezeten. En ze weet ook dat hij aan het front heeft gevochten. 'En tuurlijk, als de Koerden zouden komen of het leger van Assad, dan was hij voorbereid om te schieten. Maar ik weet van mijn man dat hij niemand zou onthoofden. Dat weet ik gewoon honderd procent zeker.'

Er waren andere mannen die niet twijfelden en die na de val van Raqqa met hun gezin van dorp naar dorp trokken, beschutting zoekend voor de bombardementen. Zo was het in het geval van Mehdi, de man van Alina. 'Hij vertelde nooit wat over zijn werk. Ik vroeg er wel naar, maar dan zei hij dat het voor mijn veiligheid beter was dat ik niets wist.' Toch kwam het Alina op een gegeven moment ter ore dat Mehdi en de mannen waar hij zich mee omringde kritiek hadden op IS. 'Ik moest heel vaak voor mijn man en zijn vrienden koken, en ik hoorde ze spreken over wat er in ISIS gaande was en dat ze het er niet mee eens waren. Twee van hen zijn zelfs door IS is geëxecuteerd omdat ze er openlijk over spraken. Want ook al beweerde ISIS dat ze van de islam waren, ze waren het alles behalve.' Waarom bleven jullie dan toch, vraag ik haar. Was het Mehdi die niet weg wilde of waren er andere redenen? 'Mijn man zei me dat zodra de kalief iets deed wat tegen de islam was hij afstand zou nemen van de Staat.' Maar Mehdi heeft uiteindelijk nooit afstand genomen. 'Misschien dacht hij dat het beter was om geduld te hebben.'

VERMOORD DOOR ISIS

Zowel Rabia als Saliha vertelde dat haar man meerdere keren gestraft en mishandeld werd door IS. Uiteindelijk is Hicham, de man van Saliha, volgens haar door IS vermoord. 'Voordat ze hem vermoord hebben kreeg hij al heel veel straf. Opeens in de woestijn voor zo veel dagen, voor straf. Ik denk dat ze dat deden omdat hij niet luisterde naar hun bevelen.' Ali, de man van Rabia, werd ook regelmatig gestraft omdat hij zich niet aan de regels hield. Hij bleef uiteindelijk noodgedwongen achter bij IS, nadat hij Rabia en een andere vrouw had helpen ontsnappen. Hij probeerde een derde vrouw die IS wilde ontvluchten te helpen, maar hij werd betrapt en wekenlang opgesloten in de woestijn. Toen Rabia al in een kamp in Noord-Syrië zat, bevond hij zich nog steeds in het IS-gebied en vreesde voortdurend voor zijn leven. Rabia was bang dat ze hem zouden vermoorden. Ali's beste vriend was volgens haar eveneens vermoord door IS omdat hij kritiek zou hebben geuit op de gang van zaken en ook de man van Chazia was vermoord omdat hij zich niet meer kon verzoenen met wat ze deden. 'Wat mijn man mij allemaal vertelde, dat was onmenselijk en uiteindelijk is dat ook met hem gebeurd omdat hij hun de rug had toegekeerd. Hij werd gedood omdat hij tegen hun ideologie was. En omdat hij mensen probeerde te overtuigen om zich tegen hun ideologie te keren. Hij probeerde om mensen te overtuigen om de ideologie van ISIS te verlaten door te zeggen dat zij niet de waarheid waren. En toen ze dat doorhadden, hebben ze hem opgepakt en vermoord.' Hoewel Chazia nooit zal kunnen vergeten wat haar man is overkomen, zegt ze trots te zijn op hem omdat hij opstond tegen IS. 'Mijn man en veel van zijn vrienden zijn opgestaan tegen het onrecht van ISIS. Veel hebben dat niet gedurfd. Ik vind dat chapeau. ISIS deed zo veel afschuwelijke dingen en velen zeiden geen woord. Want als je een woord zei werd je vermoord, meteen. Dus chapeau voor mijn man en zijn vrienden die zijn opgestaan tegen Dawla. Die gevochten hebben tegen deze moordenaars. En die hun leven hebben gegeven om hun fout goed te maken. Die hun leven hebben gegeven om deze moordenaars op hun plaats te zetten. De grootste schrik die ze bij IS hadden was niet dat ze van buitenaf bevochten werden maar dat mensen van binnenuit hun rug naar hen toekeerden. En dat heeft mijn man gedaan, en daar ben ik trots op.'

De zondige verleiding

SEKS IN HET KALIFAAT

Ibrahim en ik staren met open mond naar de foto's in de mailbox van zijn zoon Mounir. We kijken met verwondering naar meisjes die in niets verhullende lingerie wulpse poses aannemen. 'Kk geillll... meer,' schrijft Mounir. 'Haha nee,' antwoordt de dame in kwestie, die zich toch een beetje ongemakkelijk lijkt te voelen. 'Jawel,' probeert Mounir het nog eens. 'Ik ga zware pagga slaan' (straattaal voor: ik ga masturberen). 'Liefje, meeeer.' Het zijn niet meteen de gesprekken die je verwacht aan te treffen in de mailbox van een jihadstrijder. Mounir is op dat moment ongeveer een jaar in Syrië. Naast alle foto's die hij openlijk op Facebook post, waarbij hij vaak tot de tanden toe gewapend in gevechtskledij poseert, behoren deze conversaties tot zijn geheime leven in het kalifaat. Het lijken de wanhopige pogingen van een jonge man die het keurslijf waarin hij moet leven even probeert te ontvluchten door in de nachtelijke uurtjes op zoek te gaan naar een beetje vermaak.

Maar het is niet het enige moment dat ik op dergelijke teksten stuit. Ook in tapverslagen die ik onder ogen krijg van strijders die met hun achtergebleven vriendinnen praten, valt op dat deze gesprekken meestal niet over het geloof gaan maar veeleer over seks. Zo vertelt een strijder af en toe wel eens over wat ze meemaken aan het front en maakt hij zijn vriendin mededeelgenoot wanneer hij iemand vermoord heeft, maar vraagt hij tijdens een van hun telefoongesprekken evengoed of ze een sexy latex pakje wil kopen wanneer ze naar Syrië komt. Zij is hier duidelijk niet van gediend en vraagt hem waarom hij weer met zijn bizarre dingen begint. Wellicht heeft hij te veel naar pornofilms gekeken. Maar de jonge man laat zich niet van de wijs brengen. Hij vertelt haar wat hij op seksueel vlak van haar verwacht als ze eenmaal in Syrië zal zijn. Hij zegt te hopen dat hij anale seks met haar kan hebben. Hij wil haar bruut nemen, zo zegt hij, zodat ze op het einde uitgeput is en ze niet meer kan lopen.

Maar niet alleen mannen proberen vrouwen te overdonderen met hun seksuele voorstellen. Jonge vrouwen die verliefd zijn op een strijder die naar Syrië is vertrokken proberen op hun beurt via seksualiserend gedrag de aandacht van de jonge mannen te trekken. 'Ik heb een mooie set lingerie gekocht,' vertelt een jonge vrouw aan de strijder met wie ze in Syrië hoopt te trouwen. 'Hmm, heel sexy dus,' antwoordt hij en informeert naar de kleur. 'Het ziet er prachtig uit,' antwoordt zij. 'Zwart met beige bloemen, en zwarte kant. Heel sexy.' De jonge man, die op dat ogenblik gewond is, zegt dat hij haar mist en dat hij op haar wacht. Wanneer ze samen zijn gaan ze veel tijd doorbrengen en alles doen om het elkaar naar de zin te maken. Ook de gesprekken tussen een andere vrouw en haar man gaan over wat ze samen willen gaan doen als zij eenmaal in Syrië is. 'Ik heb heel veel lingerie mee voor jou,' zegt ze. 'Mijn haar gaat mooi zijn. Ik ga heel mooi zijn. Maar we gaan wel veel praten hè, met elkaar?' informeert ze voorzichtig. Haar man stelt haar gerust. 'Maak je geen zorgen,' zegt hij, 'we gaan de eerste dagen met elkaar doorbrengen.'

Over het seksuele leven van de IS-strijders en hun vrouw(en) is maar weinig bekend. Wel is er een omvangrijke literatuur waarin het seksleven van soldaten in oorlogssituaties wordt beschreven en waaruit blijkt dat deze vaak moegestreden mannen na de strijd meestal op zoek gingen naar seksueel genot.[44] Veel oorlogen gingen gepaard met seksueel geweld tegen vrouwen. Dit varieerde van massale verkrachting tot bordelen voor militairen waarin vrouwen stelselmatig misbruikt werden. In veel oorlogen werd verkrachting als wapen ingezet. En tijdens de Tweede Wereldoorlog maakte het Japanse keizerlijk leger gebruik van 'troostmeisjes', die dienstdeden als seksslavinnen voor de soldaten.[45]

George Hicks beschrijft in zijn boek *The Comfort Women* hoe seks in oorlogssituaties vaak werd ingezet als middel om de stress van soldaten te verlichten.[46] Sommige van de soldaten waren arme zielen die door hun commandanten naar de vrouwen werden gestuurd om hun geest aan te moedigen en hun geluk te verhogen vooraleer ze op een zelfmoordmissie werden gestuurd. Brigitte Ars schrijft dat militairen seks nodig hadden om hun gedachten (weliswaar kortstondig) af te leiden van de strijd. De dood lag altijd op de loer en het gevoel 'nog één keer lust en liefde te voelen als de dood nabij was' komt in veel getuigenissen van militairen in diverse oorlogssituaties voorbij.[47]

Kruglanski omschrijft IS als een organisatie die het strategisch gebruik van seks omvormde in een goed geoliede machine die strijders opleverde.[48] Jonge, vaak seksueel gefrustreerde mannen werd in ruil voor hun moed het seksuele paradijs op aarde beloofd: er waren bruiden die stonden te trappelen om met hen te trouwen, verkrachting van ongelovigen was geoorloofd. Met name jezidivrouwen werden als seksslaven verhandeld, maar er waren ook berichten dat gevangengenomen Irakese vrouwen gedwongen werden tot seksslavernij in bordelen gerund door vrouwelijke jihadisten[49] en er werden fatwa's uitgevaardigd die seksuele jihad toelaatbaar achtten (de zogeheten *jihad al-nikah*).[50] Strijders werd het martelaarschap in het vooruitzicht gesteld, met zeventig maagden in het paradijs als de ultieme beloning, mochten zij omkomen in de strijd of tijdens een zelfmoordaanslag. Ten slotte werd tijdens de oorlog in Syrië bekend dat er een huwelijksbureau was voor vrouwen die een strijder wilden trouwen. Het opereerde vanuit Al-Bab, een plaatsje in het noordelijke Syrische gouvernement Aleppo, dat in handen was van Islamitische Staat. Volgens het Syrisch Observatorium voor de Mensenrechten was de koppelingsservice speciaal opgezet voor vrijgezelle vrouwen en weduwen die een strijder van Islamitische Staat wilden trouwen.[51] Maar er verschenen ook berichten dat jonge meisjes via jihadistische datingssites met ronkende namen als Jihadi Matchmaking naar Syrië werden gelokt.[52]

Judit Neurink, die al vele jaren als journaliste in het Midden-Oosten werkt, besteedt in haar boek *De vrouwen van het kalifaat* aandacht aan het seksuele leven van IS-strijders en hun vrouw(en). Ze schetst een ontluisterend beeld van de onzichtbare werkelijkheid in het kalifaat, waar in het verborgene volgens haar aantrekkingskracht, lust en seks een grote rol spelen. Terwijl in de regio gearrangeerde huwelijken tot veel ongeluk, onvrede en buitenechtelijke relaties leiden, is seks – het liefst veel en vaak – enorm belangrijk, zo schrijft ze.[53] Aan de ene kant heb je een samenleving waar zoveel *ayba* (verboden) is, aan de andere kant is er de stiekeme lust, de porno, de viagra. IS komt voort uit deze samenleving: uit een schaamtecultuur waarin iedereen op elkaar let, elkaar bekritiseert en waar het een sport is om onder de radar toch te doen waar je zin in hebt.[54] Neurink beschrijft hoe de regels wat betreft het dragen van de nikab tijdens de oorlog verscheidene malen aangescherpt zijn, waarbij er steeds een laagje textiel bijkwam. Tegelijk vermoedt zij dat er onder de toonbanken van de winkels in het kalifaat wel degelijk pikante setjes te koop waren die de strijders voor hun vrouwen graag kochten. 'Voor een huisvrouw in het kalifaat moet het opwindend zijn om zo'n setje aan te doen onder haar zwarte jurk. En dat geldt voor de man die het weet natuurlijk evenzo.'[55] Maar met bewijzen om haar beweringen te staven komt ze niet, alleen met aanwijzingen.

ONGEMAKKELIJKE GESPREKKEN

Het boek van Judit Neurink en de tapgesprekken tussen strijders en hun vriendinnen zetten me ertoe aan te proberen meer te weten te komen over het seksleven van de IS-strijders en hun vrouwen. Waren er onder de strijders werkelijk van die bronstige types te vinden geweest die in de winkels op zoek gingen naar een pikant lingeriesetje voor hun in nikab gehulde vrouw, vroeg ik me af. Gebeurde er in die samenleving waar op seksueel gebied bijna alles verboden was inderdaad van alles in het verborgene?

Of kunnen we wat Neurink schrijft naar het rijk der fabelen verwijzen?

Getriggerd door wat ik had gelezen begin ik de vrouwen, waar ik ondertussen al zo lang contact mee heb dat ik wel over dit onderwerp kan beginnen, vragen te stellen over hun seksleven in het kalifaat. De gesprekken beginnen meestal wat giechelig en een aantal zegt meteen dat ze daar niet over willen praten aangezien dit iets is wat tussen man en vrouw moet blijven. Er zijn er ook aan wie ik die vraag niet eens durf te stellen omdat ik weet dat ik ze daarmee in verlegenheid zou brengen. Maar een paar van hen willen wel een tipje van de sluier oplichten van wat zich in het kalifaat op dit terrein heeft afgespeeld.

'Mijn man bracht geen lingeriesetjes voor me mee,' zegt Saliha, 'dat was echt niets voor hem. Een spijkerbroek en een T-shirt was meer zijn stijl. Maar ik kocht ze wel.' In het begin van de oorlog konden vrouwen overal in Syrië terecht in de zogeheten 'lingeriehuizen'. 'Het waren privéhuizen en van de buitenkant was niet zichtbaar dat daar lingerie werd verkocht, maar iedereen wist ervan,' zegt Amanda. Aanvankelijk werd lingerie door mannen verkocht, maar de buitenlandse strijders waren daartegen in opstand gekomen. Korte tijd daarna verschenen overal in Raqqa deze zogeheten 'vrouwenwinkels', gerund door vrouwen. Mannen mochten er niet komen en wat er te koop was werd aan het zicht onttrokken door dikke gordijnen, waardoor nieuwsgierigen niet naar binnen konden gluren. Maar iedereen wist dat ze er waren en het werd oogluikend toegestaan, ook door de Hisba, de islamitische religieuze politie. 'Dat was gewoon toegestaan,' zegt Saliha. 'Doe lekker gek thuis. Je zou je dood schrikken als je daar naar binnen zou zijn gegaan. Het leken wel seksshops zoals in Nederland. Je kon er alles kopen, snoepondergoed, smaakjes, glitterparfum en meer van die gekke dingen.'

Maar daarnaast kwamen er ook vrouwen langs de deuren die lingerie en andere seksattributen te koop aanboden. 'Dan werd er aangeklopt en dan stond er een Syrische vrouw met een hele grote tas voor de deur. Die vroeg dan of ze naar binnen mocht komen om te laten zien wat ze bij zich had.' 'En dan kwam er allemaal gekke lingerie tevoorschijn, met steentjes en belletjes,' vertelt Saida. 'Ze verkochten ook van die schoenen met van die hele hoge hakken en make-up. En van die gekke chocolade dat je 24 uur zin had.' De enige plek waar ik dat eerder had gezien, zo vertel ik haar, is op de Wallen in Amsterdam. 'Dan waren wij net als hoeren,' reageert zij vol afgrijzen. 'Als ik je alles zo vertel, hoe het gegaan is, dan krijg ik echt het gevoel dat we in een groot bordeel hebben geleefd.'

Pornofilms waren er, voor zover de vrouwen bekend, niet te koop in het kalifaat. 'Porno is verboden voor moslims,' zegt een van de vrouwen. 'En IS beweerde toch dat ze zulke goeie moslims waren. Dan gingen ze dat echt niet toestaan.' 'Maar er waren vast mensen die zulke dingen stiekem deden, die dat downloadden van het internet en het dan stiekem thuis keken,' zegt een andere.

Veel van de mannen hadden voor hun toetreding tot IS een liederlijk leven geleid waarin seksualiteit vrij toegestaan was, maar dat was tijdens de periode dat zij het licht hadden gezien anders geworden. Toen was seks buiten het huwelijk ineens haram, verboden. Het kan bijna niet anders dan dat dit moet hebben geleid tot seksuele frustraties, schrijft Neurink. Dat zou goed kunnen en in ieder geval speelden de leiders van IS er handig op in om mannen via de belofte van seks naar Syrië te lokken.

Maar ook de vrouwen, en met name de bekeerlingen, hadden in veel gevallen al een leven achter de rug waarin zij door seksualiserend gedrag de aandacht van mannen hadden proberen te trekken maar waarin kuisheid een van de belangrijkste deugden was geworden nadat zij het licht hadden gezien. Velen waren mannen achterna gereisd om een huwelijk met hen aan te gaan. Maar een van de eerste teleurstellingen waar ze in Syrië vaak mee te maken kregen was dat hun mannen vervolgens nog met andere vrouwen trouwden, hoewel dat voor sommige makkelijker te verteren leek dan voor andere. Zo waren sommige vrouwen, die dezelfde echtgenoot deelden, bevriend met elkaar en bleven zij samen wanneer hij gesneuveld was. Maar anderen wisten niet hoe snel ze zich konden verlossen van die andere vrouw(en) nadat hun man eenmaal gesneuveld was.

Sommige vrouwen noemen het feit dat hun man met meerdere vrouwen getrouwd was 'een gevoelig onderwerp' en vragen mij om dit vooral niet met hun familie te delen. Evenals bij veel andere onderwerpen vertellen ze de achterblijvers vaak niet wat zich op dit gebied in Syrië afspeelde. Toen Nora aankwam in Syrië en trouwde met Mohamed vertelde ze niet aan haar vriendin, die in Nederland was achtergebleven, dat Mohamed al een andere vrouw had. Die andere vrouw die bij haar in huis woonde was zogenaamd een vriendin wier man net gesneuveld was en die zij tijdelijk onderdak bood. Ik merkte dat vrouwen die getrouwd waren geweest met een man die er verschillende vrouwen op na hield dat een moeilijk kwestie hadden gevonden die nu eenmaal bij de beproevingen hoorde. Voor andere vrouwen is de kwestie om hun man met andere vrouwen te delen totaal onbespreekbaar. Maar de vraag is wat zij hadden kunnen doen als hun man zijn zinnen op een andere vrouw had gezet. Aangezien er niets anders op zat dan te gehoorzamen hadden zij waarschijnlijk weinig mogelijkheden gehad om daartegen in te gaan. Opmerkelijk in dit verband is voorts hoeveel vrouwen geslagen werden door hun man. Maar ook dat leek er een beetje bij te horen en er tegenin gaan leek al helemaal niet tot de mogelijkheden te behoren. 'Wat moet je dan?' zegt Saida. 'Gehoorzamen aan een man, dat is onze cultuur. Mijn vader had ook losse handjes, maar mijn moeder slikte dat gewoon, mijn tantes ook. Ik ben zo opgegroeid.'

In deze ingewikkelde context was het voor weduwen lastig om een geschikte man te vinden. Toch werd het huwelijk voortdurend aangemoedigd en vooral vrouwen die in een van de madafa's terecht waren gekomen, werd ingeprent dat ze beter konden trouwen. 'Dan werd er gezegd dat je man bij zijn maagden in het paradijs was en toch niet meer aan je dacht,' zegt Saliha. Zij vertelt over Priscilla, een bekende uit Nederland, die ze slechts oppervlakkig kende. De vrouwen hadden elkaar nooit gesproken maar toen Saliha weduwe geworden was bleek Miro, de man van Priscilla, met haar te willen trouwen. 'Maar ik wilde geen man delen en ik wilde toen al weg, dus ik wilde niet hertrouwen. En ik hoorde dat hij losse handjes had. Hij stond echt vaak "toevallig" voor mijn deur.' De mannen kenden elkaar allemaal en Miro had gehoord dat Saliha uit haar rouwperiode was en dus beschikbaar voor een huwelijk. Hij zag haar wel eens langslopen in haar nikab toen hij rondhing in de buurt. 'Toen had hij gezegd tegen David (de man van de vriendin van Saliha) dat hij fantaseerde over mij. Dat hij fantaseerde hoe ik met hoge hakken nog langer zou zijn. David was toen heel boos geworden, heb ik gehoord. Het is toch echt raar om zoiets te zeggen. Dat je fantaseert over de vrouw van je vriend die dood is.' Er heeft uiteindelijk nooit een gesprek plaatsgevonden tussen Saliha en Miro. 'Ik heb ook nooit zijn gezicht van dichtbij gezien. Ik weet dat hij lang zwart haar had, meer niet. Dan stond hij gewoon te praten met zijn vrienden en als ik dan langskwam ging hij hulp aanbieden om de boodschappen te dragen.' Ook Fatiha heeft wel eens meegemaakt dat ze een seksueel getinte opmerking kreeg van een man die haar in nikab over straat had zien lopen. 'Ik heb ooit te horen gekregen van een man dat hij echt na ging denken hoe ik eruitzag als hij me op straat zag lopen met mijn kinderen,' vertelt ze. '"Als ik je zie lopen," zei hij, "kijk ik naar je kinderen en hoop ik daar van op te kunnen maken hoe je eruitziet. Maar bij jou is dat lastig want je kinderen zijn allemaal zo verschillend."'

De vrouwen die later allemaal bij elkaar zaten in de kampen in Noord-Syrië maakten er wel eens grapjes over dat ze het zo moeilijk vonden om het zo lang uit te zingen zonder man. De enige mannen die in het kamp rondliepen waren de Koerdische bewakers en soldaten, maar daar viel niet veel lol mee te beleven, zegt Saliha. Volgens haar waren het allemaal kleine, dikke, besnorde types. Er deden wel verhalen de ronde dat er af en toe eens een soldaat betrapt was in een tent bij een van de vrouwen, maar dat bleef bij geruchten. Tot Chazia mij vertelt over haar relatie met een Koerdische soldaat. Het verliefde stel had het nooit aangedurfd om elkaar stiekem te ontmoeten omdat het risico te groot was. Voorlopig bestond hun relatie uit het zoeken van oogcontact en het gooien van handkusjes. Ook hadden ze telefoonnummers uitgewisseld en maakte

Chazia zich 's avonds in haar tent op en liet ze zich door een andere vrouw fotograferen in pikante poses. De foto's stuurde ze dan via WhatsApp naar haar geliefde. Hij stuurde op zijn beurt foto's van zichzelf naar haar. Ze hoopten dat ze ooit een keer samen zouden kunnen zijn. Maar voorlopig bleef dat alleen maar bij een droom.

Waarom ze het kalifaat ontvluchtten

De dreiging van de terugkeerders

De redenen waarom mannen en vrouwen zich hadden aangesloten bij de gewapende strijd in Syrië waren divers, evenals de redenen waarom zij uiteindelijk terugkeerden naar de landen die zij eerder de rug hadden toegekeerd. Naarmate de oorlog in Syrië vorderde nam het aantal terugkeerders gestaag toe. Van de vijfduizend Europeanen die naar Syrië en Irak vertrokken waren, waren er in 2018 1500 teruggekeerd. De meesten van hen kwamen terug in 2013, 2014 en begin 2015.[1]

Terugkeren uit het oorlogsgebied was steeds een helse onderneming geweest. Als iemand erin geslaagd was, was dat meestal wekenlang voorpaginanieuws. Zo werd de terugkeer van Syriëstrijder Jejoen Bontinck, die in oktober 2013 met de hulp van zijn 'heldhaftige' vader teruggekeerd was uit Syrië, wekenlang wereldnieuws, totdat bleek dat de vader het verhaal van de ontsnapping van zijn zoon voor een belangrijk deel bij elkaar had gelogen. En ook jihadbruid 'Aicha' haalde de wereldpers toen zij in november 2014 Syrië ontvluchtte. Er verschenen heldhaftige verhalen over haar moeder die, gehuld in een nikab, eigenhandig haar dochter uit Raqqa zou hebben gehaald. Tot bleek dat haar moeder nooit een voet in Syrië had gezet, maar in een hotel in Turkije bang had zitten afwachten of haar dochter erin zou slagen de grens over te steken.

Anno 2019 weten we dat er zestig uitreizigers vanuit het strijdgebied teruggekeerd zijn naar Nederland en honderd naar België. Van de Nederlanders die het kalifaat ontvlucht zijn, verbleven er op dat ogenblik 55 in Syrisch-Koerdische kampen of in detentie.[2] Hoeveel Belgen er in de Syrisch-Koerdische kampen of in detentie verbleven is onduidelijk.

DE DREIGING

De enorme hoeveelheid strijders die zich aangesloten had bij de strijd in Syrië en Irak heeft altijd tot grote bezorgdheid geleid over wat er zou gebeuren als zij weer terug zouden keren naar hun landen van herkomst.[3] De angst, AIVD-topman Rob Bertholee zei het al begin 2013, had meestal te maken met het feit dat de strijders waarschijnlijk gevechtservaring hadden opgedaan. Maar daarnaast vreesde men dat zij wellicht deel zouden kunnen uitmaken van wereldwijde terreurnetwerken en als veteranen invloed zouden kunnen hebben op nieuwe rekruten. Het grootste deel van het debat ging erover hoe deze gevaren zouden kunnen worden ingeperkt.

David Malet heeft veel geschreven over strijders die zich door de geschiedenis heen bij allerlei gewapende conflicten hebben aangesloten en die uiteindelijk terugkeerden naar hun landen van herkomst.[4] Er bestaat historisch materiaal van ongeveer honderd civiele oorlogen sinds de late 18de eeuw en er is veel bewijsmateriaal uit tientallen cohorten van buitenlandse strijders. De consensus dat uit het bestaande onderzoek naar voren komt is dat heel weinig buitenlandse strijders na hun terugkeer deelnamen aan militante activiteiten, maar er zijn natuurlijk een paar beroemde tegenvoorbeelden.⁵

De eerste alarmbellen begonnen in het Westen te rinkelen toen Noord-Afrikaanse veteranen van de strijd in Afghanistan terugkeerden naar huis om deel te nemen aan aanslagen tegen het regime in Egypte en Algerije in 1992-1995. En ook de hardekernleden van Al-Qaeda, waaronder Osama bin Laden, waren veteranen van de oorlog in Afghanistan.⁶ De aanslag door Mehdi Nemmouche in juni 2014 op het Joods Museum in Brussel was de eerste gepleegd door een individu die specifiek uit Syrië was teruggekeerd met de bedoeling om in Europa toe te slaan.⁷ En een ander voorbeeld waar vaak naar verwezen wordt, zijn de aanslagplegers in Parijs in november 2015 en in Brussel in maart 2016. Onder hen waren er verschillende mannen die in Syrië hadden gestreden. Zij hadden blijkbaar een netwerk opgezet in Europa, dat hielp bij het coördineren en uitvoeren van terroristische aanslagen.⁸

Maar ondanks deze geruchtmakende voorbeelden keerden buitenlandse strijders door de geschiedenis heen in de meeste gevallen gewoon terug naar huis en leverden ze weinig veiligheidsrisico's op.⁹ Coolsaet en Renard laten zien dat Europeanen zich door de eeuwen heen vaak hebben aangesloten bij gewapende conflicten in het buitenland. In de meeste gevallen kwamen ze echter niet in groten getale terug of had hun terugkeer nauwelijks impact. Dat laatste geldt ook voor hedendaagse jihadisten die terugkwamen uit Afghanistan, Somalië of Jemen.¹⁰

Maar ondanks deze vrij geruststellende analyses vanuit de literatuur waarschuwt de AIVD al vanaf het begin van het vertrek naar Syrië voor de gevaren van terugkeerders. Met name degenen die lange tijd in het strijdgebied hebben verbleven, worden het meest gevreesd. In zijn rapport *Terugkeerders in beeld* (2017) schreef de dienst te verwachten dat van de mannen die vanaf die periode terugkeerden een grotere dreiging uitging dan van degenen die voorheen waren teruggekeerd. Ze waren namelijk langer in het strijdgebied gebleven, hadden wellicht wapentraining gekregen, strijdervaring opgedaan en hadden mogelijk gebouwd aan hun jihadistisch netwerk. Van iedere terugkeerder afzonderlijk moest volgens hen worden vastgesteld hoe groot de dreiging was die van hem of haar uitging en wat er nodig was om die dreiging het hoofd te bieden.[11]

Ook vrouwen die vanaf dat moment terugkeerden zouden een grotere dreiging vormen dan de vrouwen die voordien waren teruggekeerd. In zijn rapport *Jihadistische vrouwen, een niet te onderschatten dreiging* beschreef de AIVD de rol die vrouwen speelden binnen de jihadistische beweging. Volgens de dienst waren jihadistische vrouwen in veel gevallen minstens zo toegewijd aan het jihadisme als mannen. Vrouwen vormden volgens hen een dreiging voor Nederland doordat zij anderen wierven, propaganda produceerden en verspreidden en geld inzamelden. Bovendien indoctrineerden ze hun kinderen met het jihadistisch gedachtegoed. Volgens de dienst vormden zij een essentieel onderdeel van de jihadistische beweging, zowel in Nederland als in het strijdgebied in Syrië en Irak.[12]

Het Belgische Coördinatieorgaan voor Dreigingsanalyse (OCAD) was een stuk optimistischer over de dreiging die van mogelijke terugkeerders uitging. Van de honderd terugkeerders beschouwde het maar een kwart als een ernstig terroristisch gevaar. Bij de vrouwelijke terugkeerders betrof het zelfs maar tien procent. Volgens OCAD-directeur Paul Van Tigchelt schuilde het grootste gevaar in de hoek van geradicaliseerden die nooit waren vertrokken en vaak niet eens directe contacten hadden gehad met een terroristische groep.[13] Hoe groot het gevaar van terugkeerders is zal echter de komende decennia moeten blijken. Alle geruststellende analyses ten spijt valt eenvoudigweg nooit te voorspellen wie op welk moment toe kan slaan. Daarvoor is terrorisme nu eenmaal te onvoorspelbaar.[14]

Waarom mensen terroristische organisaties verlaten

Er bestaat veel literatuur over de redenen waarom mensen zich aansluiten bij terroristische organisaties. Waar veel minder over bekend is, is waarom zij deze organisaties uiteindelijk weer verlaten. John Horgan is een van de weinigen die hier jarenlang onderzoek naar heeft gedaan. Hij toont aan dat er geen duidelijke oorzaken zijn waarom mensen terrorisme achter zich laten. Uittreding blijkt een complex sociaal psychologisch proces dat niet voor iedereen op dezelfde manier werkt.[15] De vraag waarom sommigen in gelijkaardige omstandigheden terrorisme wel vaarwel zeggen en anderen niet heeft volgens hem veel te maken met de persoonlijke aanleg van de betrokkenen.[16] Bovendien lijkt het uiteenspatten van een romantische droom een consistent thema te zijn in de verhalen van mensen die terroristische organisaties hebben verlaten.[17] Ook de studies die reeds gedaan zijn over strijders die IS de rug hebben toegekeerd gaan veelal uit van 'teleurstelling' en 'desillusie'.[18]

Er zijn wel triggers, zo laat Horgan zien, die ertoe lijken te leiden dat mensen afstand nemen van terrorisme. Triggers die wij in de verhalen van de mannen en vrouwen die in dit boek centraal staan eveneens aantroffen. Zo vertelden sommigen dat zij, net zoals Horgan beschreef, nooit helemaal overtuigd waren geweest van hun ideaal en dat er bij hen altijd wel enige mate van twijfel was geweest. Geconfronteerd met het oorlogsgeweld waren zij degenen die als eerste besloten om terug te keren. Daarnaast bleek dat sommigen met verkeerde verwachtingen waren vertrokken. Uit de onderzoeken van Horgan kwam naar voren dat sommigen, die waren gegaan met de intentie om de burgerbevolking bij te staan in een land in oorlog, vaak geconfronteerd werden met een andere realiteit dan ze van tevoren hadden verwacht. Zo zagen ze bijvoorbeeld dat de bevolking die ze wilden helpen niet zozeer door het Westen werd belaagd maar dat er een onderlinge strijd gaande was, waarbij moslims andere moslims vermoordden. Een van de informanten van Horgan die in Afghanistan had gevochten vertelde wat rekruten was voorgespiegeld voor ze zich aansloten bij de gewapende strijd en de schok die zij ervoeren wanneer zij geconfronteerd werden met de methoden van Al-Qaeda.[19] In veel van de verhalen die strijders vertelden kwam naar voren dat er een groot verschil was geweest tussen wat zij van tevoren hadden verwacht en hoe het er feitelijk aan toeging in het oorlogsgebied.[20] Het is deze keiharde ontnuchtering die ook jonge mannen en vrouwen die in dit boek aan het woord komen, ervoeren waardoor zij afstand deden van IS.

In hun boek *ISIS Defectors: Inside Stories of the Terrorist Caliphate* laten Speckhard en Yayla op basis van de verhalen van mannen, vrouwen en kinderen, die ISIS de rug hadden toegekeerd, zien dat degenen die zich hadden aangesloten bij ISIS in eerste instantie sympathie hadden voor de organisatie. Zo werd gewaardeerd dat zij hun de islam bijbrachten. Ze leerden hun hoe ze moesten bidden en vasten, hoe zij aan liefdadigheid konden doen, waarom vrouwen zich moesten bedekken, en waarom het noodzakelijk was om naar de moskee te gaan. Maar uiteindelijk kregen ze zo veel afkeer van wat ze zagen en raakten zij zo teleurgesteld dat ze de organisatie ontvluchtten.[21] Met name het barbaarse geweld tegen onschuldigen ging voor velen te ver. Peter Neumann, die een database bijhield van mannen en vrouwen die IS hadden verlaten, komt eveneens tot de conclusie dat de extreme wreedheid en geweld van IS hen de organisatie de rug had doen toekeren.[22] De manier waarop er binnen de groep werd omgegaan met de vanzelfsprekendheid van geweld plantte bij sommigen de zaadjes die uiteindelijk zouden leiden tot hun *disengagement*. Bij de mannen en vrouwen die het onderwerp uitmaken van dit boek deed het geweld dat zij om zich heen zagen maar ook het geweld waar zij zelf of hun naasten het slachtoffer van werden hen beseffen waar IS voor stond. Uiteindelijk leidde dit ertoe dat zij de organisatie verlieten.

Familieleden, vooral moeders, speelden volgens Neumann vaak een belangrijke rol bij het overtuigen van strijders om IS te verlaten. Wanneer strijders kort na aankomst contact opnamen met hun familie, op momenten dat ze eenzaam waren, geen vrienden in hun nabijheid hadden, en mentaal en fysiek niet voorbereid waren op de ontberingen van de oorlog, wat het geval was bij de meesten, kon dat tot een keerpunt leiden. Het feit dat ze hun vader of moeder hoorden huilen aan de telefoon was voor velen een aanleiding om Syrië te verlaten.[23] Daarnaast raakten velen gedesillusioneerd en teleurgesteld door de corruptie, het falend leiderschap, ongenoegen over de strategie, en het idee oneerlijk behandeld te worden.[24]

Bovenkerk, die het verlaten van terroristische organisaties vergeleek met het verlaten van sektes, laat zien dat mensen uittraden omdat zij teleurgesteld waren in de ideologie of het gedrag van hun leiders. In sektes zagen zij bijvoorbeeld hoe de leider zich verrijkte of hoe deze zijn machtspositie seksueel exploiteerde. In trainingskampen namen leerlingen waar hoe hun voorlieden zich uit persoonlijk winstbejag bezighielden met criminaliteit, en in de madrassa's die fungeerden als leerscholen van de radicale islam werden leerlingen wel eens seksueel misbruikt.[25]

Een ander aspect dat vaak werd gehekeld was de hypocrisie van ISIS. Vaak werd tijdens de gesprekken gezegd dat wat ISIS deed niet islamitisch was en dat zij bepaalde passages uit de Koran selecteerden en die naar hun hand zetten naargelang het hun uitkwam. Ook werd het voorbeeld gegeven van ISIS-leden die rookten maar forse lijfstraffen uitdeelden wanneer ze zagen dat anderen dat ook deden. Tabak werd soms in beslag genomen en in sommige gevallen tegen een hogere prijs doorverkocht aan anderen. Neumann wijst op de totale mismatch tussen de woorden en daden van IS, die velen de organisatie de rug deed toekeren.[26] Hij noemt verder de corruptie, die in tegenspraak was met de ideologie van IS en het feit dat de leden van IS zich onislamitisch gedroegen.[27]

Een klein maar significant deel van de informanten van Neumann was teleurgesteld over de levensomstandigheden onder IS. Westerlingen vonden het moeilijk om om te gaan met de schaarste, maar er waren maar weinigen die toegaven dat dit de reden was dat ze IS hadden verlaten. Hieraan gerelateerd waren sommigen teleurgesteld over de manier waarop zij hadden kunnen deelnemen aan de strijd. Anderen klaagden omdat ze alleen maar zinloze klusjes hadden gekregen, weer anderen zeiden dat strijders systematisch werden uitgebuit en ingezet als kanonnenvoer.[28] Sommige strijders uit de groep van Neumann vertelden dat ze helemaal niet welkom waren bij de Syrische bevolking en de groep waar ze zich bij aansloten. Ze voelden zich afgewezen. Het is bekend dat sommige groepen een bestand bijhielden van de strijders die zich bij hen aansloten, waarin allerlei persoonlijke details werden opgeslagen. Rekruten konden ook hun specifieke vaardigheden doorgeven en konden aangeven of ze wilden strijden of dat ze in waren voor zelfmoordmissies. Op basis hiervan kon de groep de beste rekruten onderscheiden van degenen die minder bruikbaar waren. Gedurende de militaire en ideologische training kregen ze een verder beeld van de motivatie van de strijders. Zij die weinig waarde hadden werden dienovereenkomstig behandeld, waardoor sommigen zich afkeerden van de groep of zelfs gemotiveerd werden om de groep te verlaten. Wanneer hun familie hen tegelijkertijd aanmoedigde om terug te keren, op het moment dat zij niet in staat bleken om goede strijders te zijn maar zij zich ook niet welkom voelden en geen geborgenheid kregen binnen de groep, was dat voor velen een reden om uit te treden.[29] Aan de periode van uittreding uit sektes en terroristische organisaties, zo laat Bovenkerk zien, ging vaak een periode van interne beraadslaging vooraf. Hij heeft het over het 'toeval van de kleine ergernis', waarbij kleine ergernissen die wellicht voorafgegaan waren door maanden of jaren van wrijving de druppels waren die de emmer deden overlopen.[30]

Het is heel goed mogelijk dat de Belgische en Nederlandse strijders die zich al jaren inzetten voor IS op een gegeven moment hun motivatie verloren zijn, geen toekomst meer zagen bij de groep en zich gaandeweg zijn gaan losweken om 1s uiteindelijk vaarwel te zeggen. Dat is in elk geval wat veelal naar voren kwam uit de verhalen die de vrouwen vertelden. In wat volgt zal hierop ingegaan worden en zal worden uitgelegd welke overwegingen daarbij een rol hebben gespeeld.

Anatomie van de weigeraars

Toen steeds meer mensen hun verhaal aan mij begonnen te vertellen viel op hoeveel er waren die er kort na hun vertrek naar Syrië al achter waren gekomen dat zij een grote fout hadden begaan. Meestal waren dit jonge mannen en vrouwen die een verkeerd beeld was voorgespiegeld over hoe het leven in Syrië zou zijn. Maar er waren er ook die vol overtuiging waren gegaan en terugschrokken voor wat ze in het oorlogsgebied aantroffen. Ook zij kwamen vrij snel tot de conclusie dat het een grote vergissing was geweest om naar Syrië af te reizen. De meesten van deze teleurgestelden probeerden zo snel als ze konden weer terug te keren naar hun land van herkomst. Maar dat was alleen mogelijk in het prille begin van de oorlog, want naarmate de oorlog vorderde werd ontkomen steeds moeilijker.

Het zijn er niet veel, maar er zijn wel een paar mannen die zich destijds aangesloten hadden bij Majlis Shura al-Mujahideen die mij hun verhaal willen vertellen. Zij vertellen over de teleurstelling die zij voelden toen ze net in Syrië waren aangekomen. Ze bevonden zich bij de eerste lichtingen die vanuit België en Nederland naar Syrië vertrokken waren. Zij waren vertrokken omdat zij een ideaal nastreefden, omdat zij hun broeders en zusters die in nood waren wilden helpen, en omdat zij ervan overtuigd waren dat het hun heilige plicht als moslim was om dit te doen. Maar toen zij geconfronteerd werden met de rauwe werkelijkheid van de oorlog en de manier waarop er binnen Majlis Shura al-Mujahideen werd omgegaan met leven en dood was dat voor sommigen een zodanige schok dat zij tot het besef kwamen dat zij een grote fout hadden begaan. Deze jonge mannen kwamen erachter dat zij niet geschikt waren voor de strijd en zouden het geweld van de groep van Houssein later scherp veroordelen. Voor degenen die achterbleven in Syrië waren zij de antihelden die het slagveld de rug hadden toegekeerd, lafaards die hun broeders en zusters in de steek hadden gelaten en die het aardse leven verkozen boven het leven in het hiernamaals.

DAAN

'Ik had al snel door dat ik de verkeerde keuze had gemaakt,' zegt Daan, die begin 2013 naar Syrië vertrok en terechtkwam bij Majlis Shura al-Mujahideen. 'Na een week had ik al mijn vrouw opgebeld en gezegd: kom niet want ik wil ook weer naar huis toe komen. Het was gewoon een grote teleurstelling en het kwam totaal niet overeen met het beeld dat ik had voordat ik vertrok.'

Daan bekeerde zich op 18-jarige leeftijd tot de islam. Hij groeide op in Arnhem en zijn vriendengroep bestond uit een aantal jonge mannen die allemaal rond dezelfde periode het licht hadden gezien. Daan was de jongste en werd door hen beschouwd als een broertje. Hij vertelt hoe zijn vrienden één voor één naar Syrië vertrokken waren en hoe ze vlak voor hun vertrek allemaal bij hem langs waren geweest om afscheid te nemen. 'Blijf hier,' hadden ze gezegd. 'Je vrouw is zwanger, maak je school af en zorg goed voor je gezin.' Maar Daan liet zich ompraten door Mustafa. Die had hem ervan overtuigd dat vertrekken naar Syrië zijn religieuze plicht was en dat hij alleen daar zijn geloof als 'ware moslim' kon belijden. Bovendien, zo had Mustafa gezegd, was de oorlog al bijna afgelopen. Hij had video's laten zien waaruit bleek dat de scholen in de buurt van Aleppo alweer geopend waren. Daan zei dat hij niet naar Syrië wilde om daar te vechten. Maar dat hoefde volgens Mustafa niet. 'Dat je bang bent om te vechten, dat is jouw natuur,' had hij gezegd, 'maar vanuit islamitisch perspectief mag je alleen bang zijn voor Allah. Want hij is degene die straffen uitdeelt.'

Daan raakte ervan overtuigd dat het zijn religieuze plicht was om naar Syrië te vertrekken. Zijn vrouw vond het heel moeilijk maar ook zij zwichtte. 'Als het echt jouw religieuze plicht is moet je maar gaan,' had ze gezegd. Daan had schulden en voelde zich als moslim niet geaccepteerd in Nederland. Er was hem door Mustafa een toekomst beloofd in Syrië, waar hij samen met zijn gezin een nieuw leven kon beginnen. Dus besloot hij te gaan. Maar toen hij eenmaal daar was kwam hij erachter dat het beeld dat Mustafa hem had voorgespiegeld een grote leugen was geweest. Vanaf het ogenblik dat hij de grens met Syrië overstak werd er al op hem geschoten en raakte hij ervan doordrongen dat hij de verkeerde beslissing had genomen. Toen hij de eerste keer contact opnam met het thuisfront brak hij. 'Mijn vrouw kwam huilend aan de telefoon. Die zei dat mijn moeder was flauwgevallen toen zij het hoorde. En toen brak gewoon mijn hart.' Daan weet zeker dat ook andere jongens braken toen ze in Syrië aankwamen. Hij heeft ze gezien, hij heeft samen met hen gehuild. Van de meesten weet hij niet wat er van hen geworden is en of ze nog leven. Maar er waren er ook die, ondanks het verdriet dat ze wellicht hadden, hun religieuze plicht hebben doorgezet.

Net als alle andere rekruten moest Daan de dag na aankomst naar een trainingskamp in Sheikh Sulayman, op een halfuur rijden van 'de villa'. Zij kregen er zowel fysieke als ideologische training en leerden omgaan met wapens. Daan werd er meteen na aankomst geconfronteerd met een geloofsleer die niet de zijne was. 'In dat trainingskamp kregen we les, geloofsleer zeg maar, maar ik voelde me op de een of andere manier niet verbonden met hun gedachtegoed. Ze waren te extreem. We kregen bijvoorbeeld een keertje les over zelfmoordaanslagen. Er was iemand die lesgaf in het Arabisch en er was iemand uit Nederland, en die vertaalde. En toen werd er een vraag gesteld door iemand uit Nederland. Die zei: "In de wijk waar ik heb gewoond is een grote markt, daar wonen heel veel moslims. Is het toegestaan om daar een aanslag te plegen?" En toen zei die man: "Ja dat is toegestaan, want die mensen hebben ervoor gekozen om daar te blijven en als ze doodgaan, dan gaan ze dood als ongelovigen." En ik kon daar niet bij. Ik weet niet, het voelde gewoon niet goed.'

Daan kon het gedrag van Houssein en de zijnen van dichtbij observeren en kwam erachter dat hun islam niet zijn islam was. Hij is er nooit getuige van geweest dat zij mensen vermoordden, dat hoorde hij pas achteraf. Maar hij heeft wel gezien hoe zij hun gevangenen mishandelden. 'Houssein en heel veel mensen uit België waren best wel extreem. Want ik weet nog dat op die plek waar ik gevangen werd genomen, daar was een heel groot huis voor de mensen die Arabisch spraken, Tunesiërs, Algerijnen. Maar onder aan de huizen daar waren een paar schuren of ik weet niet wat het was, een soort gastenverblijven, en daar werden mensen gevangengehouden. En ik weet nog dat Houssein en anderen uit België, die kwamen soms langs voor de grap om die gevangenen te martelen. En ik weet zelfs nog dat Abu Aseer langskwam en die zei: "Dat mag niet wat jullie doen, jullie mogen deze gevangenen niet slaan." Maar zodra hij weg was gingen ze weer eentje halen en dan gingen ze hem weer slaan.'

Toen kort na zijn aankomst ook nog eens een van zijn beste vrienden sneuvelde, was voor Daan de maat vol. Hij wilde terug naar huis, naar zijn vrouw en zijn pasgeboren zoontje. Dat hij alleen in het heilige land van Shaam een ware moslim kon zijn, bleek een leugen. Daan zegt dat hij net als zijn vrienden die later gesneuveld zijn, verlangde naar het martelaarschap, maar geeft aarzelend toe dat hij er nog niet klaar voor was. Zijn beste vriend daarentegen, die kort na zijn aankomst in Syrië sneuvelde, was er volgens hem wel klaar voor. 'Hij had een soort vechtlust, een rechtvaardigheidsgevoel, het verlangen. En hij had zijn broer waar hij naar opkeek. En die had precies hetzelfde.' Daan is ervan overtuigd dat zijn vrienden, net als hij, treurden om hun achtergelaten familieleden. Maar zij waren zo overtuigd van hun ideaal dat zij beter met dat verdriet konden omgaan dan hij.

Toen hij uitgesproken had dat hij wilde terugkeren naar Nederland beschuldigde Houssein hem van spionage en nam zijn paspoort en telefoon in beslag. Hij werd ontboden bij Abu Aseer om zijn verhaal te doen, hoewel de communicatie gezien de taalbarrière moeilijk verliep. Drie van zijn vrienden uit Nederland die hem waren voorgegaan naar Syrië en die aanzien genoten, zorgden ervoor dat hij na een paar dagen zijn paspoort weer terugkreeg. Daarnaast gaven ze hem geld om terug te keren. 'Want zij stonden gewoon achter mijn keuze. En Abu Omar (een van zijn vrienden uit Arnhem) ging echt op me inpraten. Hij zei: "Het is echt geen probleem. Je hebt een overlevering van de profeet, als je ook maar de wens hebt om als martelaar te sterven, dan sterf je als martelaar, ook al is het in je bed." Zoiets. Hij zei: "Je bent hier in ieder geval gekomen, je hebt de intentie gehad om je broeders en zusters te helpen, dus het is echt geen probleem dat je naar huis toe gaat." Zij waren echt zo. Maar die Belgen, die waren heel hard. Die zeiden: "Als je gaat dan is er een kans dat je ongelovig wordt. Want dan keer je het slagveld de rug toe."' De bedreigingen door Houssein en de zijnen hadden te maken met het feit dat de rekrutering van strijders uit Europa op dat ogenblik volop aan de gang was. Zij vreesden wellicht dat jonge mannen en vrouwen die op het punt stonden naar Syrië te vertrekken zich zouden bedenken als aan het licht kwam dat er inmiddels Syriëgangers teleurgesteld waren teruggekeerd.

Daan weet dat veel van zijn vrienden die overtuigde jihadisten waren, teleurgesteld waren over de gang van zaken in Syrië maar dat ze desondanks toch gebleven zijn. Uiteindelijk zijn ze allemaal, op een enkeling na, gesneuveld. Hij beseft nu dat hem een vreselijk lot bespaard is gebleven.

TRAGIEK VAN DE HEILIGE OVERTUIGING

Vanaf het moment dat ons uit Syrië gruwelijke beelden bereikten van slachtoffers die werden onthoofd, gemarteld, verdronken of levend verbrand, vroegen velen zich in verbijstering af hoe het toch mogelijk was dat jonge mannen en vrouwen die in het Westen geboren en opgegroeid waren deze gruweldaden konden goedpraten, aanmoedigen en er in sommige gevallen zelfs aan deelnamen. De groep van Houssein is wat dat betreft een interessant voorbeeld, hoe kort die ook heeft bestaan. Het heeft er alle schijn van dat de groep, bestaande uit jonge mannen, waarvan weinigen een aantoonbaar gewelddadig verleden hadden, zich van de ene op de andere dag ontpopte tot een moorddadige bende. Zij gingen naar Syrië met het idee dat er een oorlog gaande was tegen de islam, en dat ze alleen door het opnemen van de wapens de vijand – in dit geval het leger van Assad – konden verslaan. Maar hoe valt te begrijpen dat zij in zo'n korte tijd overgingen tot het ondenkbare?

Wanneer mensen op grote schaal moorden plegen, komt in de literatuur vaak het beeld naar voren dat het om 'doodgewone' mensen gaat die tot moorden op grote schaal gedreven zijn door de situatie waarin ze verkeren, ongeacht hun persoonlijke geaardheid.[31] Maar bij nadere beschouwing van de biografieën van de verschillende jongeren doemt onvermijdelijk de vraag op hoe 'gewoon' ze in werkelijkheid waren. Het is inderdaad aannemelijk dat de situatie waarin ze in Syrië terechtkwamen hun handelwijze vérgaand heeft gevormd. Maar er is meer, veel meer aan de hand, zegt Abram de Swaan in *Compartimenten van Vernietiging*. Het meest gangbare concept in de menswetenschappen, zo laat hij zien, is dat mensen begrepen moeten worden in de context van de specifieke situatie waarin ze zich bevinden, en in termen van hun individuele aanleg zoals die bepaald is door hun genen, hun vroege jeugd en hun levensloop binnen de samenleving waarvan zij deel uitmaken.[32] Historische processen transformeren in de loop der tijd de individuele aanleg van de mensen die ze meemaken, zo stelt hij verder. Zo kunnen gedeelde ervaringen van uitzichtloosheid in de grote steden van Europa, eerdere oorlogen in islamitische landen, het buitenlandbeleid van de westerse regeringen, maar ook de collectieve godsdienstbeleving waarin gestreefd wordt naar de zuivere islam, een diepgaande en blijvende invloed hebben gehad op de persoonlijkheid van afzonderlijke mensen.

Maar de vraag is: welke transformaties kunnen de aanleg van de jonge mannen zo beïnvloed hebben, dat zij in staat waren om over te gaan tot moorden? Dat moeten transformaties zijn, schrijft De Swaan, die de neiging versterken om bevelen te gehoorzamen, om loyaal te zijn aan kameraden in de strijd, om morele barrières tegen gewelddadig gedrag te doorbreken, om groepen mensen die 'anders' zijn te minachten en om de empathie met de slachtoffers van zich af te zetten.[33] De enorme hoeveelheid propaganda die, naarmate de oorlog in Syrië vorderde, Europese jongeren volop verspreidden via sociale media bevatte meestal de boodschap dat hun broeders en zusters vermoord werden door het regime van Assad, maar ook door buitenlandse troepen en dat dit alles de bedoeling had om hun geloof te vernietigen. Veel jongeren zagen de oorlog in Syrië dan ook als een oorlog tegen de islam.[34] De propaganda had als doel om de anderen, in dit geval de 'ongelovigen', te dehumaniseren en te demoniseren. Die propaganda werd bovendien verspreid in de beslotenheid van gemeenschappen die jongeren hadden gevormd op internet maar ook binnen de netwerken die zich in België en Nederland hadden gevormd en waar dissidente geluiden uitgeschakeld werden, waardoor begrijpelijk wordt hoe een groep gelijkgezinden er steeds meer van overtuigd raakte dat naar Syrië vertrekken de enige juiste weg was.

Waarschijnlijk hebben de meeste vertrekkers niet kunnen vermoeden dat die oorlog uiteindelijk zo uit de hand zou lopen. Maar het lijkt erop dat naarmate de oorlog voortduurde en steeds grimmiger werd een aantal onder hen gewillig meeging in het vergoelijken van en het deelnemen aan extreem gewelddadige acties. De Swaan beschrijft hoe daders, naargelang zij meer gewend raken aan het geweld dat zij plegen, zich in een oplopende reeks laten meevoeren met de stroom, en zo steeds bereid zijn een stap verder te gaan in het uitoefenen van geweld. Wel kan men zich afvragen waarom sommigen in dergelijke situaties de orders gretig uitvoeren, terwijl anderen dat met een zekere onverschilligheid, en nog anderen dat met tegenzin doen. Deze verschillen in gedrag tussen mensen in dezelfde situatie zijn volgens De Swaan alleen te verklaren door verschillen in hun persoonlijke aanleg.[35] Van de groep van Houssein moeten er verschillende leden zijn geweest die, teruggeworpen op de groep gelijkgezinden die zij waren, ervan overtuigd raakten dat zij het juiste deden. En daar hoorde moorden nu eenmaal bij. Maar er moeten er ook zijn geweest bij wie de twijfel vrij snel toesloeg. Daan is daar een voorbeeld van.

Een deel van de jonge mannen dat naar Syrië vertrok

was voordien wellicht niet eens zeer grondig geradicaliseerd maar werd pas – in nauwe wisselwerking met het smeden van de groep – ter plekke ideologisch geschoold. Sönke Neitzel en Harald Welzer zetten in hun boek *Soldaten* uiteen hoe gewone Wehrmachtsoldaten dachten en voelden over wat ze deden: vechten, doden en sterven, maar ook hoe ze onderling praatten over vrouwen, wapens, hun vaderland en de vernietiging van de joden.[36] Zij kwamen tot de conclusie dat hun gemeenschappelijke ideologie weliswaar een belangrijke rol speelde bij de vraag waarom zij deden wat ze deden, maar dat er toch nog iets wezenlijks bij kwam: de rol van de directe vrienden, kameraden en familieleden die hen in hun functie als soldaat bevestigden, uitdaagden en stimuleerden in een doorgaand radicaliseringsproces, binnen de context van een gruwelijke vernietigingsoorlog.[37] Voor het vormen van een moreel kader, zo schrijft Beatrice de Graaf, en het bepalen van handelingsperspectieven, was voor de soldaten die ervaring in kleine kring belangrijker en doorslaggevender dan ideologie. Hoewel ideologie vorm en inhoud geeft aan de strijd, volstaat de overtuiging die mensen hebben niet om te begrijpen waarom en hoe iemand zich bij de jihad voegt, meedoet aan gevechtshandelingen, onthoofdingen, of als martelaar wil sterven. Het referentiekader van de Syriëganger omvat naast die ideologische ijkpunten daarom nog een ander cruciaal element, dat we het best kunnen samenvatten als de voortgaande groepsdynamiek, zowel in de fase voorafgaand aan het vertrek, als nog veel sterker op het slagveld zelf.[38]

Er zijn maar weinig getuigen uit die tijd overgebleven en we kunnen niet in detail reconstrueren wat zich in de groep van Houssein precies heeft afgespeeld. Maar het lijkt er inderdaad op dat de jonge mannen die zich aansloten bij Majlis Shura al-Mujahideen binnen de netwerken waar zij deel van uitmaakten voor hun vertrek al enigszins voorbereid werden op de strijd in Syrië. Zo werden zij dagelijks geconfronteerd met de beelden uit Syrië en werd hun ingeprent dat er overal ter wereld sprake was van een oorlog tegen de islam. Ze leerden degenen die zij als ongelovigen zagen te dehumaniseren en demoniseren. De groep waar ze deel van uitmaakten bestond uit vrienden en bekenden, familieleden soms, die elkaar bevestigden en stimuleerden. In die omstandigheden is het niet verwonderlijk dat een deel van de jonge mannen lijdzaam is meegegaan in het plegen van gruweldaden, al zal de een daar gretiger aan meegedaan hebben dan de ander. Binnen hun verband van gelijkgestemden ontstond er waarschijnlijk een dynamiek waardoor het mogelijk was dat jonge mannen zonder aantoonbaar gewelddadig verleden binnen een relatief korte periode overgingen tot het ondenkbare.

ANATOMIE VAN DE WEIGERAARS

Maar er waren ook mannen binnen de kring van gelijkgezinden die net zo hard terugschrokken van het geweld en zich ervan distantieerden. Abram de Swaan beschrijft wat hij de dubbelzinnige uitkomsten van de experimenten van Stanley Milgram noemt, die een reeks spectaculaire psychologische experimenten uitvoerde die wereldbekendheid kregen. De deelnemers werd gevraagd om een proefpersoon een serie willekeurige woorden te laten voorlezen en hem een elektrische schok toe te dienen telkens wanneer hij een fout maakte bij het reproduceren van die reeks. Tenminste, dat werd de deelnemers wijsgemaakt. Hoe sterker de schokken werden, des te heviger de pijn die de proefpersoon simuleerde en des te harder hij het uitschreeuwde, tot hij uiteindelijk niet meer reageerde en de deelnemer aan het experiment in het ongewisse werd gelaten over zijn lot. De schokken liepen zogenaamd op van nauwelijks voelbaar tot dodelijk, bij 300 tot zelfs 450 volt. Tegen de verwachting in ging twee derde van de deelnemers door tot het eind van het experiment. Zij deden dat onder de niet-aflatende pressie van de onderzoeker. De meesten protesteerden, zichtbaar en hoorbaar verscheurd tussen medelijden en volgzaamheid. Toch gehoorzaamden ze de onderzoeker en bleven ze schokken toedienen tot een voltage waarvan hun wijsgemaakt was dat het dodelijk was.

Dit experiment van Milgram is de geschiedenis ingegaan als een aanwijzing dat gewone mensen in grote meerderheid bereid waren wreedheden te begaan als hun dat werd bevolen door een autoriteit.[39] Blijkbaar was de algemene verwachting dat mensen niet zouden gehoorzamen als iets niet strookte met hun geweten. Toen bleek dat vele, of zelfs de meeste mensen dat wel deden, werd dat de belangrijkste conclusie van het experiment. Maar waar geen aandacht voor was, was dat een aanzienlijk deel van de deelnemers niet gehoorzaamde en geen elektrische schokken wilde toedienen aan de slachtoffers: tussen een derde en vier vijfde, afhankelijk van de mise-en-scène van het experiment. Er bleef dus een behoorlijk aantal weigeraars over die de nadrukkelijke pressie van de onderzoeker negeerden.[40] Vreemd genoeg schonk Milgram weinig aandacht aan deze daden van verzet. Aangezien de omstandigheden in elk experiment gelijk bleven, moeten, zo schrijft De Swaan, de uiteenlopende uitkomsten wel toegeschreven worden aan de verschillen in persoonlijkheid van de deelnemers. Dat is de verborgen kant van Milgrams bevindingen: persoonlijke aanleg bepaalt mede wat mensen doen als een autoriteit druk op hen uitoefent om iemand anders ernstig leed toe te brengen (en misschien zelfs te doden).

Iets gelijkaardigs moet zich hebben voorgedaan in de groep van Houssein. Er zijn weinig of geen bewijzen van, maar het lijkt erop dat sommigen gretig meegegaan zijn in het geweld, terwijl anderen zich veel meer afzijdig hielden. Toen de laatsten immers geconfronteerd werden met de doden en gewonden maakte dit zo'n indruk op hen dat zij er ter plekke achter kwamen dat sterven als martelaar toch niet voor hen weggelegd was. Er waren ook mannen die het martelaarschap actief opzochten en alles deden om in de voorste linies te komen. Dat zijn degenen die in de beginperiode om het leven gekomen zijn alsook degenen die door de thuisblijvers geroemd werden vanwege hun moed en de zuiverheid van hun intentie. Maar hoewel als martelaar sterven het hoogst haalbare was, was blijkbaar lang niet iedereen dapper genoeg om zo ver te gaan. Degenen die in de beginperiode terugkeerden vertelden dat in Syrië was gebleken dat strijden niets voor hen was, dat ze het psychisch niet aankonden om geconfronteerd te worden met hun gewonde kameraden en dat het martelaarschap, hoewel het hoogst haalbare, voor hen (nog) niet weggelegd was. Maar er was veel moed voor nodig om dat kenbaar te maken binnen Majlis Shura al-Mujahideen, dat voor een groot deel bestond uit gelijkgezinden die er alles voor overhadden om op te komen voor hun geloof. Daan heeft die moed wel gehad, maar wellicht waren er meer die twijfelden, maar dat nooit hebben gedeeld met anderen. Uiteindelijk zijn ze allemaal, op een enkeling na, ten onder gegaan.

De godsgruwelijke oorlog

DE HEROVERING VAN RAQQA

De Syrische Democratische Strijdkrachten (SDF), een Syrisch-Koerdische alliantie gesteund door de VS, begonnen in juni 2017 het offensief tegen Raqqa, de hoofdstad van het kalifaat. Zij kregen daarbij vanuit de lucht steun van de internationale coalitie en op de grond van speciale eenheden. Een paar maanden daarvoor, in juli 2017, was Mosul, dat in 2014 in handen was gevallen van IS, heroverd door Irakese regeringstroepen. Raqqa was in maart 2013 veroverd door een coalitie van rebellengroeperingen bestaande uit het Vrij Syrische Leger en jihadistische groeperingen, waaronder Jabhat al-Nusra. Vrij snel daarna kwam de stad in handen van IS. In 2014 werd zij uitgeroepen tot hoofdstad van het kalifaat.

Toen Raqqa werd heroverd was het gedurende meer dan vierenhalfjaar een oorlogszone geweest. Gevechten in de stad hadden een groot deel van de oorspronkelijke bevolking verdreven. Daarnaast kwam ze geregeld onder vuur te liggen van de internationale coalitie tegen IS onder leiding van de Verenigde Staten en Syrische regeringstroepen, gesteund door Iran en Rusland. Maar de bombardementen werden sinds juni 2017 geïntensiveerd. Na een maandenlange belegering riepen de Syrische Democratische Strijdkrachten op 20 oktober 2017 de overwinning uit op IS. Beelden van dansende Koerdische strijders in de straten van Raqqa gingen de wereld rond. Het verlies van de stad was een grote klap voor IS, dat geen enkele stad van betekenis meer in handen had.

Na de val van Raqqa stortten ook de andere restanten van het zelfbenoemde kalifaat in. Het Syrische leger verdreef IS begin november 2017 volledig uit Deir Ezzor, een stad tussen Raqqa en de Iraakse grens. Deir Ezzor was de laatste grote stad waar IS nog aanwezig was en gold als strategisch zeer belangrijk. IS gebruikte de omliggende, gelijknamige provincie om strijders, wapens en andere goederen te smokkelen tussen Syrië en Irak. Ze belegerden de stad – een regeringsgezinde enclave – jarenlang en kregen geleidelijk grote delen in handen. Maar in september brak het Syrische leger door de IS-linies heen. Twee maanden later was de herovering van Deir Ezzor een feit.

IS was haar slagkracht verloren en kon geen weerstand meer bieden tegen het Syrische leger en de SDF. Dat had onder andere te maken met het tekort aan manschappen maar ook met het afgebrokkelde moreel. Er verschenen dagelijks berichten dat IS-strijders zich in groten getale overgaven en zich lieten afvoeren naar andere gebieden. De droom van het kalifaat was voorgoed voorbij.

In de aanloop naar de herovering van Raqqa waren veel IS-strijders en hun families gevlucht naar Mayadin, een stad in het oosten van Syrië. Daar konden ze een tijd in redelijke veiligheid doorbrengen, maar uiteindelijk werd ook deze stad op 14 oktober 2017 door het Syrisch leger heroverd.[41] Ook alle andere steden en dorpen waar de IS-karavaan heen trok werden één voor één heroverd, ofwel door het Syrisch leger, vanuit de lucht gesteund door

Rusland, het Irakese leger, de Syrische Democratische Strijdkrachten of andere groepen die zich hadden aangesloten bij het conflict zoals Hezbollah en de Iraanse Revolutionaire Garde. Na elke herovering trok wat er nog overbleef van IS zich steeds meer terug in het woestijngebied langs de Eufraat. Maar sinds januari 2018 kwam de strijd tegen IS in het slop toen Turkije een offensief begon in de Koerdische enclave Afrin, in het noordwesten van Syrië, tegen de Volksbevrijdingseenheden (YPG), het Syrisch filiaal van de in Turkije verboden Koerdische Arbeiderspartij PKK. De leden van de YPG gaven nu namelijk de voorkeur aan de strijd tegen Turkije. De VS kondigden begin maart 2018 een zogeheten 'operationele pauze' aan in de strijd tegen IS. Tegelijkertijd werd benadrukt dat de luchtaanvallen op IS wel nog altijd werden voortgezet. Tijdens de operationele pauze was bovendien geen grondgebied verloren gegaan, zo klonk het. IS controleerde zo goed als geen grondgebied meer in Syrië.[42] Vervolgens bleef het heel lang stil rond de strijd in Syrië. Maar dat veranderde begin 2019 toen de laatste slag werd ingezet, de slag om Baghouz.

Na de herovering van Mayadin wisten veel van de vrouwen waar ik later contact mee zou krijgen IS te ontvluchten. Vera, die sinds 2014 in Syrië was en hertrouwd was met Salah wist in januari 2019 te ontkomen. Na een lange enerverende tocht zou ze de grens met Turkije oversteken. Ook Chadia, die sinds 2014 in Syrië was, wist begin januari met de hulp van haar man te ontkomen, die zelf noodgedwongen moest achterblijven. Zij zou er niet in slagen om de grens met Turkije te bereiken. Zij gaf zich over aan de Koerdische strijdkrachten en werd vervolgens naar een van de kampen in het noorden van Syrië gebracht. Haar man, die achtergebleven was, werd kort na haar ontsnapping vermoord. Ik heb urenlang naar de vluchtverhalen geluisterd van de vrouwen. En wat daarbij cruciaal bleek was dat vrouwen het makkelijkst konden wegkomen wanneer zij daarbij de steun hadden gekregen van hun man. Voor vrouwen die getrouwd waren met een man die IS trouw bleef tot het eind was er geen ontkomen aan. Maar ook de vrouwen die weduwe waren geworden moesten vaak hun lot in de handen van louche smokkelaars leggen. De meesten onder hen wachtte een helse tocht door een land in oorlog die meestal eindigde in de woestijn waar ze, tegen alle afspraken in, werden gedumpt. In de meeste gevallen werden zij vervolgens door de Koerdische strijdkrachten naar een van de kampen in het noorden van Syrië gebracht. De opluchting die zij voelden nadat zij IS waren ontvlucht sloeg al vrij snel om in onzekerheid en angst voor wat hen daar te wachten stond. Dat die angst terecht was zou later blijken.

Vera

Na de dood van haar man in december 2016 bleven Vera en zijn drie andere weduwen samen achter in Raqqa, waar het leven steeds moeilijker werd. Uit de audioberichten die zij naar hun familie stuurden bleek hoe de stad langzaam in een inferno veranderd was. Met het geluid van bombardementen op de achtergrond vertelden de vier weduwen met zenuwachtige stem dat zij dag en nacht gebombardeerd werden en dat de hele stad in puin lag. Ze zouden proberen te vluchten, maar als hun familie, die elke dag vreesde voor hun leven, ineens niets meer van hen zou horen dan wisten ze dat het niet was gelukt. Maar uiteindelijk wisten zij veilig te ontkomen. Ze vertrokken naar Mayadin, waar ze een tijdje redelijk veilig leken.

In Mayadin verscheen Vera voor het eerst in lange tijd weer op Facebook. Ze noemde zichzelf voortaan Umm Hamza Hollandi. Haar profielfoto's, die regelmatig wisselden, waren geen jihadisten meer maar passages uit de Koran en de Hadith. Sommige passages betroffen het paradijs en het martelaarschap, maar ze besteedde ook aandacht aan de bombardementen waar kinderen in Syrië en Irak het slachtoffer van waren geworden. Uit de berichten die zij postte bleek dat zij haar radicale gedachtegoed geenszins had afgezworen, maar de blinde woede uit 2014, die was gebleken uit de berichten die ze toen deelde, leek uitgedoofd. Of was het omdat die eenvoudigweg niet meer gevoed werd door pagina's van de vele extremisten die toen actief waren op sociale media? Of had de droom van het kalifaat ook voor haar haar glans verloren?

In ieder geval durfde haar familie het nu wel aan om mij met haar in contact te brengen, wat ze mij voordien altijd hadden afgeraden. Ik benaderde haar via WhatsApp en sprak haar een aantal keren, tot ze weer van de radar verdween. Het was een onwerkelijk gevoel om binnen te treden in de leefwereld van een meisje waarvan ik al die tijd het gevoel had gehad dat ik haar kende maar waar ik nog nooit een woord mee gewisseld had. En ik probeerde me voor te stellen hoe het voor haar geweest moet zijn om ineens met een wildvreemde te praten over haar leven in Syrië. Aan alles wat Vera vertelde kon je merken dat ze jong was. En als ik niet beter wist zat ik met mijn buurmeisje, die toen dezelfde leeftijd als Vera had, te praten. Zij vertelde over haar man Younes, die zich had opgeblazen met een bomauto en inmiddels bij zijn *hoor al ayn* (maagden van het paradijs) was. En dat zijn vier vrouwen wisten dat hij die dag naar het paradijs zou gaan. Uit haar bewoordingen bleek dat ze trots was de weduwe te zijn van een strijder die tot het uiterste was gegaan. En ze wilde graag van mij horen wat ik allemaal van hem wist. Het feit dat een onderzoeker interesse toonde in het leven van haar man leek haar met trotsheid te vervullen.

Uit de contacten met haar moeder wist ik dat Vera op het ogenblik dat ik contact met haar had plannen maakte om Syrië te verlaten. Er was geld gestort om een mensensmokkelaar te betalen. Maar uit de gesprekken die ik met haar had kreeg ik niet de indruk dat ze weg wilde. 'Ik geloof dat de meeste vrouwen daar wel weg willen,' zei ik een keer tijdens een van onze gesprekken. 'Nee, eigenlijk niet,' antwoordde ze, 'tenzij hun intentie blijkbaar niet zuiver was. Ik denk dat de meesten hier zijn omdat, waar ze woonden het niet goed was voor hun geloof. En het is ook verplicht om te leven waar de wetten van Allah zijn. We worden ervoor ondervraagd namelijk. Dus ik heb niemand gesproken die weg wil. Maar dat vertellen ze natuurlijk ook niet aan anderen.' Vera drukte me op het hart dat ze gelukkig was in Syrië. Ze wist wel dat haar moeder hoopte dat ze op een dag terug zou keren, want dat willen alle ouders, zei ze, maar het was voor haar geen reden om het te doen. 'Ik hou veel van mijn familie, maar niet meer dan van mijn geloof.'

Ik dacht terug aan de gesprekken die ik met haar moeder had, dus ik werd door haar manier van praten enigszins in verwarring gebracht. Maar misschien wilde ze mij dit geheim eenvoudigweg niet toevertrouwen, omdat het wellicht gevaarlijk was om daar met derden over te praten. Tegelijkertijd zei ze dat ze plannen had om opnieuw te trouwen met een strijder. Ze was nog in haar *iddah*, de periode na de dood van haar man tijdens welke ze niet mocht hertrouwen, maar als die eenmaal voorbij was, was ze vrij om te doen wat ze wilde. En in Syrië kon je maar beter niet alleen zijn als vrouw. Dus als het eenmaal zover was zou ze wellicht een andere strijder trouwen.

In maart 2017 hertrouwde Vera inderdaad met de uit Nederland afkomstige jihadist Salah T., en vertrok, waarheen is onbekend. Ze liet af en toe van zich horen, maar over hoe het haar verging was weinig bekend. Even leek het erop dat het huwelijk een grote vergissing was geweest en ze opnieuw zou gaan scheiden, maar uiteindelijk bleef het stel toch samen. Vera was inmiddels zwanger. Ze vertelde dat ze ergens op het platteland op een boerderij woonde. Opmerkelijk was dat ze tijdens haar zwangerschap een beroep kon doen op vrij gespecialiseerde medische zorg, zoals het plaatsen van een cerclage. We weten dat Vera in de beginperiode dat zij in Syrië was twee miskramen kreeg. Uiteindelijk raakte ze zwanger van een tweeling, maar die werd te vroeg geboren en door het gebrek aan medische voorzieningen overleefden de jongetjes het niet. Het plaatsen van de cerclage kon echter niet verhinderen dat haar dochtertje in december 2017 twee maanden te vroeg geboren werd. Een paar dagen later overleed zij alsnog. Vera schreef aan haar moeder dat Badra, want zo hadden ze haar genoemd, net als haar overleden broertjes, nu bij Allah was en dat zij geen bommen hoefde mee te maken of dat ze het risico zou lopen dat zij van haar zou worden afgepakt. Ze schreef dat ze haar familie nu nog meer miste dan anders en dat ze hen zo graag even zou willen vasthouden. Het leek erop dat het gemis groter was dan ooit tevoren.

Maar Vera bleef. Tot ze uiteindelijk een maand later, tot ieders verrassing, samen met haar man Syrië ontvluchtte. Salah had met hulp van iemand uit Nederland een smokkelaar geregeld. Het plan was om de grens met Turkije over te steken en vervolgens door te reizen naar Nederland. Maar tijdens hun vlucht werden ze aangehouden en kwamen ze in een gevangenis in Turkije terecht. Toen haar moeder haar na meer dan vier jaar terug zag was Vera niet meer degene die ze ooit geweest was. Aanvankelijk was zij emotioneel toen ze haar moeder terug zag, maar dat veranderde snel. Vera was afstandelijk en hoewel haar moeder hoopte dat ze zou zeggen dat haar zoontje, dat ze in Nederland had achtergelaten en die zo lang zijn moeder had moeten missen, haar eerste prioriteit was en dat ze vooral zou investeren in haar relatie met hem, deed ze dat niet. Natuurlijk wilde ze samen met haar zoontje zijn, zei ze, maar als haar man haar zou komen ophalen dan zou ze met hem meegaan. Vera zei dat ze niet meer in Nederland kon leven en dat ze haar man zou volgen, waar hij ook heen ging. Haar ouders beseften dat ze nooit meer de dochter zouden terugkrijgen die zij ooit geweest was.

Chazia

Begin januari 2018 wist ook Chazia vanuit Gharanij, een dorpje in het Abū Kamāl-district waar de IS-karavaan inmiddels neergestreken was, IS te ontvluchten. Maar anders dan Vera slaagde ze er niet in om de grens met Turkije te bereiken. Zij gaf zich een paar dagen na haar vlucht over aan Koerdische strijders. Charif, haar man, had ergens in de loop van 2017 afstand genomen van IS. Hij wilde niet langer voor hen 'werken' en probeerde samen met zijn vrouw weg te komen uit het IS-gebied. Maar dat was in die periode nagenoeg onmogelijk.

Vlak voor de val van Raqqa vluchtten Chazia en Charif net als zovelen naar Mayadin. Ze probeerden zo min mogelijk op te vallen en hielden zich voor een belangrijk deel schuil in hun huis. Aangezien hij niet meer wilde vechten werd Charif namelijk gezocht door de 'geheime dienst' van IS. Als zij hem zouden vinden volgde wellicht de dood. Na een paar weken in Mayadin vluchtten zij met de IS-karavaan naar Gharanij. 'Daar was het verschrikkelijk,' vertelt Chazia. 'Altijd vluchten van plaats naar plaats.' Aangezien Charif gezocht werd gingen ze vlak bij de frontlinie wonen omdat de geheime dienst daar niet kwam. 'Hoe verder je weg was van de stad, hoe veiliger je was. Maar wij riskeerden voortdurend ons leven. Soms kregen we kogels in ons huis binnen. Maar als de geheime dienst hem zou oppakken zouden ze hem doden. Gewoon omdat hij hen had tegengesproken konden we niet meer leven als normale mensen.' Chazia en Charif woonden iedere dag ergens anders. 's Nachts vluchtten ze van de ene plek naar de andere. Maar de meeste luchtaanvallen vonden 's nachts plaats. 'Je was bang dat raketten van de coalitie op je vielen. Tegelijkertijd was je bang van de geheime politie. Dus schrik, schrik, schrik van alle kanten (zucht). Het was geen leven. Het was gewoon horror. We waren altijd bang.'

In Gharanij werd Charif opgepakt en opgesloten in de gevangenis. Chazia hoorde anderhalve week niets van hem. Maar op een ochtend kwam hij na het gebed ineens aan de deur kloppen. Ze hadden hem vrijgelaten en gezegd dat hij een groep moest vinden om mee te vechten. Deed hij dat niet dan zouden ze hem weer oppakken. 'Sindsdien leefde mijn man undercover. Hij ging niet veel naar buiten en ging niet naar plaatsen waar ze stonden om te checken.'

Chazia en Charif maakten ondertussen deel uit van een groep mensen die allemaal van plan waren het IS-gebied te ontvluchten en probeerden via elkaars connecties in contact te komen met mensensmokkelaars. Chazia hoorde dat haar zus, Ama, inmiddels ook Raqqa was ontvlucht en vroeg aan Charif of hij haar en haar kinderen wilde opsporen. Naar eigen zeggen wilde ze haar overtuigen om samen met haar te vluchten. Maar Ama, die door Charif naar Gharanij was gebracht, dacht hier anders over. Zij wilde helemaal niet weg bij IS en liep in het midden van de nacht weg.

Begin januari 2018 wist Chazia te vluchten uit Gharanij met behulp van een smokkelaar. Gehuld in Syrische kleding zat ze te midden van een groep Syrische en Irakese vrouwen voor wie het gemakkelijker was om het IS-gebied te verlaten dan voor westerse vrouwen, voor wie ontsnappen nagenoeg onmogelijk was. De mannen zouden later volgen. Maar kort na haar vertrek werd Charif opgepakt door de 'geheime dienst'. Toen Ama de groep ontvlucht was waarin Chazia en haar man zaten, had ze namelijk aan haar vriendin verteld dat haar zus had geprobeerd haar over te overhalen het IS-gebied te verlaten. Die vriendin vertelde het haar man en die vertelde het aan Said D., een beruchte Belgische IS'er die het geschopt had tot medewerker van de 'binnenlandse veiligheid', de geheime dienst van IS. Charif en Said hadden in België tot hetzelfde netwerk behoord dus ze kenden elkaar goed. Na een tijdje zoeken werd Charif opgepakt. Chazia verkeerde lange tijd in onzekerheid over zijn lot. Tot D. haar via via triomfantelijk liet weten dat ze Charif, nadat ze hem een maand gemarteld hadden, hadden vermoord. Tot het einde van haar dagen zal ze deze man haten zo vertelt ze.

Het was voor haar nog maar eens een teken hoe meedogenloos IS omging met haar slachtoffers. Vrienden van vroeger hadden er geen enkele moeite mee om elkaar te vermoorden als de ander in hun ogen een 'afvallige' was geworden. 'Ik heb hierdoor tot de dag van vandaag een gebroken hart. Gelukkig heeft mijn man mij eruit kunnen smokkelen. Hij zou na mij eruit komen, maar jammer genoeg is het niet gelukt. Soms krijg ik schuldgevoelens, ik heb het gevoel dat hij door mij en mijn zus dood is!' Daar moet ze tot het eind van haar dagen mee leven.

De godsgruwelijke oorlog

DE SLAG OM BAGHOUZ

In december 2018 kwam de Amerikaanse president Donald Trump met een opmerkelijke mededeling. Hij kondigde aan de Amerikaanse troepen te willen terugtrekken uit Syrië. Volgens Trump was IS verslagen waardoor hij een langer verblijf van de Amerikanen overbodig achtte. Die beslissing kreeg veel kritiek van de internationale gemeenschap. De vrees was namelijk dat IS binnen afzienbare tijd weer meer terrein terug zou winnen.[43] Maar niet alleen de internationale gemeenschap reageerde verbolgen op de terugtrekking van de Amerikaanse troepen. Ook de Koerdische strijdkrachten dreigden hun strijd tegen IS stop te zetten. Na een terugtrekking van de Amerikaanse troepen zou de weg namelijk worden vrijgemaakt voor een nieuw militair offensief van Turkije. De Turkse regering dreigde al geruime tijd met een nieuwe interventie tegen de YPG, die zij beschouwden als onderdeel van de PKK.[44] Maar uiteindelijk zwichtte Trump en liet hij weten dat de terugtrekking van de Amerikanen 'traag' zou verlopen. De Koerdische strijdkrachten hadden dus niets te vrezen, ze stonden er niet alleen voor.

Begin februari 2019 begon de SDF-alliantie, gesteund door de internationale coalitie, met een offensief op het dorpje Baghouz, het laatste bolwerk van IS.[45] Met de val van Baghouz zou er een einde komen aan het door IS uitgeroepen kalifaat. De overwinning op het laatste bolwerk van IS zou echter nog niet automatisch het einde betekenen van de vier jaar durende strijd tegen de organisatie. Verder naar het westen waren er immers nog een paar kleine groepjes IS-strijders waarvan gevreesd werd dat ze nog lang konden standhouden als guerrillabeweging.[46] In de weken die voorafgingen aan de finale slag om Baghouz was gebleken dat het stukje grondgebied waar IS nog over beschikte met de dag kleiner was geworden, uiteindelijk besloeg het vijfhonderd vierkante meter. De strijders en hun families, die inmiddels de laatste huizen hadden verlaten, zaten verscholen in tunnels en het zogeheten 'tentenkamp' waar zij zich verschansten in kuilen waar provisorische tenten overheen gezet waren. Over hoeveel IS-jihadisten in die periode nog actief waren, verschilden de berichten: Koerdische bronnen spraken over 400 hardliners die bereid waren zich dood te vechten. 'Ondergronds' zouden er in Syrië en Irak echter nog zeker tussen de 14.000 en 18.000 strijders en 'slapende cellen' zijn.[47]

Hoewel een snelle overwinning werd aangekondigd op wat van IS was overgebleven, verliep de opmars van de SDF-strijders veel trager dan verwacht. Dat kwam doordat oprukkende troepen in het gebied veel meer burgers ontdekten dan waar ze op gerekend hadden. Het Syrisch Observatorium voor de Mensenrechten meldde dat IS-strijders zich in de aanloop naar de eindstrijd massaal overgaven.[48] Er waren beelden te zien van groepen ellendige mannen op krukken, sommige misten ledematen, die Baghouz verlieten en werden meegenomen voor ondervraging. Maar vooral vrouwen en kinderen ontvluchtten als in een bijbelse exodus wat er was overgebleven van het kalifaat.[49] Doordat ze met zovelen waren, het betrof vele duizenden, was de SDF verplicht om hun strijd tijdelijk op te schorten.

Even leek het erop dat het slotoffensief op 1 maart 2019 uiteindelijk werd ingezet. Beelden van een enorme vuurzee in het centrum van Baghouz gingen de wereld over. Volgens een woordvoerder van de SDF was een wapendepot getroffen door Amerikaanse raketten. Er waren ook beelden te zien van gevechten in het dorpje. Maar de overgebleven IS-strijders bleven weerstand bieden.[50] Rondom het dorp hadden ze mijnen gelegd. Ook zouden er nog honderden burgers in het gebied zitten, voor een deel familieleden van de strijders, tenminste dat is wat men dacht. De Amerikanen gingen ervan uit dat de achtergebleven strijders en hun vrouwen de meest strijdbare IS'ers waren en de aanwezige burgers aanhangers van IS.[51] Uiteindelijk werd na een dag de strijd weer opgeschort omdat bleek dat er een veel grotere groep burgers was achtergebleven in het strijdgebied dan waar ze op gerekend hadden. In plaats van honderden betrof het vele duizenden mensen. En opnieuw kwam een ware exodus op gang. Dagenlang was de wereld er getuige van hoe duizenden vrouwen en kinderen in overvolle laadbakken van vrachtwagens het gebied werden uitgereden.[52] Vrouwen in zwarte nikabs, veelal onder het stof, met uitgehongerde kinderen, vaak op blote voeten, smerig gekleed, de haren woest en vies.[53] Zij sleurden hun hele hebben en houden mee, meestal een reistas met wat spullen erin, richting de vrijheid.[54] Het waren beelden die de vergane glorie van het kalifaat in al haar rauwheid lieten zien. De geëvacueerden werden naar zones van de SDF gebracht. Daar ondergingen ze een fouillering en ondervraging. Op beelden die werden gemaakt door de Koerdische tv-zender Rudaw was te zien hoe duizenden vrouwen, gehuld in zwarte nikab, schoorvoetend in de rij stonden, wachtend om gecontroleerd te worden. Zij dromden samen voor de camera's van de toegestroomde persagentschappen om te vertellen hoe hun leven in het laatste stukje overgebleven IS-gebied de laatste maanden was geweest. Sommigen onder hen baarden opzien door hun steunbetuigingen aan IS. Zo waren er vrouwen die, wijsvinger in de lucht, voor de camera *Dawlat al-Islām bāqiya* (De Islamitische Staat zal blijven bestaan) scandeerden. Op andere beelden was te zien dat vrouwen hun radicaal gedachtegoed allesbehalve hadden afgezworen. Een vrouw die zich Umm Nuh noemde, en uit België afkomstig bleek, vertelde geen spijt te hebben dat ze zich bij IS had aangesloten, integendeel. 'IS zit in ons hart,' zei ze. Ze ontvluchtte Baghouz met haar drie kinderen. Haar man was in Baghouz achtergebleven om te vechten tot de dood. Zij zei dat ze hoopte dat hij als martelaar zou sterven en niet te willen terugkeren naar België, omdat het land had deelgenomen aan de internationale coalitie tegen IS. Andere vrouwen in de Koerdische reportage zeiden dat de strijd voor hen nog niet voorbij was en beloofden dat ze hun kinderen zouden opvoeden voor het martelaarschap. 'Het leven in Baghouz was perfect. Het vertrek lag niet in onze handen, maar in dat van Allah,' vertelde een van de vrouwen. En een andere zei dat 'Allah ons de opdracht gaf te vluchten om het leven van onze kinderen te sparen. We zijn weggegaan zodat hij ons een nieuwe generatie kan geven die dan jihadist kan worden.'[55]

De Amerikaanse generaal Joseph Votel, bevelhebber van de Amerikaanse troepen in het Midden-Oosten, zei naar aanleiding hiervan dat de strijd tegen Islamitische Staat 'verre van beëindigd' was. 'De recente waarnemingen van onze mannen en vrouwen op het terrein tonen dat de bevolking die geëvacueerd werd uit de laatste bolwerken van het kalifaat voor het merendeel onverbeterlijk, vastberaden en geradicaliseerd blijft,' zei hij voor een commissie van het Amerikaanse Congres. 'Wat we vandaag zien is niet de capitulatie van IS, maar een berekende beslissing van de jihadisten om de veiligheid van hun families te bewaken en hun capaciteiten te behouden door de kans te grijpen die de kampen hun bieden, of door zich te verbergen in afgelegen gebieden en het goede moment voor een heropstanding af te wachten.'[56]

Nadat de vrouwen gefouilleerd en ondervraagd waren werden ze overgebracht naar kamp Al Hol in het noordoosten van Syrië, 300 kilometer verderop. De bevolking van het kamp, dat eind 2018 nog 20.000 mensen huisvestte, nam in twee maanden tijd toe tot 75.000 mensen. Mannen werden naar gevangenissen gebracht. Door de exodus van vrouwen en kinderen uit Baghouz luidde het International Rescue Committee begin maart 2019 de noodklok. Zo bleek een groot aantal kinderen onderweg van Baghouz naar Al Hol omgekomen te zijn. Bovendien werd het kamp dagelijks geconfronteerd met kinderen die zonder hun ouders aankwamen. Sommige waren hun ouders kwijtgeraakt bij de overtocht vanuit Baghouz, andere hadden geen ouders meer. Er waren honderden gevallen van ernstige acute ondervoeding, diarree, en honderden gevallen van de huidziekte Leishmaniasis, dat voor ernstige huidwonden zorgt. Er kwamen ook mensen aan met ernstige verwondingen die onmiddellijk geopereerd dienden te worden. De ziekenhuizen werden echter zodanig overspoeld met gewonden dat zij verplicht waren mensen weg te sturen.[57] Door de grote toestroom was er ook een gebrek aan tenten. De belegering van Baghouz leverde ook nog een macabere vondst op. Zo trof de SDF buiten het dorp een massagraf aan met honderden lichamen, de meesten vrouwen en kinderen. Velen waren onthoofd. Mogelijk ging het om jezidi's.[58]

Even leek het erop dat de evacuatie van burgers uit het gebied nog weken zou doorgaan. Maar op 10 maart 2019 liet Mustafa Bali, hoofd van het mediabureau van de SDF, via Twitter weten dat de deadline die aan IS-leden was gegeven om zich over te geven verstreken was. 'Onze troepen zijn klaar om een einde te maken aan wat over is van IS,' zo schreef hij.[59] In de dagen daarna was de hele wereld er getuige van hoe Baghouz in een enorme vuurzee ten onder ging. Van het ooit zo machtige kalifaat bleef alleen nog een hoop stof en as over. Het zou nog even duren vooraleer het einde van het kalifaat officieel werd aangekondigd. Maar op 23 maart 2019 kwam er dan toch een mededeling van de Syrische Democratische Strijdkrachten dat zij 'de totale overwinning' uitriepen op Islamitische Staat in Syrië. Het zelfverklaarde kalifaat dat IS in juni 2014 had uitgeroepen was daarmee beëindigd.[60] 'Op deze unieke dag herdenken we de duizenden martelaren wier inspanningen de overwinning mogelijk hebben gemaakt,' twitterde Mustafa Bali. Maar de SDF waarschuwde wel meteen dat met de ondergang van het kalifaat de terreurdreiging nog niet geweken was en dat er mogelijk IS-strijders waren die zich hadden teruggetrokken in afgelegen woestijngebieden in Syrië of in Iraakse steden. Daar zouden ze aanslagen en ontvoeringen kunnen voorbereiden. Ook aan IS gelieerde groepen in onder meer de Egyptische Sinaï, Afghanistan en Nigeria vormden nog altijd een bedreiging. 'We hernieuwen onze belofte om de oorlog voort te zetten en op hun restanten te jagen totdat ze compleet vernietigd zijn,' zo klonk het.[61]

Kort voor de finale slag om Baghouz wisten een aantal vrouwen waar ik kort daarna contact mee zou krijgen het IS-gebied te ontvluchten. Het waren voor een belangrijk deel weduwen, maar ook vrouwen die tot het laatst waren blijven geloven in het IS-ideaal. Alina was al begin 2013 met haar man Mehdi naar Syrië vertrokken. Mehdi behoorde tot de groep mannen die tot het eind achter IS was blijven staan. Toen hij in januari 2018 omkwam bij een bombardement probeerde Alina met haar vier kinderen IS te ontvluchten. Maar zij zou er pas een jaar later in slagen om weg te komen. Mina daarentegen, die in 2014 naar Syrië was vertrokken was tot op het laatst achter IS blijven staan. Toen er geen ontkomen meer aan was en ze uiteindelijk met haar vier kinderen in het tentenkamp van Baghouz terechtkwam wist ze met veel moeite een plaats te veroveren in een van de vrachtwagens die de vrouwen en hun kinderen dagelijks het gebied uit reden. Alina en Mina kwamen allebei terecht in kamp Al Hol.

Alina

Nadat haar man Mehdi in januari 2018 was omgekomen bij een bombardement in Garanij was Alina met haar vier kinderen achtergebleven bij IS. Zij was in maart 2013 samen met haar man en dochter naar Syrië vertrokken. Mehdi had deze beslissing genomen, zonder dat zij daar enige zeggenschap over had. Hij maakte deel uit van de harde kern van Sharia4Belgium en had beslist dat zij naar Syrië zouden gaan. Alina hoopte dat hij zich zou bedenken, dreigde eventjes met een scheiding, maar schikte zich uiteindelijk in haar lot en ging mee. Ze had zich altijd naar elke beslissing van haar man moeten schikken. Zo was het altijd geweest en zo was het ook nu. Maar Mehdi was iemand die snel dingen beu was, zo vertelt ze, en ze hoopte dat dat in dit geval ook zo zou zijn. Ze ging dus mee in de veronderstelling dat ze snel zou terugkeren naar huis.

Aanvankelijk streken ze neer in Idlib, waar het goed leven was. 'Onze buren waren van het Vrij Syrisch Leger, een beetje verder had je Jabhat al-Nusra-mensen en Ahraar Shaam en ons. Ik heb een jaar lang in Idlib in vrede geleefd tussen alle rebellengroepen,' vertelt ze. 'We hadden gewoon bombardementen van het Bashar-regime, dat was de enige vijand.' Maar na verloop van tijd ontstonden er steeds meer conflicten tussen de verschillende rebellengroepen. Vooral Jabhat al Nusra en het inmiddels ontstane IS raakten in conflict. Mehdi trok met zijn gezin naar Raqqa en sloot zich aan bij IS.

Het gezin woonde nagenoeg de hele oorlog in Raqqa. Na de herovering van de stad in oktober 2017 trokken ze mee met de karavaan richting Mayadin. Daarna verkasten ze van dorp naar dorp. In deze periode zijn er wellicht voldoende kansen geweest om op de vlucht te slaan, maar Mehdi wilde blijven. Op een gegeven moment stak de karavaan de Eufraat over en kwam terecht in Hajin. Vervolgens ging het naar Gharanij. Daar kwam Mehdi om het leven.

Waarom was Mehdi, toen de toestand steeds hopelozer werd voor IS, toch gebleven? vraag ik haar. 'Ik denk dat hij niet terug wou omdat hem in België een gevangenisstraf te wachten stond. En hij dacht dat ons de kinderen afgenomen zouden worden en naar pleeggezinnen zouden worden gebracht.' Maar zoals voor alle andere vrouwen is het wellicht moeilijk om toe te geven dat haar man IS niet wilde verlaten omdat hij tot het allerlaatst achter de organisatie was blijven staan. Hij had volgens Alina wel kritiek op IS, maar blijkbaar was die niet fundamenteel genoeg om de organisatie de rug toe te keren.

Toen Mehdi om het leven kwam en Alina alleen was achtergebleven met haar kinderen besloot ze dat ze alles zou doen om IS te ontvluchten. 'Ik ben jaren getrouwd geweest met mijn man en moest hem altijd gehoorzaam zijn, zoals dat hoort in de islam, maar na zijn dood was ik vrij om te doen wat ík wou. Toen ik weduwe werd interesseerde het me niet. Ik wist: ik heb geen misdaden gepleegd, noch gesteund. En ik wilde dit leven niet voor mijn kinderen. Mijn grootste nachtmerrie was dat ze van mijn zoon een soldaat zouden maken en als kanonnenvlees zouden gebruiken, zoals al de rest. Dus ik wilde daar weg. En ik weet zeker: als mijn man eerder was omgekomen, dan was ik daar eerder weg geweest. Ik denk dat mijn man geen toekomst zag in België, hij wist dat hem gevangenisstraf te wachten stond, en dat zijn gezin uit elkaar getrokken zou worden. Ik denk dat dat hem heeft doen blijven.' Het lijkt er inderdaad op dat Alina zo lang bij IS is gebleven omdat haar man geen aanstalten maakte om te vluchten. Over het al dan niet terugkeren naar België had zij totaal geen zeggenschap.

Maar ontkomen was nog niet zo makkelijk als moeder met vier kleine kinderen. Als weduwe was ze na de dood van haar man terechtgekomen in een madafa waar ze volgens de strikte regels van IS moest leven. Voor letterlijk alles was toestemming nodig van de verantwoordelijken. Om de zo veel dagen kwam IS papiertjes met nieuwe regels op de muur plakken. Maar Alina wist op een gegeven moment toch te vluchten en vond opvang bij een Syrische familie in Hajin. Doordat zij inmiddels zes jaar in Syrië was beheerste zij het Syrische dialect van de streek, waardoor zij dit soort dingen makkelijker voor elkaar kreeg dan anderen. Maar uiteindelijk moest ze ook daar weg omdat het te gevaarlijk was. In de twee maanden die daarop volgden was ze dakloos maar ze wilde niet terug naar de madafa omdat ze zich niet langer kon neerleggen bij de strikte regels van IS.

Haar laatste maanden bij IS beschrijft ze als een hel. Zo moest ze al het mogelijke doen om haar kinderen in leven te houden. Er was nauwelijks voedsel en drinkwater te krijgen, waardoor ze nagenoeg uithongerden. Bovendien waren er veel bombardementen, waardoor met name haar driejarige dochter erg getraumatiseerd raakte.

Alina zocht naar een manier om weg te komen, maar kon er met niemand over praten omdat dit te gevaarlijk was. Met behulp van smokkelaars was het sommigen gelukt om te ontsnappen, maar die vroegen duizenden dollars. Haar familie durfde haar geen geld te sturen uit angst dat ze zouden worden aangeklaagd door de Belgische autoriteiten. Alina was de wanhoop nabij en probeerde op eigen houtje weg te komen. 'Toen ik echt wanhopig werd, ben ik gaan lopen richting de Koerden, maar het is drie keer mislukt.'

Uiteindelijk kwam zij met de karavaan van wat er nog van IS was overgebleven terecht in Baghouz. Na verloop van tijd vond ze onderdak bij een Syrische familie. Zij woonden naast een internetwinkel en zagen dat Alina daar vaak was en soms bleef slapen wanneer ze geen onderdak had. De man des huizes sprak haar aan en bood haar onderdak aan. Toen bleek dat zij IS wilde verlaten zorgde hij ervoor dat zij met een transport Syrische en Irakese burgers weg kon komen. Voor hen was het makkelijker het gebied te verlaten. Voor de muhajirats was het volgens Alina verboden om te vertrekken. 'Ik heb vervolgens met mijn vier kinderen van negen uur 's avonds tot de dageraad moeten lopen om eruit te raken. Ik heb mijn dochtertje van anderhalf in een geïmproviseerde draagzak gedragen en heb de andere kinderen laten meelopen.' Op 4 januari 2019 gaf Alina zich, uitgeput en uitgehongerd, samen met haar vier kinderen over aan de YPG. Twee weken later werden ze overgebracht naar Al Hol.

'Hoe je het draait of keert, we hebben een grote fout gemaakt,' zegt Alina. 'De grootste fout voor mij was de verkeerde interpretatie van mijn religie. Ik geef dit toe. En daarom heb ik mijn rug toegekeerd naar IS. Want ik wilde niet dat mijn kinderen met deze gewelddadige visie van de islam zouden opgroeien.' Alina hoopt dat ze over niet al te lange tijd een nieuw leven kan opbouwen in België, samen met haar vier kinderen.

Mina

Mina was, voor zover haar moeder dat kon opmaken uit de WhatsApp-gesprekken die ze met haar had, altijd redelijk gelukkig geweest in Syrië. Zij was in april 2013 samen met haar man en haar twee dochters naar Syrië vertrokken, maar haar man was kort daarna gesneuveld. Ze hertrouwde, maar na een jaar blies haar tweede man zich op met een bomauto. Uiteindelijk trouwde ze voor een derde keer met een Zweedse strijder. Uit haar drie huwelijken werden vier kinderen geboren. Onder de andere vrouwen staat Mina bekend als een diehard die tot op het laatste moment achter IS was blijven staan. Dat zij zo lang geaarzeld had om de terroristische organisatie te verlaten is dan ook niet verwonderlijk, volgens de vrouwen. 'Als je in Hajin nog een koe koopt, dan ben je niet van plan om weg te gaan, anders zou je zo een investering niet doen,' zegt een van hen.

Maar eind februari 2019, toen de SDF-alliantie op het punt stond om Baghouz de laatste slag toe te brengen, kwam er vanuit het tentenkamp een bericht van Mina aan haar moeder. Ze schreef dat ze de volgende dag zou proberen om met haar hele gezin het tentenkamp te ontvluchten. Op de geluidsopnames die ze aan haar ouders stuurde was hoorbaar dat er aan een stuk door geschoten werd en er raketten werden afgevuurd. Mina klonk hoopvol dat ze het tentenkamp snel zouden kunnen verlaten.

Maar een paar dagen later bleek dat ze nog steeds de kans niet hadden gekregen om Baghouz te verlaten. Er zouden de komende dagen vrachtwagens vertrekken, maar het was onduidelijk of Mina en haar gezin een plek zouden kunnen veroveren. In de komende dagen bleven berichten dat ze de volgende dag zou vertrekken elkaar opvolgen. Maar toen werd het hele gezin ziek en moesten ze hun vlucht uitstellen. 'Ik heb vandaag geen kracht om te lopen. Morgen is beter voor mij insha'Allaah,' schreef ze aan haar moeder. De dagen schreden voorbij, maar Mina en haar gezin leken er maar niet in te slagen om Baghouz te verlaten.

En toen kwam de mededeling vanuit de SDF dat ze, nadat ze duizenden burgers hadden geëvacueerd uit het gebied, het slotoffensief tegen IS zou inzetten. De strijd was opgeschort om burgers de kans te geven om te vluchten. Iedereen die nu nog in het gebied was achtergebleven, werd als vijand beschouwd, zo werd er gezegd. Meteen de volgende dag werd de aanval ingezet. Baghouz veranderde in een enorme vuurzee.

Het leek erop dat Mina en haar gezin achtergebleven waren. In het laatste bericht dat haar moeder had ontvangen vertelde ze dat ze vervoer aan het regelen waren om weg te komen, maar dat het heel erg duur was. En vervolgens bleef het stil. Een paar dagen later kwam het voor haar ouders verlossende bericht dat ze nog in leven waren en nog steeds in het tentenkamp verbleven. Maar wat zij schreef over hun situatie was angstaanjagend. 'Mama het is hier verschrikkelijk, echt verschrikkelijk. Ze (de Koerdische strijdkrachten) vermoorden iedereen. Ik heb geprobeerd weg te gaan. Ben gewoon de auto uit gesmeten door andere vrouwen omdat iedereen weg wil. Wat ik allemaal gezien heb. Ik kan het niet eens uitleggen.' In de dagen daarna hadden haar berichten dezelfde strekking. Ze waren nog steeds in het tentenkamp en ze hadden weer geprobeerd om weg te komen maar dat was niet gelukt, omdat er gevochten werd om op de vrachtwagens terecht te komen. Ondertussen bleef de oorlog voortwoeden. '24/7 vliegen de raketten en kogels door de lucht. Er zijn zo veel mensen doodgegaan. Zo veel *subhanAllah* voor mijn ogen. Naast mij. Dit is echt moeilijk. We hebben zoveel gezien en meegemaakt de afgelopen dagen. *Ameen.*'

Het leek erop dat de kans steeds kleiner werd om weg te komen. 'We gaan het morgen weer proberen insha'Allaah,' schreef ze. 'Als we nog leven. Ze schieten gewoon bewust vrouwen en kinderen neer die Koerden. Achter mijn tent, een klein kind, haar hele hoofd eraf. Naast mijn tent hebben ze een heel gezin uitgemoord, alles voor onze ogen. Vrouwen met kogelwonden liggen op de grond en niemand kan ze helpen. Dit is niet normaal mama. Ik ben echt kapot van dit.' Mina stuurde haar moeder audioberichten waarop schoten en ontploffingen te horen waren. In de tent waar ze met haar vier zieke kinderen zat was het angstwekkend stil. Je voelde als het ware de angst van deze kinderen die door hun moeder al jaren waren meegesleept in een gruwelijke oorlog.

Ondanks de wanhopige situatie waarin het gezin terecht was gekomen, slaagde Mina er na verschillende pogingen een paar dagen later in om met haar kinderen te vluchten uit Baghouz. Ze had een plaats weten te verwerven in een van de vele vrachtwagens. Haar man bleef achter om zijn laatste veldslag te leveren. Moe, ziek en uitgehongerd gaf ze zich begin maart 2019 samen met haar vier zieke kinderen over aan de SDF. Het gezin werd naar Al Hol gebracht, waar hen de volgende hel te wachten stond.

De repatriëring

Nadat de Syrisch-Koerdische SDF in maart 2019 de overwinning op IS had uitgeroepen, werd een discussie die al jaren gevoerd werd ineens heel erg actueel: wat moest er gebeuren met de overgebleven IS-strijders en hun gezinnen? Het was al jaren genoegzaam bekend dat geen enkel Europees land gewonnen was voor het idee om de strijders en hun vrouwen te repatriëren. Toen president Trump in december 2018 echter aankondigde dat Amerikaanse troepen zich uit Syrië zouden terugtrekken omdat de strijd daar gestreden was, werd door Washington eveneens benadrukt dat westerse landen dienden over te gaan tot de repatriëring van hun onderdanen die in handen waren gevallen van de SDF.[62] Maar toen er geen reactie kwam stuurde Trump in februari 2019 een reeks tweetberichten de wereld in, waarin hij schreef dat de VS Groot-Brittannië, Frankrijk, Duitsland en andere Europese bondgenoten vroegen om zo'n achthonderd Europese IS-strijders (een paar maanden later zou blijken dat het om 1500 strijders ging) te repatriëren die wachtten in detentiecentra van de SDF. De oproep van Trump werd, zoals gewoonlijk, gevolgd door een waarschuwing: 'Het alternatief is niet fraai, omdat we dan gedwongen zijn hen vrij te laten.' Hij schreef dat de losgelaten jihadisten zich dan zouden 'verspreiden' over Europa.[63]

Maar de Europese regeringsleiders bleken na de tweets van Trump geen van allen van plan te zijn hun beleid te wijzigen. Tegelijkertijd erkenden de Europese lidstaten de netelige kwestie dringend te moeten aanpakken. Het leek erop dat de meeste regeringsleiders van mening waren dat de strijders berecht moesten worden in de regio waar ze hun misdaden hadden begaan. Dat bleek alvast de mening van de Belgische premier Michel.[64] Een paar maanden later pleitte de Nederlandse minister van Buitenlandse Zaken Blok tijdens een bijeenkomst van de VN-Veiligheidsraad in New York namens het Nederland kabinet voor de oprichting van een internationaal tribunaal. Wat het kabinet betrof moest de berechting van strijders zoveel mogelijk in de eigen regio gebeuren, zodat de slachtoffers van het geweld zagen dat de daders werden vervolgd.[65]

Er zijn de laatste jaren veel discussies geweest over het al dan niet repatriëren van strijders en hun vrouwen en vooralsnog lijkt, nogmaals, geen enkel Europees land gewonnen om dat te doen. Mehra en Paulussen beschrijven de verschillende scenario's die er zijn om strijders al dan niet te repatriëren en zij komen net zoals vele andere terrorisme-experts tot de conclusie dat de enige correcte manier om vanuit een legaal, moreel en (lange termijn) veiligheidsperspectief met het probleem om te gaan het actief repatriëren van de betrokkenen is alsook het berechten in de thuislanden. Naast de internationale antiterrorismeverdragen zijn er namelijk verschillende bindende resoluties van de VN-Veiligheidsraad die staten de wettelijke verplichting opleggen om terroristen te berechten en passende vervolging, rehabilitatie en re-integratiestrategieën te ontwikkelen voor terugkerende strijders.

Daarnaast heeft het Internationale Comité van het Rode Kruis bepaald dat staten oorlogsmisdaden moeten onderzoeken die gepleegd zouden zijn door hun onderdanen. Voorts is er Artikel 3 van het Kinderrechtenverdrag, dat zegt dat staten kinderen de bescherming en zorg moeten bieden die nodig zijn voor hun welzijn en waarbij het belang van het kind steeds voorop moet staan. Dit alles vereist dat staten de kinderen repatriëren. Bovendien bepaalt het Verdrag van Wenen inzake consulaire betrekkingen van 1963 meer in het algemeen dat staten hulp aan hun burgers moeten bieden, in het bijzonder bij de bescherming van de belangen van minderjarigen. Uiteraard, zo stellen Mehra en Paulussen, is er geen honderd procent garantie dat terugkeerders na hun terugkeer niet betrokken zullen raken bij terrorisme, maar vanuit een veiligheidsperspectief op lange termijn is volgens hen een gecontroleerde terugkeer van strijders en hun gezinnen de meest wenselijke optie.[66]

Toch lijkt dit geen weg die door de Europese leiders ingeslagen zal worden. Er is namelijk te veel weerstand tegen het idee. Geen enkel Europees land durft het vooralsnog aan om zijn onderdanen die zich hebben aangesloten bij de gewapende strijd en hun families te repatriëren. Er is een aantal landen zoals Tsjetsjenië, Kazachstan en Oezbekistan die families van IS-strijders hebben gerepatrieerd, maar de meeste nemen vooralsnog een afwachtende houding aan. Het is duidelijk dat een oplossing van dit probleem steeds urgenter wordt. Met name wordt er gewezen op het lot van de vele honderden kinderen die zich in de kampen in Noord-Syrië bevinden. Maar vooralsnog blijkt de politieke moed om iets aan het lot van deze kinderen te doen te ontbreken.

Kinderen van Daesh

Sinds het begin van de oorlog werden we geconfronteerd met het buitensporig geweld dat door ISIS werd gepleegd. De beelden, die wellicht voor altijd in het geheugen van velen gegrift zullen staan, sloegen diepe wonden. Zo diep dat het debat over terugkeerders in de jaren daarna daardoor volledig overstemd werd. De reacties vanuit de politiek waren meestal fel wanneer ter sprake kwam dat sommige mannen en vrouwen die zich hadden aangesloten bij IS wilden terugkeren naar hun thuisland. De Nederlandse premier Mark Rutten zei in 2015 tijdens een televisiedebat dat Nederlandse Syriëgangers wat hem betreft beter niet konden terugkeren. 'Als ik moet kiezen, heb ik liever dat ze sneuvelen in Syrië of Irak dan dat ze terugkeren en hier aanslagen plegen,' zei hij.[67] Belgische bewindsvoerders hielden zich wat langer op de vlakte hierover. Tot de Belgische minister van Binnenlandse Zaken Jan Jambon op de vraag of België iets zou doen voor de Belgische jihadist Tarik Jadaoun, die in Irak gevangen was genomen en daar de doodstraf riskeerde, antwoordde: 'Negotiëren over een eventuele terugkeer, dat is niet aan de orde. Wie bepaalde keuzes maakt in het leven, moet de consequenties dragen.'[68]

De manier waarop er gesproken werd over potentiële terugkeerders liet niets aan de verbeelding over. De gruwelijke beelden waar de wereld mee geconfronteerd was geweest sinds IS in Syrië en Irak actief was, leken maar één antwoord te rechtvaardigen, namelijk dat de Belgische en Nederlandse overheden niets zouden doen om potentiële terugkeerders de hand te reiken. Maar deze houding, zo bleek, betrof niet alleen de strijders. Ook hun vrouwen en kinderen konden nergens op rekenen, kinderen die vaak op heel jonge leeftijd meegenomen waren door hun ouders of die in Syrië of Irak geboren waren.

De toon werd gezet in februari 2017 toen AIVD-topman Rob Bertholee tijdens een interview met *EenVandaag* zei zich niet alleen zorgen te maken over mannen en vrouwen die in Syrië en Irak verbleven, maar ook over hun kinderen. Bekend was, zo zei de AIVD-topman, dat deze kinderen vanaf hun negende zouden kunnen worden getraind en zouden kunnen worden ingezet bij een aanslag. Dit was ook de teneur van het rapport *Minderjarigen bij ISIS*, dat twee maanden later verscheen en waarin gewaarschuwd werd voor het feit dat Nederlandse kinderen, gezien de indoctrinatie en training die zij mogelijk in het strijdgebied hadden gekregen, zouden kunnen worden ingezet bij een aanslag.[69] Ook in latere rapporten waarschuwde de AIVD voor het gevaar dat kon uitgaan van de 'welpen van het kalifaat'.[70]

Er was begin februari 2017 nog niet zoveel bekend over de situatie van Belgische en Nederlandse kinderen in de strijdgebieden Syrië en Irak. Beide landen lagen toen nog onder vuur van de internationale coalitie en communicatie met het thuisfront was zo goed als afgesloten. De meeste ouders waar ik contact mee had hoorden in die periode maar weinig van hun kinderen en stonden iedere dag op, zich in verbijstering afvragend of hun geliefden nog wel in leven waren. Er waren geruchten dat steeds meer strijders probeerden weg te komen bij is, dat vrouwen met kinderen zich overgaven aan de Koerdische strijdkrachten en dat ze in gevangenenkampen werden opgesloten maar erg concreet was dat allemaal niet.

En dan was daar ineens, in september 2017, dat beeld van de Nederlandse Ilham die, gehuld in een zwarte nikab, de Belgische journalist Rudi Vranckx te woord stond vanuit het kamp Ain Issa in het noorden van Syrië, waar vluchtelingen uit Raqqa werden opgevangen. Ze zat er afgezonderd, samen met andere vrouwen van is-strijders en hun kinderen. Ilham was in 2013 naar Syrië vertrokken, waar ze trouwde met een Antwerpse strijder, die inmiddels in de gevangenis zat. Zij zat opgesloten met haar eenjarig zoontje, en was zwanger van haar tweede kind.[71] Zij vertelde 'geen spijt' te hebben van haar vertrek naar Syrië, maar zei dat zij er 'veel geleerd' had. Daarnaast zei ze graag terug te willen keren naar Nederland. Maar dat kon alleen, zo stelde de commandant van het kamp, wanneer het Nederlands consulaat contact met hen opnam. Het Nederlandse ministerie van Buitenlandse Zaken liet echter onmiddellijk weten dit niet van plan te zijn.[72] Het standpunt van de Nederlandse regering was dat de vrouwen op eigen houtje naar Syrië waren gereisd en dat het hun eigen verantwoordelijkheid was om uit het gebied terug te keren. De overheid zou pas actie ondernemen als de vrouwen zich zouden melden bij een Nederlandse post. Dat was in het meest praktische geval in Erbil in Irak, waar een Nederlands consulaat gevestigd was.

Aanvankelijk was onduidelijk hoeveel Belgische en Nederlandse kinderen er precies in Syrië en Irak waren en waar ze precies verbleven. Maar daar kwam in de loop der tijd steeds meer duidelijkheid over. De AIVD stelde bij de presentatie van haar jaarverslag over 2017 dat er 175 minderjarigen 'met een Nederlandse link' in Syrië en Irak waren. Het ging voornamelijk om kinderen die daar geboren waren, met een of twee Nederlandse ouders, vaak niet ouder dan vier jaar.[73] Volgens OCAD, het orgaan voor de coördinatie en de analyse van de dreiging in België, waren er wellicht zo'n 145 minderjarige kinderen van Belgische strijders op verschillende plaatsen in Syrië en Irak. Driekwart daarvan zou jonger zijn dan zes jaar.[74] Omdat Belgen en Nederlanders in het kalifaat vaak met elkaar trouwden, was er wellicht enige overlapping.

Ook werd stilaan duidelijk waar de vrouwen en kinderen die de oorlog hadden overleefd zich bevonden. Zo waren Belgische en Nederlandse IS-families na de slag om Raqqa en Deir Ezzor terechtgekomen in drie gevangenenkampen in het noorden van Syrië (Ain Issa in de provincie Raqqa en Al Hol en Al-Roj in de provincie Al Hasakah), die onder het gezag stonden van de Syrisch-Koerdische militie YPG. Om hoeveel mensen het precies ging was onduidelijk. De Syrische Koerden zouden in juli 2018 verklaren dat het om 26 Belgische en 23 Nederlandse vrouwen en kinderen ging.[75] Vrouwen die er niet in waren geslaagd om te ontsnappen of er bewust voor gekozen hadden om bij IS te blijven, zaten in het laatste IS-territorium in de grensregio tussen Syrië en Irak.

De oorlog in Syrië had niet alleen tot duizenden doden geleid, maar ook tot een groot aantal ontheemden, die het oorlogsgeweld waren ontvlucht. Vooral in de provincie Al Hasakah, grenzend aan de provincies Ar Raqqa en Deir Ezzor, waar IS het meest had huisgehouden, waren veel vluchtelingen terechtgekomen. Ze waren onder andere ondergebracht in Al Roj, een klein kamp met 1600 mensen.[76] Sinds maart 2015 waren er ook andere vluchtelingen opgenomen, waaronder Irakezen en Syriërs die op de vlucht waren geslagen voor het oorlogsgeweld. Maar sinds de val van IS herbergden zij ook westerse IS-vrouwen en hun kinderen. Al Hol, een kamp waar 20.000 vluchtelingen werden opgevangen, zowel mannen, vrouwen als kinderen, was in 1991 tijdens de Golfoorlog opgezet en werd heropend om vluchtelingen op te vangen die in 2003 de oorlog in Irak waren ontvlucht. In datzelfde jaar raakte het kamp buiten gebruik nadat IS het dorpje Al Hol had overgenomen. In november 2015 heroverden de Koerdische strijdkrachten het dorpje en in april 2016 werd het kamp heropend. De eerste vluchtelingen van de oorlog in Syrië en Irak werden er sinds mei 2016 ondergebracht. Vervolgens kwamen er vooral Irakese vluchtelingen uit Sinjar, Mosul en de al-Ba'aj regio en Syrische vluchtelingen uit Deir Ezzor terecht, gevolgd door (westerse) IS-vrouwen en hun kinderen.[77] Het kamp Ain Issa, dat ongeveer 9000 vluchtelingen herbergde, ligt ten noorden van de stad Raqqa in de buurt van het dorpje Ain Issa. Het werd in april 2016 geopend, voor de opvang van vluchtelingen vanuit Raqqa en Aleppo, voornamelijk Syriërs.[78]

DE KINDEREN VAN AL HOL

Hoewel de omstandigheden in de kampen in Noord-Syrië altijd slecht waren geweest ontstond er begin 2019 een ware humanitaire crisis toen duizenden vrouwen en kinderen vanuit Baghouz in Al Hol terechtkwamen. Met name moeders en kinderen die Baghouz, het laatste bolwerk van IS, waren ontvlucht, kwamen er terecht.

Zowel moeders als kinderen hadden ten gevolge van het oorlogsgeweld in Baghouz vaak ontbrekende ledematen, granaatscherven in hun lichaam, kogelwonden et cetera en moesten in het kamp de nodige medische zorg ontberen. Daarnaast waren de meesten ondervoed. De ziekenhuizen in de regio werden overspoeld met zieken en gewonden, waaronder een groot aantal kinderen, maar zij waren totaal niet toegerust op die toestroom. Ook de slecht uitgeruste en smerige ziekenhuisjes in het Al Hol-kamp konden de zieken en gewonden niet de nodige zorg bieden. Bovendien leefden er honderden kinderen zonder hun ouders, die ze tijdens de overtocht van Baghouz naar Al Hol waren kwijtgeraakt of die waren omgekomen. Tientallen kinderen stierven in het kamp door de kou en het gebrek aan voedsel en medische voorzieningen.[79]

Naast de penibele medische situatie in het kamp was het er ook onveilig omdat veel vrouwen die Baghouz op het laatste moment ontvlucht waren nog steeds fervente aanhangers van IS bleken en de vrouwen die afstand hadden gedaan van de organisatie onder druk zetten, bedreigden en aanvielen. Ook bewakers en hulpverleners werden fysiek bedreigd. Het was de eerste keer in vijftien jaar, zei Tineke Ceelen, directeur van Stichting Vluchteling, die Al Hol eind maart 2019 bezocht, dat ze twijfelde of haar stichting hulp moest bieden aan deze vrouwen. Ze kende de verhalen van hun slachtoffers en ze merkte hoe sommige IS-vrouwen, die nog steeds sympathiseerden met IS, hun wil oplegden aan anderen. Er waren binnen haar organisatie heftige discussies aan haar bezoek voorafgegaan, zo bleek. Maar Ceelen besloot om toch te helpen, niet alleen vanuit een humanitair standpunt. Zestig procent van de mensen in het kamp waren kleine kinderen. 'Ik ben bang dat als je ze niet helpt, je de monsters van de toekomst creëert.'[80]

HET DEBAT

Toen de ouders van de jonge mannen en vrouwen die naar Syrië vertrokken waren na een lange periode van stilte weer contact kregen met hun kinderen en van hen te horen kregen in wat voor een abominabele toestand ze in de gevangenenkampen in Noord-Syrië verkeerden, begonnen zij de verhalen van hun kinderen en kleinkinderen steeds meer in de media te brengen. Zij vertelden over wat zich in de kampen afspeelde en riepen de Belgische en Nederlandse overheid op om zich het lot van hun kinderen en vooral kleinkinderen aan te trekken en de vrouwen en kinderen te repatriëren.[81]

Hoewel het aanvankelijk stil bleef begon een aantal organisaties zich schoorvoetend uit te spreken over het lot van de IS-kinderen in de kampen in Noord-Syrië. Zo vond de kinderrechtenorganisatie Defence for Children dat de Nederlandse overheid kinderen van Nederlandse IS-strijders actief moest terughalen naar Nederland.[82] Ook Unicef riep de Belgische en Nederlandse regeringen op om een oplossing te zoeken voor de kalifaatkinderen. De kinderombudsvrouw in Nederland en haar collega in België riepen de regeringen in beide landen op om de kinderen te repatriëren. Deden ze dat niet, dan handelden ze volgens hen in strijd met het Kinderrechtenverdrag.[83]

En ook Jeugdzorg Nederland zei de oproep te steunen om kinderen te repatriëren.[84]

Maar het antwoord was steevast dat Nederland pas actie kon ondernemen als de vrouwen zich zouden melden bij een Nederlandse post. Om te voorkomen dat (wees)kinderen van andere nationaliteiten Nederland werden binnengesmokkeld, zou daar ter plekke een DNA-test worden afgenomen. Vervolgens zouden de vrouwen onder begeleiding van de Koninklijke Marechaussee naar Nederland worden gebracht en daar gevangengezet, in afwachting van hun strafproces. Jonge kinderen zouden onder toezicht worden gesteld van de Raad voor de Kinderbescherming. Voor kinderen vanaf twaalf jaar zou per geval worden bekeken wat de beste oplossing was.[85]

Het antwoord van de Belgische overheid was mogelijk nog strikter. Eind december 2017 had de regering beslist dat kinderen van Belgische IS-strijders jonger dan tien jaar automatisch mochten terugkeren naar België. Dat zou gelden zodra via DNA-onderzoek zekerheid bestond over hun afstamming uit Belgische ouders. Voorwaarde was wel dat hun ouders op eigen houtje een Belgisch consulaat of ambassade wisten te bereiken, wat voor Belgen concreet betekende dat ze zich konden melden in Ankara, Istanboel of Beirut. Zowat 87 kinderen zouden in aanmerking komen voor de laissez-passer. In de groep tussen tien en achttien jaar zou geval per geval worden gekeken of terugkeer mogelijk was. Zo zou worden nagegaan of de jongeren een terreuropleiding hadden gekregen of hadden deelgenomen aan gevechten. Binnen deze categorie was sprake van mogelijk een twintigtal jongeren. Het automatisch terugkeerrecht, zo werd beslist, gold echter niet voor de ouders.[86]

Toen het voorstel van de beide regeringen dat vrouwen zich op eigen houtje naar een Belgische of een Nederlandse post moesten begeven praktisch gezien onmogelijk bleek omdat de vrouwen gevangen werden gehouden en het kamp alleen mochten verlaten als hun regeringen hen daarbij faciliteerden, veranderden de Belgische en Nederlandse regering hun strategie. Zo verklaarde minister van Justitie Grapperhaus dat Nederland zich niet in het 'strijdgebied' kon begeven omdat het 'gevaarlijk en onverantwoord was'.[87] Maar Abdul Karim Omar, bevoegd voor de buitenlandse betrekkingen van het Koerdische democratische zelfbestuur van Noord-Syrië, betwistte deze stelling. Het enige wat de Nederlandse regering moest doen was geldige reisdocumenten afleveren voor de vrouwen. De Koerden waren naar eigen zeggen bereid om hen vervolgens af te leveren aan de grensovergang met Irak, vanwaar het door Iraaks-Koerdisch gebied drie uur rijden is naar Erbil.[88]

Ook bij de Belgische regering was weinig bereidheid om de vrouwen en kinderen te repatriëren. De Koerdische autoriteiten bleven er echter op aandringen dat het van belang was dat westerse overheden hun onderdanen die in de kampen verbleven, terughaalden. Eind oktober 2018 pleitte Abdul Karim Omar in Brussel voor een oplossing. De landen van herkomst moesten volgens hem 'hun morele verantwoordelijkheid opnemen' ten opzichte van de kinderen van de buitenlandse IS-strijders. Er was contact opgenomen met de EU maar dat had volgens hem nog geen resultaat opgeleverd. Ook was er gesproken met België. 'België heeft met ons gesproken over de uitlevering van kinderen, maar we vinden dat ze niet gescheiden mogen worden van hun moeder.' Hij zei ook dat vastgehouden IS-strijders gerepatrieerd moesten worden om in de landen van herkomst te worden berecht. 'De aanwezigheid van deze terroristen is gevaarlijk en problematisch voor ons. De regio is politiek en militair instabiel. Het risico op een ontsnapping kan niet worden uitgesloten. Dat vormt een dreiging voor ons, maar ook voor de landen van herkomst.'[89]

De Belgische minister van Justitie Koen Geens zei, als antwoord op de Koerdische autoriteiten, te volharden in het standpunt dat kinderen van Belgische IS-strijders terug konden keren naar België. Hij zei dat er op dat moment bij de overheid vijftien kinderen bekend waren die in Noord-Syrië verbleven en onder de tien jaar waren. Hij herhaalde dat de Belgische regering in december 2017 had beslist dat kinderen jonger dan tien jaar mochten terugkeren en dat de overheid hieraan bijstand zou verlenen. Maar voor Geens, die namens de regering sprak, was het geen optie om de moeders, waarvan sommigen veroordeeld waren voor deelname aan de activiteiten van een terroristische groep, naar België te repatriëren. Daar was namelijk geen draagvlak voor, al zou dat zeker vanuit opvoedkundig standpunt beter zijn, zo verklaarde hij. 'We moeten de Koerdische autoriteiten overtuigen om de kinderen alleen te laten terugkomen, wanneer de moeders dat toestaan.'[90]

In navolging van het rapport van de Kinderombudsvrouw waarin deze aandrong op een snelle repatriëring van de kinderen schreef Grapperhaus in een brief aan de Tweede Kamer dat de situatie in de kampen zorgwekkend was en dat hij kinderen van jihadgangers vooral als slachtoffers zag. Maar volgens de minister zaten de kinderen in een gebied waar de Nederlandse staat geen gezag had. Dat

Nederland juridisch verplicht was de kinderen naar Nederland te halen, wees hij van de hand.[91]

Hetzelfde argument werd gebruikt door een rechter in een zaak die aangespannen werd door twee Belgische vrouwen die IS ontvlucht waren en met hun kinderen vastzaten in een van de kampen in het noorden van Syrië. Zij hadden de Belgische Staat in kort geding voor de rechter gedaagd en probeerden hen te dwingen hun kinderen te repatriëren. Ze vonden dat de Belgische Staat in gebreke bleef, aangezien hun kinderen er volgens hen in erbarmelijke omstandigheden leefden. Child Focus, de Stichting voor Vermiste en Seksueel Uitgebuite Kinderen, sloot zich aan bij de dagvaarding.[92] De rechter besliste echter dat de Belgische Staat niet verplicht was om de zes kinderen van de vrouwen te repatriëren. Op grond van het Kinderrechtenverdrag, oordeelde de rechter, had België 'wellicht de morele plicht om zich het lot van de minderjarige kinderen van Syriëstrijders in vluchtelingenkampen in de oorlogszones aan te trekken, maar deze morele plicht leek juridisch niet afdwingbaar te zijn bij gebrek aan rechtsmacht van de Belgische Staat in de vluchtelingenkampen'. Doordat de Belgische Staat over geen enkele bevoegdheid beschikte in het gebied waar de kinderen zich bevonden, kon de rechter haar niet verplichten om de kinderen te repatriëren, klonk het.[93] In hoger beroep kwam de rechter tot dezelfde beslissing.

Uiteindelijk kwam het in december 2018 tot een nieuwe rechtszaak, die tot een doorbraak zou leiden, tenminste daar leek het aanvankelijk op. De rechter dwong België niet tot een verplichte repatriëring omdat het land geen bevoegdheid heeft in Syrië, maar het land moest wel 'al het mogelijke doen' om de kinderen en hun moeders te-

rug te halen. Zo moest België het eigen diplomatieke en/
of consulaire personeel of dat van een andere EU-lidstaat
inschakelen, contacten en afspraken maken met de lokale autoriteiten, de kinderen en de moeders de nodige
administratieve, identiteits- en reisdocumenten bezorgen
en de reis van de moeders beveiligen. De staat had veertig
dagen om de maatregelen te nemen. Als er niets gebeurde,
werd hun een dwangsom opgelegd van vijfduizend euro per dag per kind, tot maximaal één miljoen euro. De
Belgische beleidslijn dat kinderen van Syriëstrijders uitsluitend zonder hun ouders mochten terugkeren noemde
de rechter 'in strijd met fundamentele mensenrechten' en
dus 'manifest onwettig'.[94]

Maar de Belgische Staat tekende hiertegen beroep aan.
In de aanloop naar de uitspraak van het Hof van Beroep
deden eind januari 2019 negen grootmoeders van kinderen van vrouwelijke IS-leden in een open brief, die ook
ondertekend was door het team 'Missie Syrië' en het burgercomité #Breng ze terug, dat inmiddels in het leven
was geroepen, een dramatische oproep aan Maggie De
Block, de minister van Volksgezondheid en tevens staatssecretaris van Asiel en Migratie, en haar partijvoorzitter
Gwendolyn Rutten, om samen met hun kleinkinderen
ook hun dochters uit Syrië terug te halen. De Block zei
in een reactie, ook namens Gwendolyn Rutten, begrip te
hebben voor de brief en de bezorgdheden. 'Maar als minister heb ik ook oog voor het leed van de vele slachtoffers
van het IS-geweld en de vraag van de publieke opinie om
onze samenleving hiertegen te beschermen.'[95] Uiteindelijk
oordeelde het Hof van Beroep in Brussel op 27 februari
2019 dat de oorspronkelijke vordering van de twee vrouwen, waarin ze via de rechtbank een repatriëring wilden

afdwingen, niet ontvankelijk was. Het oordeelde namelijk dat hun vordering in dit proces identiek was aan een vordering die zij in het verleden al eens hadden ingediend. Ook toen werd de vraag tot een repatriëring uiteindelijk afgewezen door hetzelfde Brusselse Hof.

De beslissing betekende overigens niet dat alle pogingen om Belgische kinderen uit Irak en Syrië terug te halen, werden stilgelegd. 'De Belgische regering blijft inspanningen leveren om de beslissing van december 2017 om kinderen tot tien jaar terug naar België te halen toe te passen,' reageerde minister van Justitie Koen Geens. 'Kinderen kunnen nooit schuldig zijn aan de daden van hun ouders.'[96]

Uiteindelijk leken met deze uitspraak alle juridische mogelijkheden uitgeput om de zes kinderen van de twee vrouwen te repatriëren. Wat er restte was actie voeren. En dat gebeurde ook. Naast het reeds bestaande burgercomité #Breng ze terug werd ook Moeders van Europa opgericht. Net zoals de Dwaze Moeders in Argentinië, die sinds eind jaren zeventig wekelijks protesteerden op de Plaza de Mayo in het centrum van Buenos Aires, omdat ze geen gehoor kregen bij de overheid nadat hun kinderen onder de dictatuur van de militaire junta waren verdwenen, kwamen de grootmoeders van IS-kinderen die opgesloten zaten in een van de kampen in Noord-Syrië, gesteund door een groep sympathisanten een aantal weken na elkaar samen aan het Europakruispunt voor het Centraal Station in Brussel. Slaand op potten en pannen en gewapend met spandoeken en megafoons riepen ze afwisselend 'Ramenez-les. Breng ze terug'.

Ontwikkelingspsycholoog Gerrit Loots, verbonden aan de Vrije Universiteit Brussel, stond aan de basis van beide initiatieven. Hij had in oktober 2018 met een team van psychologen en kinderartsen de kampen in Noord-Syrië bezocht en daar een onderzoeksverslag over geschreven.[97] Volgens hem waren de kinderen totaal ongevaarlijk en moest er dringend werk worden gemaakt van hun repatriëring. Hij pleitte ook voor de terugkeer van de moeders aangezien het scheiden van moeders en kinderen bij de kinderen tot onherstelbare trauma's zou leiden.[98] Maar toen de regering geen gehoor gaf aan zijn oproep en de rechtbank besloot dat de Belgische Staat niet kon worden gedwongen om moeders en kinderen te repatriëren, maande hij de grootouders aan om actie te voeren. Loots was ook de initiatiefnemer van een open brief, ondertekend door 150 academici, waarin er begin mei 2019 op werd aangedrongen om de Belgische kinderen die in de kampen zaten onmiddellijk te repatriëren.[99] Het team vertrok in juni 2019 voor de tweede keer naar Syrië, waar ze medische hulp boden aan Belgische vrouwen in de kampen, met name in Al Hol, en assistentie verleenden bij de repatriëring van zes kinderen naar België. In september 2019 presenteerde het team het rapport met hun bevindingen. De voornaamste conclusie van Loots en zijn medewerkers was dat Belgische kinderen zo snel mogelijk gerepatrieerd moesten worden naar hun thuisland, maar ook dat hun ouders niet straffeloos in de kampen mochten achterblijven.

TWEE ANDERE RECHTSZAKEN

De zes kinderen die in juni 2019 naar België werden gerepatrieerd waren niet de eersten. Door twee andere rechtszaken waren er namelijk eerder kinderen gerepatrieerd. Eind oktober 2018 had de moeder van Amina Ghezzal, die begin 2013 naar Syrië was vertrokken, een kort geding aangespannen tegen de Belgische overheid om de kinderen van haar dochter te laten repatriëren naar België. Amina was in januari 2018 opgepakt in de Turkse stad Kayseri, samen met haar twee kinderen. Ze was Syrië ontvlucht. Amina werd veroordeeld tot tien jaar voor haar betrokkenheid bij een terroristische organisatie. Zij verdween in de gevangenis, maar haar dochtertjes konden in Turkije niet opgevangen worden.[100] De meisjes waren in Syrië geboren, waardoor zij geen geboorteakte hadden en België daarom geen reisdocumenten voor hen leverde. Half december 2018 besliste de rechtbank dat de Belgische Staat de twee kinderen reisdocumenten moest bezorgen zodat ze naar België konden terugkeren.[101] De Belgische Staat ging tegen die beschikking in beroep, omdat ze meende dat de uitspraak niet correct gemotiveerd was. Toch werden de nodige reisdocumenten aan de beide kinderen geleverd. Zij kwamen op 4 februari 2019 aan in België.

De twee dochters van Amina waren niet de eerste kinderen van buitenlandse strijders die naar België terugkeerden. Al een vijftien- tot twintigtal kinderen was teruggekeerd met hulp van de Belgische autoriteiten, zo werd vernomen bij de federale overheidsdienst Buitenlandse Zaken. Het was echter niet duidelijk sinds wanneer ze waren teruggekeerd. Wat wel bekend was, was het geval van de vierjarige kleuter Yasmine die eind november 2018 landde op de luchthaven van Zaventem nadat ze in Syrië anderhalf jaar bij een jihadistische militie had verbleven. De kleuter was daar alleen achtergebleven nadat haar vader was omgekomen. De moeder van het meisje had haar dochter in mei 2017 meegegeven aan haar ex-man. Hij beloofde Yasmine na het weekend terug te brengen, maar de ex-gedetineerde slaagde erin zijn enkelband los te maken en verdween met het kind naar Syrië, omdat hij haar naar eigen zeggen wilde opvoeden volgens de regels van de islam. Toen hij sneuvelde bleef zijn dochtertje alleen achter in Syrië. Haar moeder deed alles om het meisje terug naar België te halen, maar dat lukte aanvankelijk niet. De terreurgroep Firqatul Ghuraba weigerde om het kind aan haar moeder te overhandigen en eiste losgeld. Uiteindelijk sprak een lokale islamitische rechtbank zich uit over de terugkeer van Yasmine. Maar de terreurgroep weigerde omdat de vader in zijn testament had neergeschreven dat na zijn dood zijn dochter in Syrië moest blijven. Uiteindelijk stemde Firqatul Ghuraba er in november 2018 toch mee in om het meisje vrij te laten en werd ze naar de Syrisch-Turkse grens gebracht, waar ze herenigd werd met haar moeder.[102]

NEDERLANDSE RECHTSZAKEN

Net als in België was er ook in Nederland een aantal rechtszaken die als doel hadden om Nederlandse IS-vrouwen en hun kinderen te repatriëren. Op 2 januari 2018 en op 15 juni 2018 werden er door de advocaten van een aantal vrouwen die gevangenzaten in een van de kampen in Noord-Syrië bij de rechtbank op grond van artikel 36 Wetboek van Strafvordering verzoeken ingediend tot beëindiging van de strafzaak. Nederland wilde de vrouwen namelijk voor de rechter brengen, maar dat kon niet door de omstandigheden waarin ze vastzaten in Syrië. Het verzoek van de advocaten tot beëindiging van de strafzaak was eigenlijk een juridische truc om zo de Nederlandse staat onder druk te zetten. De rechtbank stemde niet in met een beëindiging van de zaak. Wel vroeg zij het Openbaar Ministerie om, via de minister van Justitie en het Nederlandse consulaat in het Irakese Erbil 'de lokale autoriteiten in Syrië' op de hoogte te stellen dat Nederland de vrouwen voor de rechter wilde brengen 'met als doel de uitlevering van de verdachten aan de Nederlandse autoriteiten'.

Maar meteen na het verzoek van 2 januari zei minister van Justitie Grapperhaus in de Tweede Kamer dat de Nederlandse vrouw – het ging namelijk aanvankelijk om één vrouw – waarvan de advocaat had gevraagd haar rechtszaak als beëindigd te verklaren niet naar Nederland kon worden teruggehaald. Hij zei dat dit onder meer vanwege veiligheidsredenen niet mogelijk was. De minister benadrukte dat de situatie in het noorden van Syrië nog steeds onveilig was en dat Nederland geen mensen uit onveilig gebied kon halen.[103] Vervolgens vond in maart 2018 een bezoek plaats van de NCTV en het ministerie van Buitenlandse Zaken aan Bagdad, waarbij er werd gesproken met de hoogste Iraakse rechter en waarbij werd verkend of samenwerking voor de terugkeer van Nederlandse uitreizigers eventueel mogelijk zou zijn. Daarna werden er op 6 juni 2018 en 27 november 2018 op verzoek van het OM arrestatiebevelen overhandigd aan de Beneluxvertegenwoordiging van de Democratische Federatie van Noord-Syrië (DFNS), dat deel uitmaakt van de Syrische Democratische Strijdkrachten, die de kampen in Noordoost-Syrië beheren. De Beneluxvertegenwoordiging had namelijk aangeboden om als liaison op te treden als Nederland aan een oplossing wilde werken. Vanuit Nederland werd toegelicht dat het geen onderdanen uit de kampen haalde en dat een beroep op consulaire bijstand pas kon plaatsvinden als de vrouwen zich hadden gemeld bij een Nederlandse diplomatieke vertegenwoordiging in de regio.

Eind juli 2018 beantwoordde de minister van Justitie Kamervragen over de kwestie. Grapperhaus liet weten dat op zijn verzoek begin juni 2018 op ambtelijk niveau gesproken was over de situatie in de regio met de Benelux-vertegenwoordiging in Den Haag van de DFNS en bij deze gelegenheid de internationale arrestatiebevelen waren overhandigd die tegen de vrouwen waren uitgevaardigd. Maar dit had volgens hem eind juli 2018 nog niet tot enige reactie van de Koerdische autoriteiten geleid.[104] Aanvankelijk ontkenden de Koerdische autoriteiten dat zij het internationale arrestatiebevel voor de Nederlandse IS-vrouwen hadden ontvangen.[105] Maar in september 2018 kwam het bericht dat zij deze wel degelijk hadden ontvangen. De woordvoerder van de DFNS in Den Haag zei echter dat dit niet voldoende was en dat Nederland een officieel uitleveringsverzoek moest indienen bij de Koerdische autoriteiten. 'Wij hebben deze arrestatiebevelen ontvangen en aan de Syriëgangers in de vluchtelingenkampen overhandigd,' zei de DFNS-woordvoerder. 'Maar in zo'n arrestatiebevel staat alleen vermeld dat de desbetreffende personen gearresteerd zullen worden als ze zich op Nederlands grondgebied begeven. Dat is geen officieel verzoek aan ons om deze mensen over te dragen aan de Nederlandse autoriteiten.'[106]

Het ministerie van Justitie en Veiligheid bevestigde dat er inderdaad geen uitleveringsverzoek was gedaan aan de Koerdische autoriteiten, aangezien dat alleen mogelijk was tussen twee soevereine staten. 'Nu de Koerdische regio's in Noordoost-Syrië niet als zodanig kunnen worden aangemerkt, is het ook niet mogelijk daaraan een uitleveringsverzoek te doen,' zei een woordvoerder van het ministerie van Justitie en Veiligheid. De Koerden zeiden op hun beurt de vrouwen niet op eigen houtje richting Nederland te willen sturen, omdat zij er niet op aangekeken wilden worden als een van de vrijgelatenen later een aanslag in het Westen pleegde. Een officieel verzoek van de Nederlandse overheid om de Syriëgangsters over te dragen, verschoonde de Koerdische autoriteiten volgens eigen zeggen van alle morele en juridische aansprakelijkheid. Een mogelijke reden waarom een uitleveringsverzoek van de Nederlandse overheid werd verlangd, was omdat het een erkenning zou inhouden van de DFNS – ook bekend als Rojava – als een officiële staat. In 2012 had Syrisch-Koerdisch gebied zich afgescheurd van de rest van het land. Maar internationaal werd de DFNS nog altijd niet formeel erkend.[107]

Vervolgens beval de rechtbank in Rotterdam op 8 januari 2019 de 'gevangenneming ter uitlevering' van zes vrouwen. In de beschikkingen werd vooropgesteld dat de minister van Justitie en Veiligheid het internationale arrestatiebevel aan de Koerdische autoriteiten in Noord-Syrië had doen toekomen maar dat er voor zover bekend nog geen gevolg was gegeven aan de arrestatiebevelen en de verdachten nog steeds gevangenzaten in het vluchtelingenkamp. 'Voor zover thans is gebleken, zijn er door de Nederlandse autoriteiten ook geen verdere inspanningen verricht met het oog op het bewerkstelligen van een gecontroleerde overdracht van de verdachten aan de Nederlandse autoriteiten en begeleiding naar Nederland,' zo luidde het. Tijdens de zitting had de raadsman gewezen op de internationale ontwikkelingen in het gebied op dat moment, in het bijzonder op de aangekondigde terugtrekking van de Amerikaanse strijdkrachten. Door het wegvallen van de Amerikaanse steun aan de Koerdische strijdkrachten zouden de machtsverhoudingen in het gebied ten nadele van de Koerden kunnen verschuiven, met als gevolg dat de verdachten uit beeld verdwenen. De zes beschikkingen werden op 23 januari door het OM ontvangen en onder de aandacht gebracht bij de minister van Justitie en Veiligheid. In de beschikkingen droeg de rechtbank de officier van justitie op de bevelen 'onder de aandacht te brengen van de minister van Justitie en Veiligheid en al het nodige te doen om het ertoe te leiden dat door of in opdracht van de minister voor zover mogelijk alle noodzakelijke maatregelen worden genomen om te bewerkstelligen dat de verdachten zouden worden overgebracht naar de grens met Irak, naar de Koerdische Autonome Regio'. Verder werd er gesteld dat 'de autoriteiten van de Koerdische Autonome Regio daar gereed zullen staan en de verdachten daar op basis van de internationale signalering aan zullen houden en vervolgens zullen overbrengen naar het Nederlandse consulaat-generaal in Irak. De verdachten zouden vervolgens via het Nederlandse consulaat-generaal in Irak worden overgebracht naar Nederland, met het doel hun aanhouding, strafrechtelijke vervolging en berechting mogelijk te maken. Hierbij zou door de Nederlandse autoriteiten met de Iraakse autoriteiten worden overeengekomen dat (in verband met de mogelijkheid van oplegging van de doodstraf in Irak) wordt gegarandeerd dat de verdachten niet in Irak zouden worden vervolgd.'[108]

Naast de zes beschikkingen die waren doorgestuurd aan de minister, stuurde de officier van justitie ook brieven over vier vrouwen die in een vergelijkbare situatie verkeerden als de zes vrouwen waar de rechtbank zich over had uitgesproken.

In een brief aan de Tweede Kamer van februari 2019 schreef Grapperhaus dat het kabinet de bevelen tot gevangenneming uiterst serieus nam. Dat was op zich niet zo'n vreemde ommezwaai. Als er namelijk geen daadwerkelijke vorderingen waren gemaakt ten aanzien van de terugkeer van de vrouwen in die zin dat niet 'al het mogelijke' was gedaan om berechting in Nederland mogelijk te maken, kon de rechtbank immers besluiten het verzoek van de advocaten in te willigen en de strafzaak beëindigen. In dat geval kon het OM de vrouwen niet meer vervolgen voor de feiten waarvan zij werden verdacht. Gesteld voor de keuze tussen terugkeer naar Nederland waar de verdachten konden worden berecht en een situatie waarin de verdachten (uiteindelijk) konden terugkeren naar Nederland en vervolgens vrijuit zouden kunnen gaan, zette het kabinet in op het onderzoek naar de mogelijkheid om gevolg te geven aan de beschikking van de rechtbank.[109]

Begin april 2019 liet het Rode Kruis weten 'zeer bereid' te zijn om vrouwelijke jihadisten en hun kinderen op te halen uit Koerdische kampen in Noord-Syrië, als de Nederlandse regering daarom zou vragen.[110] De organisatie wees erop dat zij alleen kon helpen met goedkeuring van de Koerden en andere lokale autoriteiten. De Koerden zouden de vrouwen en kinderen moeten laten gaan, waarna het Rode Kruis ze naar de grens met Irak zou kunnen brengen.[111]

Op 22 mei 2019 schreef minister Grapperhaus een brief

aan de Tweede Kamer waarin hij liet weten dat Irak niet zou overgaan tot arrestatie en vervolging van de – ondertussen tien Nederlandse vrouwen – als zij door het land zouden reizen naar het Nederlandse consulaat in Erbil. De onderhandelingen daarover tussen Nederland en Irak waren afgesloten. Grapperhaus benadrukte dat het afronden van de onderhandelingen niet betekende dat er een besluit was genomen om de vrouwen terug te halen naar Nederland. Het veranderde dus ook niets aan het eerdere standpunt van het kabinet, dat uitreizigers naar het kalifaat van IS zelf een consulaat moesten zien te bereiken.[112] Maar ondanks deze opmerking leek de weg naar Nederland – of tenminste een Nederlands consulaat – voor de tien vrouwen open te liggen.

In zijn brief van 24 juni 2019 aan de Tweede Kamer liet Grapperhaus echter weten dat 'de terugkeer naar Nederland van de tien Nederlandse vrouwelijke uitreizigers [...] niet op een veilige en verantwoorde manier gerealiseerd kan worden'. Hun advocaat André Seebregts reisde half juli 2019 naar Al Hol om met de vrouwen te praten. Het was tevens een manier om de overheid te laten zien dat hij, net als journalisten en hulpverleners, de kampen op een veilige manier had weten te bereiken. Na afloop van zijn bezoek aan Al Hol kondigde hij aan te overwegen een kort geding aan te spannen tegen de Nederlandse overheid.[113]

In België lijken alle juridische middelen uitgeput om IS-vrouwen en hun kinderen te repatriëren. Ook de acties van de grootmoeders en andere familieleden lijken weinig te hebben opgeleverd. Het lijkt erop dat de Belgische en Nederlandse vrouwen en hun kinderen in de kampen aan hun lot zullen worden overgelaten.

Hamza

Hamza was drie maanden toen zijn moeder Rabia hem in maart 2013 meenam naar Syrië. Zijn vader vocht op dat moment al een aantal maanden aan de zijde van Majlis Shura al-Mujahideen. Toen de groep in augustus 2013 uit elkaar viel verhuisde het gezin, net als zo veel anderen, naar Raqqa. Een aantal maanden later kwam zijn vader om in de strijd. Zijn moeder was inmiddels zwanger van haar tweede kind. Een jaar later hertrouwde zij met een andere strijder. Maar het huwelijk hield maar twee maanden stand omdat zij zwaar mishandeld werd door haar nieuwbakken echtgenoot. Hamza en zijn zusje maakten de mishandelingen niet mee omdat zij ondergebracht waren bij een vriendin van moeder die vlakbij woonde. Na een halfjaar trouwde Rabia voor de derde keer.

Hamza ging niet naar school, omdat Rabia naar eigen zeggen niet wist wat kinderen werd bijgebracht op de scholen in IS-gebied. Hij bracht de tijd vooral door met tekenfilms kijken op de laptop. 'Hamza is verslaafd geworden aan de laptop,' zegt ze, 'omdat er niks anders te doen was.' Buiten spelen was immers te gevaarlijk en andere activiteiten waren er niet. Rabia probeerde haar zoon zelf wat te onderwijzen door educatieve spelletjes te doen op de computer. Ook speelde hij wel eens spelletjes met de kinderen van de buren. De moeders probeerden hun kinderen een zo normaal mogelijk leven te geven. Maar dat viel niet mee in een omgeving waar de dood de hele dag om de hoek loerde. Toen de bombardementen toenamen brak er een enerverende tijd aan en moest het gezin verschillende keren vluchten. 'Maar ik merkte dat ik tijdens de bombardementen angstiger was dan de kinderen,' zegt Rabia. 'Zij sliepen er altijd doorheen.'

Het moet ergens in 2016 geweest zijn toen Rabia begon te beseffen dat ze een grote fout had gemaakt door naar Syrië af te reizen. 'Ik heb me vanaf het begin altijd afzijdig gehouden van de meeste mensen daar.' Maar toen ze besefte waar IS echt voor stond wilde ze er niets meer mee te maken hebben en wilde ze vluchten. Hoewel ze zei dat ze nooit geweld had gezien, wist ze er wel van en had haar dat tot besef doen komen. 'De gruweldaden deden mij beseffen dat dit helemaal geen islam was.' Vanaf die tijd zocht zij naar een mogelijkheid om het oorlogsgebied te ontvluchten. Maar het was erg lastig om er weg te komen. Toen Raqqa omsingeld raakte sloeg zij, net als vele anderen, op de vlucht naar Mayadin, beschutting zoekend voor de bombardementen.

Eind december 2017, twee maanden na de herovering van Raqqa, wist Rabia met behulp van haar man die zelf noodgedwongen moest achterblijven IS te ontvluchten. Ze was toen een aantal maanden zwanger. Voor die tijd had zij in de onzekerheid geleefd over wat er met haar en haar kinderen zou gebeuren als ze zich overgaf aan de Koerdische autoriteiten. Maar uiteindelijk waagde ze het erop. Eerst werden ze naar een gevangenis gebracht in Noord-Syrië, waar ze twee maanden onder erbarmelijke omstandigheden vastzaten. Tijdens haar gevangenschap zagen de kinderen hoe Rabia geslagen werd. Maar ze zagen ook hoe medegevangenen waren gemarteld en bont en blauw waren geslagen wanneer ze terugkeerden van een verhoor. In februari 2018 werden ze overgebracht naar een van de kampen in het noorden van Syrië.

De omstandigheden in het kamp waren verschrikkelijk. De soldaten die instonden voor de bewaking in het kamp gedroegen zich gewelddadig, sisten de kinderen toe dat ze 'kinderen van Daesh' waren, richtten hun wapens op hen of losten soms een schot om hen bang te maken. Het krioelde er van het ongedierte, er was een gebrek aan voedsel en schoon drinkwater, terwijl de temperatuur er in de zomer opliep tot boven de veertig graden. De meeste kinderen in het kamp werden ziek. Ook Hamza en zijn zusje ontsprongen de dans niet. Ze hadden net als vele andere kinderen in het kamp maandenlang diarree en kampten met uitdrogingsverschijnselen. Bovendien heerste er tyfus en tuberculose. Wanneer Rabia het geïmproviseerde ziekenhuisje bezocht, dat op het kampterrein gevestigd was, kreeg ze te horen dat wat hen betreft haar kinderen mochten doodgaan. Maar het meest traumatische voor haar was de dag van haar bevalling en hoe er door de verloskundige met haar pasgeboren zoontje werd omgegaan. 'Ze vinden onze kinderen vies,' zegt ze. 'Ze noemen hen kinderen van Daesh.' Zij vertelt hoe de verloskundige haar zoontje aan zijn voetje vastpakte en omhoog hield. 'Ze keek heel vies naar hem, alsof ze een stuk vuil in haar handen had. En dan gooide ze hem daarna op een ijzeren tafel, weet je wel, waar ze in het ziekenhuis de operatiemesjes op leggen. Dat vergeet je nooit meer.'

Hamza lijkt psychisch vrij ongeschonden uit de oorlog te zijn gekomen. Maar over zijn zusje Mona is de moeder erg bezorgd. 'Als het onweert dan is ze erg bang van het geluid.' Ook wanneer er vliegtuigen overvliegen vlucht het meisje de tent in. 'Ze is eigenlijk altijd bang. Als ik naar de wc moet dan gaat ze mee en wacht ze voor de deur. Onze kinderen zijn echt onze schaduw. Overal waar we heen gaan zie je dat ze ons achternalopen.'

Naarmate de tijd vorderde werd het steeds onveiliger in het kamp. Er was sprake van strijd tussen vrouwen zoals Rabia die het IS-gedachtegoed hadden afgezworen en vrouwen die dat nog aanhingen. Zo waren er incidenten waarbij vrouwen elkaar te lijf gingen met messen, tenten van 'afvalligen' in brand staken en met stenen gooiden naar vrouwen die geen nikab droegen. Rabia werd meermaals aangevallen en bekogeld met stenen omdat ze had laten merken dat ze afstand had genomen van het gedachtegoed van IS. 'Ik was blij dat ik weg was bij IS, maar in het kamp lijkt het of je er weer middenin zit. Omdat er velen zijn die de ideologie nog steeds aanhangen. Het enige verschil met het IS-gebied is dat er hier geen bombardementen zijn. Maar dat we hier veilig zijn is een illusie.'

Ismail en Amina

Op het kampterrein zag Rabia ze wel eens lopen, Ismail en Amina, de kinderen van Rosa. Ook Chazia kende de kinderen goed. Zij behoorde tot het groepje van zes vrouwen die in de laatste maanden van haar leven voor Rosa hadden gezorgd. Rosa was al de tijd dat ze in het kamp was ziek geweest, maar de laatste drie maanden was ze erg achteruit gegaan. Ze lag de hele dag op een vunzige matras in haar tent en was totaal hulpeloos. De vrouwen ontfermden zich over haar. Ze troostten en verzorgden haar zoveel ze konden, kookten en maakten de tent schoon en zorgden voor haar kinderen. Aan het eind van haar leven was Rosa zo zwak dat drie vrouwen haar moesten optillen om haar naar de douche te brengen. Ze was graatmager en huilde iedere keer omdat ze zo verschrikkelijk veel pijn had als de straal met warm water over haar frêle lichaam stroomde. Medische zorgen waren er nauwelijks. Chazia vertelt dat ze erop aangedrongen hadden om haar naar het ziekenhuis te brengen, maar dat ze na drie dagen was teruggestuurd naar het kamp om daar te sterven. Omdat zij een IS-vrouw was.

Ismail was te jong om te beseffen wat er met zijn moeder aan de hand was, maar Amina zat de hele dag stilletjes op haar knietjes bij haar bed. Kira, een vrouw uit Marokko met wie Rosa bevriend was geraakt, ontfermde zich over de kinderen. Rosa had haar gevraagd om, als zij er niet meer was, voor hen te zorgen. Maar tot het eind van haar leven wilde Rosa haar kinderen zo dicht mogelijk bij zich houden. Ze sliepen samen met haar in de tent, ook toen ze al doodziek was en niet meer voor zichzelf kon zorgen.

Chazia huivert als ze terugdenkt aan die ochtend toen de vrouwen wakker werden door het gehuil van Amina. Ze hoorden de hulpeloze kreten van het meisje dat om haar moeder riep. Chazia was zonder kleren en zonder haar haar te bedekken naar de tent van Rosa gerend. Het beeld van Amina, die gehurkt naast het bed van haar moeder zat, die niet meer wakker werd, zal ze nooit vergeten. Amina huilde onbedaarlijk. Ismail, die niet goed begreep wat er aan de hand was huilde mee met zijn zusje. 'We hebben hun gezegd dat hun moeder naar de hemel was, bij Allah,' zegt Chazia, die zelf helemaal overstuur was door de plotse dood van Rosa. 'Ik was aan het schreeuwen, ik werd echt gek. Ik voelde zo'n haat tegen de Koerden op dat moment. Hoe vaak hadden we hun niet gevraagd om medicijnen te brengen en hadden we gesmeekt om haar naar het ziekenhuis te brengen. Maar ze wilden niets voor haar doen.'

Amina was getraumatiseerd door de dood van haar moeder. Ze klampte zich vast aan Kira en smeekte haar om haar niet te verlaten. 'Ze was nooit moeilijk,' zegt Chazia, 'en deed altijd alles wat Kira haar vroeg. Een tweede moeder die haar zou verlaten leek voor haar onoverkomelijk.' Ismail en Amina werden wel eens gezien door de andere vrouwen toen ze over het kampterrein liepen als Kira water ging halen. Maar meestal zaten ze stilletjes in de tent, naar buiten te kijken. 'Ze waren zo zielig,' zegt Rabia. 'Ze werden wel goed verzorgd door Kira, maar je hart brak iedere keer als je hen zag lopen. Kinderen van die leeftijd horen niet mee te maken wat deze kinderen hebben meegemaakt.'

De maanden schreden voorbij en de kinderen leken zich vrij goed aan te passen aan hun nieuwe situatie. Tot er op een zondagmiddag een wit busje stopte met daarin twee Koerdische soldaten. Ze stapten op de tent van Kira af en maanden de kinderen om mee te komen. Geheel overdonderd kwam Kira uit de tent met beide kinderen aan de hand.

'Het gehuil van Amina dreunt nog steeds door mijn hoofd,' zegt Chazia. 'Dat kind was zo bang.' Chazia sprak haar zachtjes toe. Ze zei haar dat ze niet bang hoefde te zijn, want ze zou naar haar oma gaan en een mooi leven tegemoet gaan. Maar de Koerdische soldaten zeiden dat ze op moesten schieten. De vrouwen verzamelden zich rond het busje. 'We huilden allemaal maar tegelijkertijd waren we zo blij dat de kinderen verlost werden uit deze hel.' Toen het busje een paar minuten later koers zette bleven de vrouwen vertwijfeld achter, het busje nakijkend tot het uit het zicht verdwenen was. Zonder een woord te zeggen keerden ze terug naar hun tent en maakten zich klaar voor het gebed. Dat was het enige wat hun op dit moment troost kon bieden.

Tot slot

Jaren nadat ik de eerste contacten legde met de families van Belgische en Nederlandse jonge mannen en vrouwen die vertrokken waren naar een land in oorlog, dat ze uiteindelijk weer ontvluchtten, is dit het voorlopige eindpunt van mijn zoektocht. Het was een zoektocht die lang en vermoeiend was en waarin ik veel heb geleerd, maar tijdens welke vragen zijn gebleven en twijfels zijn gerezen. Door de jaren heen schreef ik de verhalen op van tientallen mensen die bereid waren mij mee te laten kijken tijdens wellicht een van de moeilijkste perioden in hun leven. En uiteindelijk kreeg ik ook contact met de mannen en vrouwen zelf die destijds naar Syrië waren vertrokken, en bereid waren hun verhaal te vertellen.

Het waren verhalen van mensen die tijdens hun leven heel wat brokken hadden gemaakt, en die op een gegeven moment op zoek waren gegaan naar vergeving voor hun zonden, wat hen uiteindelijk in Syrië deed belanden. Het waren geen van allen mensen die veel kennis hadden van de islam of zich in hun geloof hadden verdiept. Wel waren ze op een bepaald moment in hun leven gekomen dat hun religie hun hoop gaf op een betere toekomst. Deze mannen, die in hun leven een hele reeks zonden hadden begaan, hoopten op vergeving wanneer zij zich aansloten bij de strijd in Syrië. Maar het zou uiteindelijk heel anders uitpakken. Het is vrij waarschijnlijk dat een groot deel van degenen die naar Syrië zijn vertrokken zich op geen enkel moment hebben kunnen voorstellen dat de oorlog waar zij heen gingen zo uit de hand zou lopen. Maar dat gebeurde helaas vrij snel na aankomst. We kunnen ervan uitgaan, al hebben we daar weinig bewijs voor, dat sommige mannen gretig zijn meegegaan in het geweld dat om hen heen woedde. Maar van anderen weten we dat ze zich er onmiddellijk van gedistantieerd hebben, terwijl weer anderen na verloop van tijd pas tot het besef kwamen dat het geweld dat IS pleegde in naam van de islam niet hun islam was. Bij de vrouwen speelde zich eenzelfde proces af. Sommigen verdedigden vanaf het begin met vuur de misdaden van IS en bleven dat tot het bittere eind doen. Maar van anderen weten we dat ze zodanig walgden van het geweld dat in naam van IS gepleegd werd dat ze niet wisten hoe snel ze zich konden distantiëren van wat daar gebeurde. Weer anderen maakten een geleidelijk proces door. Zij begonnen, vaak onder invloed van de verhalen die hun mannen vertelden, zich steeds meer vragen te stellen en zich uiteindelijk los te weken van de organisatie. Vanaf dat ogenblik begonnen zij pogingen te ondernemen om IS te ontvluchten, al duurde het vaak vele maanden vooraleer zij daarin slaagden.

Het is heel goed mogelijk dat de tijdlijnen van de verhalen die de vrouwen mij vertelden niet helemaal kloppen en dat ze zich nu met veel meer overtuigingskracht distantiëren van IS dan ze destijds in het kalifaat hadden gedaan. Het is daarnaast heel goed mogelijk dat ze veel meer details kennen over de betrokkenheid van hun mannen bij IS dan ze mij hebben verteld. Maar in elk geval bleek dat de meeste vrouwen de laatste jaren een ontwikkelingsproces hebben doorgemaakt waardoor ze steeds meer waren gaan twijfelen aan hun idealen van destijds. Uiteindelijk kozen zij ervoor het kalifaat te ontvluchten en terug te keren naar de landen die ze eerder hadden uitgespuwd. Vooralsnog lijken de meesten daar niet in te slagen omdat hun landen van herkomst muren hebben opgetrokken tegen hun terugkeer. Er wacht hen daarom een onzekere toekomst in de kampen in Noord-Syrië. Hoe het met hen en hun kinderen zal aflopen, daar hebben we voorlopig alleen het raden naar.

Wat wel duidelijk is, is dat dit verhaal nog lang niet ten einde is. Want iedere week weer melden zich ouders bij mij die mij het verhaal van hun kinderen willen vertellen. Iedere week weer krijg ik nieuwe contacten met vrouwen die in een van de kampen in Noord-Syrië verblijven. En inmiddels krijg ik ook steeds meer contact met vrouwen die deze kampen inmiddels zijn ontvlucht en naar plaatsen zijn vertrokken waar nog overblijfselen zijn van het ooit zo machtige IS. Voorts heb ik contact met families die inmiddels kinderen opvangen die in Syrië zijn geboren, en die in hun jonge leven alleen maar oorlog hebben gekend, maar nu met vallen en opstaan proberen een nieuw leven op te bouwen. Elk verhaal is uniek en steeds weer de moeite waard om verteld te worden. De komende jaren zal ik deze verhalen dan ook blijven opschrijven. Mijn zoektocht en het verhaal dat ik heb willen vertellen, zijn dus nog lang niet ten einde.

Woord van dank

Veel mensen hebben op de een of andere manier een bijdrage geleverd aan de totstandkoming van dit boek. Een aantal van hen wil ik met name noemen.

In de eerste plaats wil ik Kees Loef van Politie en Wetenschap bedanken, die met het idee kwam om dit boek te schrijven en voor de financiering ervan heeft gezorgd. Ik dank ook de commissie van vijf, bestaande uit Frank Bovenkerk, Rosaly Brandon, Job Lisman, Kees Loef en Adriaan Rottenberg voor de steun en inspiratie die zij mij tijdens het schrijven van dit boek hebben geboden. Jan de Boom en Gerard Baars wil ik bedanken omdat zij mij de rust hebben gegeven om te schrijven, Mirjam den Breejen voor haar immer bereidwillige assistentie.

Het hele team van Prometheus wil ik bedanken voor hun vertrouwen en de snelle en professionele manier waarop zij van een manuscript een boek hebben weten te maken.

Maar mijn dank gaat vooral uit naar de families die mij hebben laten meekijken tijdens wellicht een van de moeilijkste perioden in hun leven. In het bijzonder wil ik de mannen en vrouwen bedanken die zich destijds hebben aangesloten bij de gewapende strijd maar uiteindelijk het kalifaat zijn ontvlucht en bereid waren mij hun verhaal te vertellen. Mijn dank is groot aan de vrouwen die, ondanks de moeilijke leefomstandigheden in de kampen in Noord-Syrië, steeds bereid waren mij te woord te staan. De urenlange conversaties op WhatsApp waarin zij mij meenamen in een wereld die tot dan toe voor mij gesloten was gebleven zal ik nooit vergeten.

Een bijzonder woord van dank ook aan mijn familie. Mijn ouders wil ik, zoals steeds, bedanken voor hun niet aflatende steun. Zonder hen had ik dit boek nooit kunnen schrijven. Mijn kinderen, Jesaja en Saphira, dank ik voor hun geduld en onvoorwaardelijke liefde. Jullie zijn het licht in mijn leven.

Noten

1. San, M. van (2013) *Strijders op sandalen. Sharia4Belgium&Holland, een inventarisatie*, Utrecht: Forum.
2. San, M. van (2013), '"Als Allah mij kiest." Rechtvaardigingen voor martelaarschap en geweld op Facebook', *Tijdschrift voor Criminologie*, 55(2): 139-154.
3. Zie ook El-Said, H. & R. Barrett (2017) *Enhancing the Understanding of the Foreign Terrorist Fighters Phenomenon in Syria*, United Nations Office of Counter-Terrorism.

Waarom ze gingen

1. Arielli sprak over vrijwilligers (*foreign volunteers*) in plaats van over strijders (*foreign fighters*) zoals mensen die zich aansluiten bij conflicten in het buitenland tegenwoordig genoemd worden. Hiervoor zijn twee redenen: ten eerste is historisch steeds de term 'foreign volunteers' gebruikt. De term 'foreign fighters' begon men te gebruiken vanaf het ogenblik dat moslims zich sinds de jaren '80 bij verschillende conflicten aansloten. En ten tweede gebruikt hij de term 'foreign volunteers' om te benadrukken dat mensen zich vrijwillig aansloten bij verschillende conflicten.
2. Arielli, N. (2017) *From Byron to bin Laden. A History of Foreign War Volunteers*, Cambridge: Harvard University Press, 225.
3. Ibid., 227.
4. Ibid., 23.
5. Ibid., 69.
6. Sageman, M. (2008) *Leaderless Jihad. Terror Networks in the Twenty-First Century*, Philadelphia: University of Pennsylvania Press.

7. Arielli, N. (2017) *From Byron to bin Laden. A History of Foreign War Volunteers*, Cambridge: Harvard University Press, 39.
8. Ibid., 38.
9. De Koning, M., C. Becker, I. Roex & P. Aarns (2014) *Eilanden in een zee van ongeloof. Het verzet van activistische da'wa netwerken in België, Nederland en Duitsland*, Amsterdam: IMES Report Series.
10. Goerzig, C. & K. Al-Hashimi (2015) *Radicalization in Western Europe. Integration, public discourse and loss of identity among Muslim communities*, London/New York: Routledge, 2.
11. Gill, P. (2015) *Lone-Actor Terrorists: A Behavioural Analysis*, London/New York: Routledge.
12. Horgan, J. (2014) *The psychology of terrorism*, London/New York: Routledge, 83.
13. McCauley, C. & Moskalenko, S. (2011) *Friction: How Radicalisation Happens to Them and Us*, New York: Oxford University Press, 219-223.
14. Roy, O. (2015) *What is the driving force behind jihadist terrorism? A scientific perspective om the causes/circumstances of joining the scene*, European University Institute.
15. Atran, S. (2010) *Talking to the Enemy: Religion, Brotherhood and the (Un)Making of Terrorists*, New York: HarperCollins; Dawson, L.L. & A. Amarasingam (2017) 'Talking to foreign fighters: insights into the motivations for Hijrah to Syria and Iraq', *Studies in Conflict and Terrorism*, 40(3), 191-210; Maynard, J.L. (2014) 'Rethinking the role of ideology in mass atrocities', *Terrorism and Political Violence*, 26(5), 821-841.
16. Perešin, A. & A. Cervone (2015) 'The Western Muhajirat of ISIS', *Studies in Conflict & Terrorism*, 38 (7), 495-509; Speckhard, A. (2015a) *The lure of becoming an ISIS bride*, ISCVE Brief Report; Speckhard, A. (2015b) *Female terrorists in ISIS, al Qaeda and 21st century terrorism*, Trends working paper. Inside the mind of a Jihadist seminar.
17. Bloom, M.M. (2004) 'Palestinian suicide bombing: public support, market share and out bidding', *Political Science Quarterly*, 199, 61-88; Gambetta, D. (2005) *Making Sense of Suicide Missions*, Oxford: Oxford University Press; Kruglanski, A. & E. Orehek

(2011) 'The role of the quest for personal significance in motivating terrorism'. In: J. Forgas, A. Kruglanski & K. Williams (red.). *The psychology of social conflict and aggression*, New York: Psychology Press, 153-166; Kruglanski, A.W., M.J. Gelfand, J.J. Bélanger, A. Sheveland, M. Hetiarachchi & R. Gunarayna (2014) 'The psychology of radicalization and deradicalization. How significance quest impacts violent extremism', *Advances in Political Psychology*, 35(1), 69-93; Stern, J. (2004) *Terror in the Name of God*, New York, NY: Ecco.

18. Saltman, E. & M. Smith (2015) *'Till Martyrdom Do Us Part'. Gender and the ISIS Phenomenon*, Institute for Strategic Dialogue; Perešin, A. (2015) 'Fatal attraction. Western Muslimas and ISIS', *Perspectives on Terrorism*, 9(3), 21-38.

19. Hoyle, C., A. Bradford & R. Frenett (2015) *Becoming Mulan? Female Western Migrants to ISIS*, London: Institute for Strategic Dialogue.

20. De Becker, A., 'Tientallen Vlaamse jongeren vechten in Syrië tegen Assad', *Het Laatste Nieuws*, 7 maart 2013.

21. *Gazet van Antwerpen*, 'Antwerpenaar (19) vecht in Syrië', 13 maart 2013, https://www.gva.be/cnt/aid1348842/antwerpenaar-19-vecht-in-syrie.

22. *De Volkskrant*, 'Ouders woedend op AIVD: wel ronselaars voor Syrië', 18 april 2013.

23. *NRC Handelsblad*, 'De YouTube-jihad', 20 april 2013.

24. *Omroep West*, 'Burgemeester Zoetermeer: radicalisering en ronselen onaanvaardbaar', 3 april 2013.

25. NOS, 'AIVD: geen ronseling jihadstrijders', 16 april 2013.

26. Bahara, H., 'Enkeltje Den Haag-Syrië. Nederlandse jongeren steunen hun broeders', *De Groene Amsterdammer*, 19 juni 2013, https://www.groene.nl/artikel/enkeltje-den-haag-syrie.

27. Ibid.

28. Algemene Inlichtingen- en Veiligheidsdienst (AIVD) (2014) *The Transformation of Jihadism in the Netherlands. Swarm Dynamics and New Strength*, 16.

29. Rosman, C. & M. van Ast, 'Straffen tot zes jaar cel in Haags jihadproces', *BN DeStem*, 10 december 2018.

30. *NU.nl*, 'Straffen tot 5,5 jaar cel in hoger beroep Haags jihadproces', 12 november 2018.

31. De Koning, M., C. Becker, I. Roex & P. Aarns (2014) *Eilanden in een zee van ongeloof. Het verzet van activistische da'wa-netwerken in België, Nederland en Duitsland*, Amsterdam: IMES Report Series.
32. 'Tribunal de Première Instance Francophone de Bruxelles', 29 juli 2015.
33. Kerckhoven, B., 'Moslimprediker Denis haalt fel uit na vrijlating: "In de gevangenis worden moslims psychologisch gefolterd"', *Het Laatste Nieuws*, 8 december 2018.
34. Decré, H. 'Fouad Belkacem, terreurleider van Sharia4Belgium, verliest Belgische nationaliteit', https://www.vrt.be/vrtnws/nl/2018/10/23/belkacem/.
35. Arielli, N. (2017) *From Byron to bin Laden. A History of Foreign War Volunteers*, Cambridge: Harvard University Press, 76.
36. Farwell, J.P. (2014), 'How ISIS uses social media', *International Institute for Strategic Studies*, http://www.iiss.org/en/politics%20and%20strategy/blogsections/2014-d2de/october931b/isis-media-9d28.
37. Fainberg, A. (2017) *Here We Come: The Evolution of Foreign Fighters' Flow to Syria and Iraq in 2013-2016*, The Hague: ICCT, 30.
38. Gates, S. & S. Podder (2015), 'Social Media, Recruitment, Allegiance and the Islamic State', *Perspectives on Terrorism*, Vol. 9, Nr. 4, pp. 107-116.
39. Khayat, M. (2015) 'Jihadis Shift To Using Secure Communication App Telegram's Channels Service', MEMRI, Inquiry & Analysis Series No. 1198, http://www.memrijttm.org/jihadis-shiftto-using-secure-communication-app-telegrams-channels-service.html.
40. Fainberg A. (2017) *Here We Come: The Evolution of Foreign Fighters' Flow to Syria and Iraq in 2013-2016*, The Hague: ICCT.
41. Fainberg A. (2017) *Here We Come: The Evolution of Foreign Fighters' Flow to Syria and Iraq in 2013-2016*, The Hague: ICCT.
42. Ibid., 15.
43. Ostayen van, P. (2015) *Van kruistochten naar kalifaat. Arabische Lente, Jihad, Islamitische Staat*, Kalmthout: Pelckmans, 77.
44. Ibid., 77.
45. Benotman, N. & E. Naseraldin (2014) *The Jihadist Network in*

the Syrian Revolution, Quilliam Foundation, Strategic Briefing, http://www.quilliamfoundation.org/wp/wpcontent/uploads/publications/free/the-jihadist-network-in-the-syrian-revolution.pdf.
46. Weggemans, D., R. Peters, E. Bakker & R. de Bont (2016) *Bestemming Syrië. Een exploratieve studie naar de leefsituatie van Nederlandse 'uitreizigers' in Syrië*, Universiteit Leiden en Universiteit van Amsterdam, 13.
47. Ibid., 16.
48. Ibid., 17.
49. Ibid., 17.
50. Fainberg, A. (2017) *Here We Come: The Evolution of Foreign Fighters' Flow to Syria and Iraq in 2013-2016*, The Hague: ICCT, 29.
51. Het volk van Dhimma is de traditionele aanduiding voor bepaalde niet-moslims onder islamitisch bestuur die onder bepaalde voorwaarden hun eigen religie mochten blijven aanhangen.
52. Weggemans, D., R. Peters, E. Bakker & R. de Bont (2016) *Bestemming Syrië. Een exploratieve studie naar de leefsituatie van Nederlandse 'uitreizigers' in Syrië*, Universiteit Leiden en Universiteit van Amsterdam, 18.
53. Ibid., 39.
54. Ibid.
55. Ibid., 32.
56. 'General Joseph Votel House Armed Services Committee Hearing on U.S. Central Command', *U.S. Central Command*, 3 april 2019, https://www.centcom.mil/media/Transcripts/Article/1804667/general-joseph-votel-house-armed-services-committee-hearing-on-us-central-comma/.
57. Ansar, Ansaar of Helpers is een Arabisch woord dat binnen de islam gebruikt wordt voor degenen die in Medina onderdak boden en bescherming gaven aan de moslims die na de hijra in 622 hun eigen stad Mekka hadden verlaten, de zogenoemde Muhajireen. Muhajireen of Emigranten waren de eerste moslims die met Mohammed wegtrokken uit Mekka naar Medina tijdens de emigratie in 622, het eerste jaar van de hijra.
58. Ostaeyen van, P. & G. van Vlierden (2017) *The Role of Belgian Fighters in the Jihadification of the Syrian War. From Plotting Ear-*

ly in 2011 to the Paris and Brussels Attacks, European Foundation For Democracy, 6.
59. *Het Laatste Nieuws*, 'Nederlandse jihadstrijders in Syrië verblijven in luxevilla's', 20 april 2013.
60. Ostaeyen van, P. & G. van Vlierden (2017) *The Role of Belgian Fighters in the Jihadification of the Syrian War. From Plotting Early in 2011 to the Paris and Brussels Attacks*, European Foundation For Democracy, 7.
61. Ibid., 7.
62. Ibid., 7.
63. Bakker, E. & P. Grol (2017) *Nederlandse jihadisten. Van naïeve idealisten tot geharde terroristen*, Amsterdam: Hollands Diep, 43.
64. Ostaeyen van, P. (2015) *Van kruistochten tot kalifaat. Arabische Lente, Jihad, Islamitische Staat*, Kalmthout: Pelckmans, 124.
65. Barrett, R., S. Maher & R. Pantucci (2014) 'Foreign Fighters in Syria: A Threat at Home and Abroad', London: Chatman House/ The Royal Institute of International Affairs; Bakker, E., C. Paulussen, & E. Entenmann (2013) 'Dealing with European Foreign Fighters in Syria: Governance Challenges and Legal Implications', The Hague: International Centre for Counter-Terrorism; Bakowski, P. & L. Puccio (2015) '"Foreign Fighters": Member States' Responses and EU Action in an International Context', Brussels: European Parliamentary Research Service; Archick, K., P. Belkin, C.M. Blanchard, C.E. Humud & D.E. Mix (2015) 'European Fighters in Syria and Iraq: Assessments, Responses and Issues for the United States', CRS Report (Prepared for Members and Committees of Congress; Weggemans, D., E. Bakker & P. Grol (2014) 'Who are They and Why do They Go? The Radicalisation and Preparatory Processes of Dutch Jihadist Foreign Fighters', *Perspectives on Terrorism* 8(4), 100-110; Klausen, J. (2015) 'Tweeting the Jihad: Social Media Networks of Western Foreign Fighters in Syria and Iraq', *Studies in Conflict and Terrorism*, 38, 1–22; Byman, D. & J. Shapiro (2014) 'Be Afraid: Be a Little Afraid: The Threat of Terrorism from Western Foreign Fighters in Syria and Iraq', *Foreign Policy, Policy Paper*, nr. 34; Cardash, S.L., F.J. Cilluffo & J.-L. Marret (2013) 'Foreign Fighters in Syria: Still Doing Battle, Still a Multidimensional Danger', Fondation pour la Re-

cherche Strategique, note nr. 24/13; Briggs Obe, R. & T. Silverman (2014) 'Western Foreign Fighters: Innovations in Responding to the Threat', Institute for Strategic Dialogue.
66. El-Said, H. & R. Barrett (2017) *Enhancing the Understanding of the Foreign Terrorist Fighters Phenomenon in Syria*, UN Counter-Terrorism Centre (UNOCT), Carter, J.A., S. Maher, & P.R. Neumann (2014) 'Greenbirds: Measuring Importance and Influence in Syria Foreign Fighter Networks', London: ICSR; Vidino, L. (2014) 'Foreign Fighters: An Overview of Responses in Eleven Countries', Zurich: Center for Security Studies.
67. Van Ginkel, B. & E. Entenmann (2016*) The Foreign Fighters Phenomenon in the European Union. Profiles, Threats & Policies,* The Hague: ICCT Research Paper, 51-53.
68. Ibid., 53.
69. Ibid., 53.
70. Coolsaet, R. (2016) *Facing the fourth foreign fighters wave: What drives Europeans to Syria and to Islamic State? Insights from the Belgian case*, Egmont Paper 81.
71. Schmid, A.P. & J. Tinnes (2015) *Foreign (Terrorist) Fighters with IS: A European Perspective*, ICCT Research Paper.
72. Van Ginkel, B. & E. Entenmann (2016) *The Foreign Fighters Phenomenon in the European Union. Profiles, Threats & Policies*, The Hague: ICCT Research Paper, 55.
73. Roy, O. (2017) *Jihad and Death. The Global Appeal of Islamic State*, Oxford: Oxford University Press.
74. Ibid., 25.
75. Ibid., 32.
76. Ibid., 25.
77. Cruise, R.S. (2016) 'Enough with the Stereotypes: Representations of Women in Terrorist Organizations', *Social Science Quarterly*, 97(1), 35.
78. Bakker, E. & S. de Leede (2015) *European Female Jihadists in Syria: Exploring an Under-Researched Topic*, The Hague: ICCT Background Note; Bakker, E. & P. Grol (2017) *Nederlandse jihadisten. Van naïeve idealisten tot geharde terroristen*, Amsterdam: Hollands Diep; Blaskie, R. (2016) *Women in the Religious Wave of Terrorism and Beyond: The West versus the Rest. An analysis of*

women's motives and agency in Al-Qaeda and the Islamic State, Independent Study Project (ISP) Collection, Paper 2359; Buner, E. (2016) 'Doing Our Part: Acknowledging and Addressing Women's Contributions to ISIS', *William & Mary Journal of Women and the Law*, 22(2), 420-451; Bjørgum, M.H. (2016) 'Jihadi Brides: Why do Western Muslim Girls join ISIS?', *Global Politics Review*, 2(2), 91-102; Gaub, F. & J. Lisiecka (2016) *Women in Daesh: Jihadist 'cheerleaders', active operatives?*, European Union Institute for Security Studies; Hoyle, C., A. Bradford & R. Frenett (2015) *Becoming Mulan? Female Western Migrants to ISIS*, London: Institute for Strategic Dialogue; Loken, M. & A. Zelenz (2016) *Explaining Extremism. Western Women in Daesh*, The University of Washington, Working Paper; Perešin, A. (2015) 'Fatal Attraction. Western Muslimas and ISIS', *Perspectives on Terrorism*, 9(3), 21-38; Perešin, A. & A. Cervone (2015) 'The Western Muhajirat of ISIS', *Studies in Conflict & Terrorism*, 38(7); Rafiq, H. & N. Malik (2015) *Caliphettes: Women and the Appeal of Islamic State*, Quilliam; Saltman, E.M. & M. Smith (2015) *'Till Martyrdom Do Us Part'. Gender and the ISIS Phenomenon*, Institute for Strategic Dialogue.

79. De verbranding van de piloot Maaz al-Kassasbeh, een luitenant bij de Jordaanse luchtmacht, die meedeed aan luchtaanvallen op IS-doelen in Syrië, kwam tijdens verschillende gesprekken aan de orde. Eind december 2014 stortte zijn F16 neer in de buurt van Raqqa. De beelden, waarbij hij door een aantal zwaarbewapende IS-strijders uit het water werd gevist, gingen de wereld over. Begin februari 2015 verspreidde IS een 22 minuten durende video van de gruwelijke executie van de piloot. Te zien was onder andere dat hij langs de plekken werd geleid die hij zou hebben gebombardeerd. De video eindigde met beelden waarop de piloot in een kooi werd gezet en in brand werd gestoken. Het was een van de vele beelden waarin IS haar gruweldaden deelde met de hele wereld.

Het leven in het kalifaat

1. Weiss, M. & H. Hassan (2015) *ISIS. Inside the Army of Terror*, New York: Regan Arts, 1.
2. Berger, M. (2017) 'Kalifaat en de islamitische staat', *Tijdschrift voor Religie, Recht en Beleid*, 18.
3. Ibid., 18.
4. Saul, H., 'Isis now targeting women with guides on how to be the "ultimate wives of jihad"', *The Independent*, 31 oktober 2014.
5. 'A Sister's Role in Jihad', https://archive.org/details/SistersRoleInJihad.
6. Quilliam Foundation, *Women of the Islamic State. A manifesto on women by the Al-Khanssaa Brigade*, februari 2015, vertaling en analyse door Charlie Winter, 18.
7. Ibid., 17.
8. De Leede, S., R. Haupfleish, K. Korolkova & M. Natter, *Radicalisation and violent extremism – focus on women: How women become radicalized, and how to empower them to prevent radicalization*, European Parliament, december 2017.
9. Quilliam Foundation, *Women of the Islamic State. A manifesto on women by the Al-Khanssaa Brigade*, februari 2015, vertaling en analyse door Charlie Winter, 17.
10. The Carter Center (2017) *The women in Daesh: Deconstructing complex gender dynamics in Daesh recruitment and propaganda*, 7.
11. Bakker, E. & S. de Leede (2015) *European Female Jihadists in Syria: Exploring an Under-Researched Topic*, ICCT.
12. Sutten, M.L. (2009) 'The Rising Importance of Women in Terrorism and the Need to Reform Counterterrorism Strategy,' United States Army Command and General Staff College, http://www.dtic.mil/cgibin/GetTRDoc?AD=ADA506225.
13. Ap, T., 'What ISIS Wants from Women', CNN, 20 november, 2015, http://www.cnn.com/2015/11/20/europe/isis-role-of-women/.
14. Moaveni, A. 'ISIS Women and Enforcers in Syria Recount Collaboration, Anguish and Escape', *New York Times*, 24 november 2015.
15. Peresin, A. 'Fatal Attraction: Western Muslimas and ISIS', *Perspectives on Terrorism* 9:3.

16. Quilliam Foundation, *Women of the Islamic State. A manifesto on women by the Al-Khanssaa Brigade*, februari 2015, vertaling en analyse door Charlie Winter.
17. Ibid.
18. Bloom, M., 'What ISIS Wants from Women', CNN, 20 november, 2015, http://www.cnn.com/2015/11/20/europe/ ISIS -role-of-women/.
19. Ibid.
20. Patel, S. (2017) *The Sultanate of Women: Exploring Female Roles in Perpetrating and Preventing Violent Extremism*, Australian Strategic Policy Institute, 15; Spencer, A.N. (2015) 'The hidden face of terrorism. Analysis of the women in Islamic State', *Journal of Strategic Security*, 9:3, 86.
21. Spencer, A.N. (2015) 'The hidden face of terrorism. An analysis of the women in Islamic State', *Journal of Strategic Security*, 9:3, 86-87.
22. De Leede, S. (2018) *Women in Jihad: A Historical Perspective*, ICCT Policy, 4.
23. Lahoud, N. (2014) 'The Neglected Sex: The Jihadis' Exlusion of Women from Jihad', *Terrorism and Political Violence*, 26(5), 786-788.
24. Ibid., 783.
25. Verkaik, R. & J. Akbar, 'Is ISIS about to send women to die on suicide missions? Chilling fanatic wedding certificate states jihadi brides can carry out bombings without husband's permission', *MailOnline*, 13 mei 2015, https://www.dailymail.co.uk/news/article-3079857/Is-ISIS-send-women-die-suicide-missions-Chilling-fanatic-wedding-certificate-states-jihadi-brides-carry-bombings-without-husband-s-permission.html.
26. Bloom, M. & C. Winter, 'The Women of ISIL', *Politico*, 7 december 2015, https://www.politico.eu/article/the-women-of-isil-female-suicide-bomber-terrorism/.
27. Abdul-Alim, J. 'ISIS "Manifesto" Spells Out Role for Women', *The Atlantic*, 8 maart 2015, https://www.theatlantic.com/education/archive/2015/03/isis-manifesto-spells-out-role-for-women/387049/.
28. Hassan, D. 'Meet Umm Hamza, The Slaughterer', *Now*, 7 no-

vember, 2014, https://now.mmedia.me/lb/en/reportsfeatures/meet-umm-hamza-theslaughterer.
29. BBC News (2017) 'Battle for Mosul: fierce clashes as IS uses suicide bombers', 4 juli 2017, http://www.bbc.com/news/world-middle-east-40489816.
30. Dearden, L. (2017), 'ISIS calls on women to fight and launch terror attacks for the first time', *The Independent*, 6 oktober 2017, http://www.independent.co.uk/news/world/middle-east/isis-warsyria-iraq-women-call-to-arms-islamic-state-terror-attacks-propaganda-change-ban-frontline-a7986986.html.
31. Stone, J. & K. Pattillo (2011) 'Al Qaeda's Use of Female Suicide Bombers in Iraq. A Case Study', in Sjoberg, L. & C. Gentry (red.) *Women, Gender and Terrorism*, University of George Press, 170.
32. De Leede, S. (2018) *Women in Jihad: A Historical Perspective*, ICCT Policy, 5.
33. Gardner, F., 'The Crucial Role of Women within Islamic State', *BBC News*, 20 augustus 2015, http://www.bbc.com/news/world-middle-east-33985441.
34. Gardner, F., 'The Crucial Role of Women within Islamic State', *BBC News*, 20 augustus 2015, http://www.bbc.com/news/world-middle-east-33985441.
35. Blasic, P. (2014), 'Schokkend. IS werft jonge vrouwen voor jihad via sociale media', *HP/de Tijd*, 27 oktober 2014, http://www.hp-detijd.nl/2014-10-27/schokkend-werft-jonge-vrouwen-voor-jihad-via-socialmedia/.
36. De Leede, S., R. Haupfleish, K. Korolkova & M. Natter, *Radicalisation and violent extremism – focus on women: How women become radicalized, and how to empower them to prevent radicalization*, European Parliament, december 2017.
37. Bakker, E. & S. De Leede (2015) *European Female Jihadists in Syria: Exploring an Under-Researched topic*, International Centre for Counter-Terrorism, http://icct.nl/publication/european-female-jihadists-in-syria-exploring-an-underresearched-topic/.
38. Dearden, L., 'James Foley beheading: "I want to be the first UK woman to kill a Westerner", says British jihadist in Syria', *The Independent*, 22 augustus 2014, http://www.independent.co.uk/news/world/middle-east/james-foley-beheading-i-want-to-be-

the-first-uk-woman-to-killa-westerner-says-british-jihadist-in-syria-9684908.html.
39. Van Langendonck, G., 'De IS-vrouwen waren het ergst tegen yezidi's', *NRC Handelsblad*, 16 april 2019.
40. Graaf de, B. (2012) *Gevaarlijke vrouwen. Tien militante vrouwen in het vizier*, Amsterdam: Boom, 11.
41. Ibid., 320.
42. Hoyle, C., A. Bradford & R. Frenett (2015) *Becoming Mulan? Female Western Migrants to ISIS*, London: Institute for Strategic Dialogue; Saltman E.M. & M. Smith (2015) *'Till Martyrdom Do Us Part'. Gender and the ISIS Phenomenon*, London: Institute for Strategic Dialogue.
43. Weggemans, D., R. Peters, E. Bakker & R. de Bont (2016) *Bestemming Syrië. Een exploratieve studie naar de leefsituatie van Nederlandse 'uitreizigers' in Syrië*, Universiteit Leiden en Universiteit Amsterdam, 73.
44. Neurink, J. (2015) *De vrouwen van het kalifaat. Slavinnen, moeders en jihadbruiden*, Amsterdam: Uitgeverij Jurgen Maas, 32.
45. Ars, B. (2001) *Troostmeisjes. Verkrachting in naam van de keizer*, Amsterdam: Uitgeverij De Arbeiderspers.
46. Hicks, G. (1994) *The Comfort Women. Japan's Brutal Regime of Enforced Prostitution in the Second World War*, New York: W.W. Norton & Company, 32.
47. Ars, B. (2001) *Troostmeisjes. Verkrachting in naam van de keizer*, Amsterdam: Uitgeverij De Arbeiderspers, 154.
48. Kruglanski, A.W. (2014) 'Psychology Not Theology: Overcoming ISIS' Secret Appeal', https://www.e-ir.info/2014/10/28/psychology-not-theology-overcoming-isis-secret-appeal/.
49. Williams, A., 'How British jihadist "madams" are running ISIS brothels full of thousands of kidnapped Iraqi women', *Mail Online*, 11 september 2014.
50. De seksuele jihad (*jihad al-nikah*) is een huwelijk dat enkele uren duurt, met als doel tegemoet te komen aan de seksuele verlangens van de strijders, zodat zij met een goed moreel ten strijde kunnen trekken.
51. Zwaan de, I., 'Huwelijksbureau helpt islamitische strijders aan een vrouw (en andersom)', *de Volkskrant*, 29 juli 2014.

52. Arkell, H., 'Could Yusra have been lured to Syria by terror DATING website? Mother's agony as police reveal teenager was on site called "Jihad Matchmaker"', *MailOnline*, 1 oktober 2014. https://www.dailymail.co.uk/news/article-2776343/My-heart-torn-Mother-British-teenager-feared-fled-Syria-jihadi-bride-makes-emotional-plea-come-home.html; *Het Laatste Nieuws*, 'Yusra (15) via jihadistische datingsite naar Syrië gelokt', 2 oktober 2014. https://www.hln.be/nieuws/buitenland/-yusra-15-via-jihadistische-datingsite-naar-syrie-gelokt~a4d722ac/.
53. Neurink, J. (2015) *De vrouwen van het kalifaat. Slavinnen, moeders en jihadbruiden*, Amsterdam: Uitgeverij Jurgen Maas, 15.
54. Ibid., 16.
55. Ibid., 15.

Waarom ze het kalifaat ontvluchtten

1. Renard, T. & R. Coolsaet (red.) (2018) *Returnees: Who are they, why are they (not) coming back and how should we deal with them? Assessing Policies on Returning Foreign Terrorist Fighters in Belgium, Germany and the Netherlands*, Brussels: Egmont Paper 101.
2. Algemene Inlichtingen en Veiligheidsdienst (AIVD) (2019) *Uitreizigers en terugkeerders*, Den Haag, https://www.aivd.nl/onderwerpen/terrorisme/dreiging/uitreizigers-en-terugkeerders.
3. Malet, D., *What does the evidence tell us about the impact of foreign fighters on home-grown radicalization?*, RadicalisationResearch, 6 juli 2015.
4. Malet, D. (2013) *Foreign Fighters. Transnational Identity in Civil Conflicts*, Oxford: Oxford University Press.
5. Malet, D., *What does the evidence tell us about the impact of foreign fighters on home-grown radicalization?*, RadicalisationResearch, 6 juli 2015.
6. Arielli, N. (2017) *From Byron to bin Laden. A History of Foreign War Volunteers*, Cambridge: Harvard University Press, 198.
7. Renard, T. & R. Coolsaet (red.) (2018) *Returnees: Who are they, why are they (not) coming back and how should we deal with them? Assessing Policies on Returning Foreign Terrorist Fighters in*

Belgium, Germany and the Netherlands, Brussels: Egmont Paper 101, 71.
8. Fainberg A. (2017) *Here We Come: The Evolution of Foreign Fighters' Flow to Syria and Iraq in 2013-2016*, The Hague: ICCT.
9. Malet, D., *What does the evidence tell us about the impact of foreign fighters on home-grown radicalization?*, RadicalisationResearch, 6 juli 2015.
10. Renard, T. & R. Coolsaet (red.) (2018) *Returnees: Who are they, why are they (not) coming back and how should we deal with them? Assessing Policies on Returning Foreign Terrorist Fighters in Belgium, Germany and the Netherlands*, Brussels: Egmont Paper 101, 70.
11. AIVD (2017a) *Terugkeerders in beeld*, AIVD: Den Haag, 6.
12. AIVD (2017b) *Jihadistische vrouwen, een niet te onderschatten dreiging*, AIVD: Den Haag, 3.
13. BELGA, 'Drie op de vier teruggekeerde Syriëstrijders niet meer gevaarlijk', 15 januari 2019.
14. San van, M. (2019) *De onvoorspelbare terrorist. Het 'magisch denken' over preventie van radicalisering en de mogelijkheden tot deradicalisering*, Brussel: Itinera.
15. Horgan, J. (2009) *Walking Away from Terrorism: Accounts of Disengagement from Radical and Extremist Movements*, New York: Routledge, xxiii.
16. Ibid.
17. Ibid., 32.
18. El-Said, H. & R. Barrett (2017) *Enhancing the Understanding of the Foreign Terrorist Fighters Phenomenon in Syria*, United Nations Office of Counter-Terrorism.
19. Horgan, J. (2009) *Walking Away from Terrorism: Accounts of Disengagement from Radical and Extremist Movements*, New York: Routledge, 71.
20. El-Said, H. & R. Barrett (2017) *Enhancing the Understanding of the Foreign Terrorist Fighters Phenomenon in Syria*, United Nations Office of Counter-Terrorism.
21. Speckhard, A. & A.S. Yayla (2016) *ISIS Defectors. Inside Stories of the Terrorist Caliphate*, McLean: Advances Press, LLC, 15.
22. Het rapport baseert zich op 58 cases uit de database die bijge-

houden zijn in de periode van januari 2014 tot augustus 2015.
23. El-Said, H. & R. Barrett (2017) *Enhancing the Understanding of the Foreign Terrorist Fighters Phenomenon in Syria*, United Nations Office of Counter-Terrorism, 42.
24. Ibid., 43.
25. Stern, J., (2010) 'Five myths about who becomes a terrorist', in: Foreign Affairs, 89, 1.
26. El-Said, H. & R. Barrett (2017) *Enhancing the Understanding of the Foreign Terrorist Fighters Phenomenon in Syria*, United Nations Office of Counter-Terrorism.
27. Neumann, P.R. (2015) *Victims, Perpetrators, Assets: The Narratives of Islamic State Defectors*, ICSR, King's College, London, 11.
28. Ibid., 11.
29. El-Said, H. & R. Barrett (2017) *Enhancing the Understanding of the Foreign Terrorist Fighters Phenomenon in Syria*, United Nations Office of Counter-Terrorism, 44.
30. Bovenkerk, F. (2010) *Uittreden. Over het verlaten van criminele organisaties*, (Oratiereeks/Faculteit der Maatschappij- en Gedragswetenschappen), Amsterdam: Vossiuspers UvA, 22.
31. Askenasy, H. (1978) *Are We All Nazis?*, Secaucus NJ: L. Stuart; Browning, C.R. (1993) *Doodgewone mannen*, Amsterdam: De Arbeiderspers; Conroy, J. (2000) *Unspeakable Acts, Ordinary People. The Dynamics of Torture*, New York: Knopf; Dutton, D.G. (2007) *The Psychology of Genocide, Massacres and Extreme Violence. Why 'Normal' People Come to Commit Atrocities*, Westport CO and London Praeger Security International; Goldhagen, D.J. (1996) *Hitler's Willing Executioners: Ordinary Germans and the Holocaust*, New York: Knopf/Random House; Jensen, O. & C.-C. W. Sjejnmann (2008) *Ordinary People as Mass Murderers. Perpetrators in Comparative Perspectives*, Basingstoke: Palgrave Macmillan; Katz, F.E. (1993) *Ordinary People and Extraordinary Evil: A Report on the Beguilings of Evil*, Albany NY: State University of New York Press; Mann, M. (2000) 'Were the Perpetrators of Genocide "Ordinary Men" or "Real Nazis"? Results from Fifteen Hundred Biographies', *Holocaust and Genocide Studies*, 14(3), 331-366; Waller, J. (2002) *Becoming Evil. How Ordinary People Commit Genocide and Mass Killing*, New

York, NY; Weltzer, H. (2005) *Daders. Hoe heel normale mensen massamoordenaars worden*, Amsterdam Anthos; Zimbardo, P.G. (2007) *The Lucifer Effect: How Good People Turn Evil*, London: Rider.
32. De Swaan, A. (2014) *Compartimenten van vernietiging. Over genocidale regimes en hun daders*, Amsterdam: Prometheus/Bert Bakker, 202.
33. Ibid., 204.
34. Juergensmeyer, M. (2003) *Terror in the Mind of God. The Global Rise of Religious Violence*, Berkeley/Los Angeles/London: University of California Press; San, M. van (2013), '"Als Allah mij kiest." Rechtvaardigingen voor martelaarschap en geweld op Facebook', *Tijdschrift voor Criminologie*, 55(2): 139-154.
35. De Swaan, A. (2014) *Compartimenten van vernietiging. Over genocidale regimes en hun daders*, Amsterdam: Prometheus/Bert Bakker, 212.
36. Neitzel, S. & H. Welzer (2011) *Soldaten. Protokolle vom Kämpfen, Töten und Sterben*, Frankfurt M.: S. Fisher.
37. De Graaf, B. (2014) *De vlam van het verzet. Nederlandse strijders in her buitenland, vroeger en nu*, Anton de Komlezing.
38. Ibid.
39. De Swaan, A. (2014) *Compartimenten van vernietiging. Over genocidale regimes en hun daders*, Amsterdam: Prometheus/Bert Bakker, 32.
40. Ibid., 31.
41. Reuters, 'Islamic State loses al-Mayadeen in eastern Syria – military source', 14 oktober 2014, https://uk.reuters.com/article/uk-mideast-crisis-syria-almayadeen/islamic-state-loses-al-mayadeen-in-eastern-syria-military-source-idUKKBN1CJ0C8.
42. BELGA, 'Strijd tegen ISIS in Syrië "gepauzeerd"', 6 maart 2018.
43. *De Morgen*, 'Trump: "Europa moet 800 gevangen IS-strijders terugnemen', 17 februari 2019.
44. BELGA, 'Koerden dreigen zich terug te trekken uit strijd tegen IS: "Focussen op eventuele aanval van Turkije"', 21 december 2018.
45. BELGA, 'Honderden burgers op de vlucht voor gevechten rond laatste IS-bastion', 12 februari 2019.
46. Reuters, 'Slotaanval tegen Islamitische Staat ingezet', 1 maart 2019.

47. Rosman, C., 'Zijn kalifaat is weg, maar waar is zijn IS-leider Al-Baghdadi', *Algemeen Dagblad*, 13 februari 2019.
48. ANP Producties, 'Overwinning op IS "binnen enkele dagen"', 16 februari 2019.
49. Vreeken, R., 'Finale aanval op IS-enclave begonnen na exodus van vrouwen en kinderen', *de Volkskrant*, 2 maart 2019.
50. *Algemeen Dagblad*, 'Zware gevechten gaande om allerlaatste stukje IS-kalifaat', 3 maart 2019.
51. Reuters, 'Tientallen vrachtwagens evacueren Syriërs uit laatste IS-bolwerk', 22 februari 2019.
52. Vreeken, R., 'Finale aanval op IS-enclave begonnen na exodus van vrouwen en kinderen', *de Volkskrant*, 2 maart 2019.
53. Vreeken, R., 'Finale aanval op IS-enclave begonnen na exodus van vrouwen en kinderen', *de Volkskrant*, 2 maart 2019.
54. AP, 'Vrouwen en kinderen vluchten met al hun bezit uit laatste IS-bolwerk', 25 februari 2019.
55. Van Vlierden, G., 'Belgische IS-vrouw, geëvacueerd uit laatste bolwerk, belooft te blijven strijden: "België heeft onze kinderen vermoord"', *Het Laatste Nieuws*, 7 maart 2019.
56. BELGA, 'Strijd tegen IS in Syrië "ver van afgelopen"', 7 maart 2019.
57. https://www.rescue.org/press-release/al-hol-camp-breaking-point-another-12000-women-and-children-arrive-just-48-hours.
58. Vreeken, R., 'Finale aanval op IS-enclave begonnen na exodus van vrouwen en kinderen', *de Volkskrant*, 2 maart 2019.
59. Reuters, 'Ultieme strijd tegen allerlaatste IS-bolwerk begonnen', 10 maart 2019.
60. BELGA, 'IS verliest laatste bastion in Syrië', 23 maart 2019.
61. NOS, 'SDF: kalifaat IS vernietigd, maar terreur nog niet verslagen', 23 maart 2019.
62. BELGA, 'Nog geen vraag om Belgische jihadisten uit Syrië te repatriëren ter voorbereiding van Amerikaanse terugtrekking', 13 februari 2019; Landler, M., H. Cooper & E. Schmitt, 'Trump to Withdraw U.S. Forces From Syria, Declaring "We Have Won Against ISIS"', *The New York Times*, 19 december 2018, https://www.nytimes.com/2018/12/19/us/politics/trump-syria-turkey-troop-withdrawal.html.

63. Dahnan, G., 'Koerdische smeekbendes kon Europa negeren, maar nu Trump het zegt moeten de IS-strijders wel terug', *Trouw*, 17 februari 2019.
64. *De Morgen*, 'Premier Michel wil Syriëstrijders bij voorkeur ter plaatse laten berechten', 18 februari 2019.
65. NOS, 'Kabinet pleit voor internationaal tribunaal voor IS-strijders', 23 mei 2019.
66. Mehra, T. & C. Paulussen, *The Repatriation of Foreign Fighters and Their Families: Options, Obligations, Morality and Long-Term Thinking*, 6 maart 2019, https://icct.nl/publication/the-repatriation-of-foreign-fighters-and-their-families-options-obligations-morality-and-long-term-thinking/.
67. Eeckhaut, M., 'Wie zal er voor de kinderen zorgen? Belgische IS-strijders en hun kroost spoorloos', *De Standaard*, 19 december 2017.
68. *De Morgen*, 'Jambon over Syriëstrijders: "Wie bepaalde keuzes maakt in het leven, moet de gevolgen dragen"', 18 december 2017.
69. *Minderjarigen bij ISIS. Een publicatie van de NCTV en de AIVD*, Den Haag: AIVD/NCTV, 17.
70. Algemene Inlichtingen en Veiligheidsdienst (2018) *De erfenis van Syrië. Mondiaal jihadisme blijft dreiging voor Europa*, Den Haag, 22.
71. VRT NWS, 'Moeder van Belgisch IS-kind in Syrië: "Spijt? Nee, ik heb veel geleerd"', 20 september 2017.
72. Rosman, C., 'Na Pringles in het kalifaat, wil Nederland Ilham (23) uit Gouda niet helpen', *Algemeen Dagblad*, 22 september 2017.
73. Algemene Inlichtingen -en Veiligheidsdienst (AIVD) (2018) *Jaarverslag 2017*, Den Haag: AIVD.
74. Vanrenterghem, A., 'Federaal procureur Van Leeuw: "We moeten IS-kinderen terug naar ons land halen"', VRT, 23 maart 2018.
75. Langendonck van, G. Cassandra Bodart, 'Belgische IS-weduwe gevangen in Syrië. Als ze ontdekken dat ik de islam heb verlaten, zullen ze mij executeren', *De Standaard*, 14 juli 2018.
76. Fact Sheet on Camps for 'the Internally Displaced' Located in Autonomous-Administered Areas in Northern Syria, https://www.stj-sy.com/en/view/362, geraadpleegd op 13 augustus 2018.

77. Ibid.
78. https://reliefweb.int/sites/reliefweb.int/files/resources/syr_factsheet_camp_profiling_ein_issa_november_2017.pdf.
79. *Al Jazeera*, 'Red Cross: Hundreds of unaccompanied children flood Syria camp. Red Cross President Peter Maurer wants children living without parents in al-Hol camp to be able to go home', 3 april 2019.
80. NOS, 'Werken in kamp met IS'ers: "Ik twijfel voor het eerst om hulp te geven"', 20 maart 2019.
81. Ophoff, A. & R. Vranckx, 'Moeders van Syriëstrijders voeren eigen jihad: "Wij willen onze kleinkinderen terug"', VRT NWS, 17 december 2017; Nicole le Fever, 'Grootouders van Nederlandse IS-kinderen: haal ze uit Syrië en Irak', NOS, 28 december 2017; Groen, J. Familieleden 'Syriëgangers: Nederland, haal onschuldige kinderen weg uit voormalig kalifaat', *de Volkskrant*, 28 december 2017; De Rijke, J. 'Mijn dochter verdient straf omdat ze naar Syrië ging, maar haar kinderen zijn onschuldig', *Trouw*, 6 januari 2018, Groen, J., 'Familie: Nederland doet niks voor terugkeer vrouwen en kinderen uit IS-gebieden', *de Volkskrant*, 17 oktober 2017.
82. Kleinjan, G-J. & K. van Teeffelen, 'AIVD wijst op problemen rond kinderen van jihadisten en cyberspionage', *Trouw*, 6 maart 2018.
83. Kamerman, S. 'Wachten tot jihadkind uit kamp komt is onacceptabel', NRC *Handelsblad*, 18 april 2018.
84. 'Haal Nederlandse kinderen terug uit Syrië', https://www.jeugdzorgnederland.nl/actueel/haal-nederlandse-kinderen-terug-syrie/.
85. Meijer, R., 'Grapperhaus was bij Pauw iets te ruimhartig over jihadkinderen', *de Volkskrant*, 16 mei 2018.
86. BELGA, 'Jonge kinderen van Belgische IS-strijders mogen automatisch terugkeren', 22 december 2017.
87. Bahara, H., 'Kinderombudsman vergroot druk op kabinet: Haal "kalifaatkinderen" naar Nederland', *de Volkskrant*, 19 april 2018.
88. Langendonck van, G. Cassandra Bodart, 'Belgische IS-weduwe gevangen in Syrië. Als ze ontdekken dat ik de islam heb verlaten, zullen ze mij executeren', *De Standaard*, 14 juli 2018.

89. *Het Laatste Nieuws*, '"Repatrieer vastgehouden IS-strijders om ze in land van herkomst te berechten"', 31 oktober 2018.
90. Santens, T., 'Geens wil Belgische IS-kinderen terughalen, maar ziet "geen draagvlak" voor moeders', VRT NWS, 20 november 2018.
91. NOS, 'Grapperhaus tegen kinderombudsvrouw: Geen kinderen uit Syrische kampen halen', 26 juni 2018.
92. *Het Laatste Nieuws*, 'Twee Belgische IS-vrouwen en Child Focus dagen Belgische staat voor de rechter', 28 mei 2018.
93. *De Standaard*, 'België moet IS-kinderen niet repatriëren', 19 juli 2018.
94. *De Standaard*, 'België moet alles doen om kinderen van Syriëstrijders en hun moeders uit Syrië terug te halen', 26 december 2018.
95. Rabaey, M., '"Dit verdient niemand": Oma's en psychologen vragen dat ook IS-moeders naar België mogen komen. Oma's doen oproep aan Maggie De Block en Gwendolyn Rutten', *De Morgen*, 30 januari 2019.
96. *De Standaard*, 'België moet IS-weduwen en hun kinderen dan toch niet terughalen', 27 februari 2019.
97. Loots, G., C. Viaene, H. Jamai, S. Quaghebeur & S. Ryckx, *Bezoek aan Belgische kinderen in Koerdische vluchtelingenkampen in Noord-Oost Syrië (13-21 oktober 2018)*.
98. Mercks, V. 'Psycholoog onderzocht Belgische IS-kinderen in Syrische kampen: "Waanzin te denken dat dit moordmachines zouden worden"', VRRT NWS, 24 oktober 2018, https://www.vrt.be/vrtnws/nl/2018/10/24/psycholoog-gerrit-loots-onderzocht-belgische-is-kinderen-in-syri/.
99. Struys, B., '150 academici schrijven open brief: "Haal Belgische kinderen nu terug uit Koerdische kampen"', *De Morgen*, 10 mei 2019; Open brief: 'Pas kinderrechtenverdrag toe, haal Belgische kinderen nu terug', *De Morgen*, 10 mei 2019.
100. Struys, B., 'Belgische staat gedagvaard om kleinkinderen over te brengen uit Turkije', *De Morgen*, 31 oktober 2018.
101. *De Morgen*, 'Rechtbank: België moet kinderen IS-strijder in Turkije reisdocumenten bezorgen', 19 december 2018.
102. *Het Nieuwsblad*, 'Einde van een nachtmerrie: Yasmine (4) is te-

rug thuis na gedwongen verblijf van anderhalf jaar in Syrisch tentenkamp', 27 november 2018.
103. NOS, 'Minister haalt zwangere jihadbruid niet terug', 11 april 2018.
104. *Ministerie van Justitie en Veiligheid*, Antwoorden vragen lid Sjoerdsma over terugkeer van Nederlandse vrouwen en minderjarige kinderen in slechte gezondheid in IS-gebied, 26 juli 2018.
105. Tijmstra, F. & W. van Wilgenburg, *Arrestatiebevel Nederlandse IS-vrouwen niet aangekomen*, 24 augustus 2018.
106. Bahara, H., 'Vrouwelijke Syriëgangers en hun kinderen in Koerdische kampen kunnen niet terug naar Nederland door politieke patstelling', *de Volkskrant*, 26 september 2018.
107. Ibid.
108. https://uitspraken.rechtspraak.nl/inziendocument?id=ECLI:NL:RBROT:2019:446.
109. Brief aan de Tweede Kamer, 2510059, 21 februari 2019.
110. NOS, 'Rode Kruis bereid vrouwelijke jihadisten en kinderen uit Syrië op te halen', 3 april 2019.
111. Reuters, 'Starved infants, wounded children and women crowd Syrian hospitals after ISIS defeat', 7 april 2019.
112. Wal van der, C., 'Weg naar Nederland open voor jihadvrouwen uit Syrië', *Algemeen Dagblad*, 22 mei 2019.
113. NOS, 'Advocaat van Nederlandse IS-vrouwen overweegt kort geding tegen overheid', 13 juli 2019.

Literatuur

Algemene Inlichtingen -en Veiligheidsdienst (2017a) *Terugkeerders in beeld*, Den Haag.
Algemene Inlichtingen -en Veiligheidsdienst (2017b) *Jihadistische vrouwen, een niet te onderschatten dreiging*, Den Haag.
Algemene Inlichtingen -en Veiligheidsdienst (2018) *De erfenis van Syrië. Mondiaal jihadisme blijft dreiging voor Europa*, Den Haag.
Algemene Inlichtingen -en Veiligheidsdienst (2018) *Jaarverslag 2017*, Den Haag.
Algemene Inlichtingen -en Veiligheidsdienst (2019) *Uitreizigers en terugkeerders*, Den Haag.
Archick, K., P. Belkin, C.M. Blanchard, C.E. Humud, & D.E. Mix (2015) 'European Fighters in Syria and Iraq: Assessments, Responses and Issues for the United States', CRS Report (Prepared for Members and Committees of Congress).
Arielli, N. (2017) *From Byron to bin Laden. A History of Foreign War Volunteers*, Cambridge: Harvard University Press.
Ars, B. (2001) *Troostmeisjes. Verkrachting in naam van de keizer*, Amsterdam: Uitgeverij De Arbeiderspers.
Askenasy, H. (1978) *Are We All Nazis?*, Secaucus NJ: L. Stuart.
Atran, S. (2010) *Talking to the Enemy: Religion, Brotherhood and the (Un)Making of Terrorists*, New York: HarperCollins.
Bakker, E., C. Paulussen & E. Entenmann (2013) 'Dealing with European Foreign Fighters in Syria: Governance Challenges

and Legal Implications', The Hague: International Centre for Counter-Terrorism.

Bakker, E. & S. de Leede (2015) *European Female Jihadists in Syria: Exploring an Under-Researched Topic*, The Hague: ICCT Background Note.

Bakker, E. & P. Grol (2017) *Nederlandse jihadisten. Van naïeve idealisten tot geharde terroristen*, Amsterdam: Hollands Diep.

Bakowski, P. & L. Puccio (2015) '"Foreign Fighters": Member States' Responses and EU Action in an International Context', Brussels: European Parliamentary Research Service.

Barrett, R., S. Maher, & R. Pantucci (2014) 'Foreign Fighters in Syria: A Threat at Home and Abroad', London: Chatman House/The Royal Institute of International Affairs.

Basra, R., P.R. Neumann & C. Brunner (2016) *Criminal Pasts, Terrorist Futures: European Jihadists and the new Crime-Terror Nexus*, London: ICSR.

Berger, M. (2017) 'Kalifaat en de islamitische staat', *Tijdschrift voor Religie, Recht en Beleid*, 8(1), 6-24.

Berko, A. (2009) *The Path to Paradise. The Inner World of Suicide Bombers and their Dispatchers*, Washington DC: Potomac Books Inc.

Bjørgum, M.H. (2016) 'Jihadi Brides: Why do Western Muslim Girls join ISIS?', *Global Politics Review*, 2(2), 91-102.

Blaskie, R. (2016) *Women in the Religious Wave of Terrorism and Beyond: The West versus the Rest. An Analysis of Women's Motives and Agency in Al-Qaeda and the Islamic State*, Independent Study Project (ISP) Collection, Paper 2359.

Bloom, M. (2004) 'Palestinian suicide bombing: public support, market share and out-bidding', *Political Science Quarterly*, 199, 61-88.

Bloom, M. (2011) *Bombshell. Women and Terrorism*, Philadelphia: University of Pennsylvania Press.

Bloom, M. & C. Winter (2015) *The Women of ISIL*, Politico.

Bovenkerk, F. (2010) *Uittreden: Over het verlaten van criminele organisaties*, (Oratiereeks/Faculteit der Maatschappij- en Gedragswetenschappen), Amsterdam: Vossiuspers UvA, 22.

Briggs Obe, R. & T. Silverman (2014) 'Western Foreign Fighters: Innovations in Responding to the Threat', Institute for Strategic Dialogue.

Browning, C.R. (1993) *Doodgewone mannen*, Amsterdam: De Arbeiderspers.

Buner, E. (2016) 'Doing Our Part: Acknowledging and Addressing Women's Contributions to ISIS', *William & Mary Journal of Women and the Law*, 22(2), 420-451.

Byman, D. & J. Shapiro (2014) 'Be Afraid: Be a Little Afraid: The Threat of Terrorism from Western Foreign Fighters in Syria and Iraq', *Foreign Policy, Policy Paper*, nr. 34.

Cardash, S. L., F. J. Cilluffo & J-L. Marret (2013) 'Foreign Fighters in Syria: Still Doing Battle, Still a Multidimensional Danger', Fondation pour la Recherche Strategique, note no. 24/13.

Carter, J.A., S. Maher, & P.R. Neumann (2014) 'Greenbirds: Measuring Importance and Influence in Syria Foreign Fighter Networks', London: ICSR.

Coolsaet, R. (2016) *Facing the fourth foreign fighters wave: What drives Europeans to Syria and to Islamic State? Insights from the Belgian case*, Egmont Paper 81.

Conroy, J. (2000) *Unspeakable Acts, Ordinary People. The Dynamics of Torture*, New York: Knopf.

Cragin, K.R. & S.A. Daly (2009) *Women as Terrorists. Mothers, Recruiters and Martyrs*, Santa Barbara, CA: ABC-CLIO.

Cruise, R.S. (2016) 'Enough with the Stereotypes: Representations of Women in Terrorist Organizations', *Social Science Quarterly*, 97(1), 33- 43.

Dawson, L.L. & A. Amarasingam (2017) 'Talking to foreign fighters: insights into the motivations for Hijrah to Syria and Iraq', *Studies in Conflict and Terrorism*, 40(3), 191-210.

Dutton, D.G. (2007) *The Psychology of Genocide, Massacres and Extreme Violence. Why 'Normal' People Come to Commit Atrocities*, Westport CO and London Praeger Security International.

Fainberg, A. (2017) *Here We Come: The Evolution of Foreign Fighters' Flow to Syria and Iraq in 2013-2016*, The Hague: ICCT.

Gambetta, D. (2005) *Making Sense of Suicide Missions*, Oxford: Oxford University Press.

Gill, P. (2015) *Lone-Actor Terrorists: A Behavioural Analysis*, London/New York: Routledge.

Goerzig, C. & K. Al-Hashimi (2015) *Radicalization in Western Europe. Integration, public discourse and loss of identity among Muslim communities*, London/New York: Routledge.

Gates, S. & S.Podder (2015), 'Social Media, Recruitment, Allegiance and the Islamic State', *Perspectives on Terrorism*, Vol. 9, Nr. 4, pp. 107-116.

Gaub, F. & J. Lisiecka (2016) *Women in Daesh: Jihadist 'cheerleaders', active operatives?*, European Union Institute for Security Studies.

Ginkel van, B. & E. Entenmann (2016) *The Foreign Fighters Phenomenon in the European Union. Profiles, Threats & Policies*, The Hague: ICCT Research Paper.

Goldhagen, D.J. (1996) *Hitler's Willing Executioners: Ordinary Germans and the Holocaust*, New York: Knopf/Random House.

Graaf de, B. (2012) *Gevaarlijke vrouwen. Tien militante vrouwen in het vizier*, Amsterdam: Boom.

Graaf de, B. (2014) *De vlam van het verzet. Nederlandse strijders in her buitenland, vroeger en nu*, Anton de Komlezing.

Gunawardena, A. (2006) 'Female Black Tigers: A Different Breed of Cat?', in: Yoram Schweitzer (red.) *Female Suicide Bombers: Dying for Equality?*, Tel Aviv University: The Jaffee Center for Strategic Studies.

Hicks, G. (1994) *The Comfort Women. Japan's Brutal Regime of Enforced Prostitution in the Second World War*, New York: W.W. Norton & Company.

Horgan, J. (2009) *Walking Away from Terrorism: Accounts of Disengagement from Radical and Extremist Movements*, New York: Routledge.

Horgan, J. (2014) *The Psychology of Terrorism*, London/New York: Routledge.

Hoyle, C., A. Bradford & R. Frenett (2015) *Becoming Mulan? Female Western Migrants to ISIS*, London: Institute for Strategic Dialogue.

Issacharoff, A. (2006) 'The Palestinian and Israeli Media on Female Suicide Terrorists': in: Yoram Schweitzer (red.) *Female Suicide Bombers: Dying for Equality?*, Tel Aviv University: The Jaffee Center for Strategic Studies.

Jensen, O. & C.-C. W. Sjejnmann (2008) *Ordinary People as Mass Murderers. Perpetrators in Comparative Perspectives*, Basingstoke: Palgrave Macmillan.

Juergensmeyer, M. (2003) *Terror in the Mind of God. The Global Rise of Religious Violence*, Berkeley/Los Angeles/London: University of California Press.

Katz, F.E. (1993) *Ordinary People and Extraordinary Evil: A Report on the Beguilings of Evil*, Albany NY: State University of New York Press.

Khayat, M. (2015) 'Jihadis Shift To Using Secure Communication App Telegram's Channels Service', MEMRI, Inquiry & Analysis Series No. 1198.

Klausen, J. (2015) 'Tweeting the Jihad: Social Media Networks of Western Foreign Fighters in Syria and Iraq', *Studies in Conflict and Terrorism*, 38, pp. 1-22.

Koning M. de, C. Becker, I. Roex & P. Aarns (2014) *Eilanden in een zee van ongeloof. Het verzet van activistische da'wa netwerken in België, Nederland en Duitsland*, Amsterdam: IMES Report Series.

Kruglanski, A. & E. Orehek (2011) 'The role of the quest for personal significance in motivating terrorism'. In: J. Forgas, A. Kruglanski & K. Williams (red.). *The psychology of social conflict and aggression*, New York: Psychology Press, 153-166.

Kruglanski, A.W., M.J. Gelfand, J.J. Bélanger, A. Sheveland, M. Hetiarachchi & R. Gunarayna(2014) 'The psychology of radicalization and deradicalization: How significance quest impacts violent extremism', *Advances in Political Psychology*, 35(1), 69-93.

Lahoud, N. (2014) 'The Neglected Sex: The Jihadis' Exlusion of Women from Jihad', *Terrorism and Political Violence*, 26(5), 786-788.

Leede, de S. (2018) *Women in Jihad: A Historical Perspective*, ICCT Policy.

Leede de, S., R. Haupfleish, K. Korolkova & M. Natter, *Radicalisation and violent extremism – focus on women: How women become radicalized, and how to empower them to prevent radicalization*, European Parliament, december 2017.

Loken, M. & A. Zelenz (2016) *Explaining Extremism. Western Women in Daesh*, The University of Washington, Working Paper.

Loots, G., C. Viaene, H. Jamai, S. Quaghebeur & S. Ryckx (2018) *Bezoek aan Belgische kinderen in Koerdische vluchtelingenkampen in Noord-Oost Syrië (13-21 oktober 2018)*.

Malet, D., *What does the evidence tell us about the impact of foreign fighters on home-grown radicalization?*, Radicalisationresearch, 6 juli 2015.

Malet, D. (2013) *Foreign Fighters. Transnational Identity in Civil Conflicts*, Oxford: Oxford University Press.

Mann, M. (2000) 'Were the Perpetrators of Genocide "Ordinary Men" or "Real Nazis"? Results from Fifteen Hundred Biographies', *Holocaust and Genocide Studies*, 14(3), 331-366.

Maynard, J.L. (2014) 'Rethinking the role of ideology in mass atrocities', *Terrorism and Political Violence*, 26(5), 821-841.

McCauley, C. & Moskalenko, S. (2011) *Friction: How Radicalisation Happens to Them and Us*, New York: Oxford University Press, 219-223.

Mehra, T. & C. Paulussen (2019) *The Repatriation of Foreign Fighters and Their Families: Options, Obligations, Morality and Long-Term Thinking*, Den Haag: ICCT.

Morgan, R. (1989) *The Demon Lover: On the Sexuality of Terrorism*, New York: W.W. Norton & Company.

Navest, A., M. de Koning & A. Moors (2016) 'Chatting about marriage with female migrants to Syria', *Anthropology Today*, 32 (2), 22-25.

Neitzel, S. & H. Welzer (2011) *Soldaten. Protokolle vom Kämpfen, Töten und Sterben*, Frankfurt M.: S. Fisher.

Neumann, P.R. (2015) *Victims, Perpetrators, Assets: The Narratives of Islamic State Defectors*, ICSR, King's College, London.

Neurink, J. (2015) *De vrouwen van het kalifaat. Slavinnen, moeders en jihadbruiden*, Amsterdam: Uitgeverij Jurgen Maas.

Nijhof, G. (2000) *Levensverhalen. Over de methode van autobiografisch onderzoek in de sociologie*, Amsterdam: Boom.

Ostayen van, P. (2015) *Van kruistochten naar kalifaat. Arabische Lente, Jihad, Islamitische Staat*, Kalmthout: Pelckmans.

Ostaeyen van, P. & G. van Vlierden (2017) *The Role of Belgian Fighters in the Jihadification of the Syrian war. From Plot-*

ting Early in 2011 to the Paris and Brussels Attacks, European Foundation For Democracy.

Patel, S. (2017) *The Sultanate of Women: Exploring female roles in perpetrating and preventing violent extremism*, Australian Strategic Policy Institute.

Perešin, A. & Cervone, A. (2015) 'The Western Muhajirat of ISIS', *Studies in Conflict & Terrorism*, 38 (7), 495-509.

Perešin, A. (2015) 'Fatal attraction. Western Muslimas and ISIS', *Perspectives on Terrorism*, 9(3), 21-38.

Quilliam Foundation, *Women of the Islamic State. A manifesto on women by the Al-Khanssaa Brigade*, februari 2015, vertaling en analyse door Charlie Winter.

Rafiq, H. & N. Malik (2015) *Caliphettes: Women and the Appeal of Islamic State*, Quilliam.

Ranstorp, M. (2014) 'The Foreign Policy Essay: Scandinavian Foreign Fighters – Trends and Lessons', *Lawfare*.

Renard, T. & R. Coolsaet (red.) (2018) *Returnees: Who are they, why are they (not) coming back and how should we deal with them? Assessing Policies on Returning Foreign Terrorist Fighters in Belgium, Germany and the Netherlands*, Brussels: Egmont Paper 101.

Roy, O. (2015) *What is the driving force behind jihadist terrorism? A scientific perspective om the causes/circumstances of joining the scene*, European University Institute.

Roy, O. (2017) *Jihad and Death. The Global Appeal of Islamic State*, Oxford: Oxford University Press.

Sageman, M. (2008) *Leaderless Jihad. Terror Networks in the Twenty-First Century*, Philadelphia: University of Pennsylvania Press.

Said El, H. & R. Barrett (2017) *Enhancing the Understanding of the Foreign Terrorist Fighters Phenomenon in Syria*, United Nations Office of Counter-Terrorism.

Saltman, E. & M. Smith (2015) *'Till Martyrdom Do Us Part'. Gender and the ISIS Phenomenon*, Institute for Strategic Dialogue.

San, M. van (2013) '"Als Allah mij kiest." Rechtvaardigingen voor martelaarschap en geweld op Facebook', *Tijdschrift voor Criminologie*, 55(2): 139-154.

San, M. van (2013) *Strijders op sandalen. Sharia4Belgium&Holland, een inventarisatie*, Utrecht: Forum.

San, M. van (2019) *De onvoorspelbare terrorist. Het 'magisch denken' over preventie van radicalisering en de mogelijkheden tot deradicalisering*, Brussel: Itinera.

Schmid, A.P. & J. Tinnes (2015) *Foreign (Terrorist) Fighters with IS: A European Perspective*, ICCT Research Paper.

Sjoberg, I. & C.E. Gentry (red.) (2011) *Women, gender and terrorism*, Athens/London: The University of Georgia Press.

Speckhard, A. (2015a) *The lure of becoming an ISIS bride*, ISCVE Brief Report.

Speckhard, A. (2015b) *Female terrorists in ISIS, al Qaeda and 21st century terrorism*, Trends working paper. Inside the mind of a Jihadist seminar.

Speckhard, A. & A.S. Yayla (2016) *ISIS Defectors. Inside Stories of the Terrorist Caliphate*, McLean: Advances Press, LLC.

Spencer, A.N. (2015) 'The hidden face of terrorism. An analysis of the women in Islamic State', *Journal of Strategic Security*, 9:3, 74-98.

Stern, J. (2004) *Terror in the Name of God*, New York, NY: Ecco

Stern, J. (2010) 'Five myths about who becomes a terrorist', *Foreign Affairs*, 89.

Stone, J. & K. Pattillo (2011) 'Al Qaeda's Use of Female Suicide Bombers in Iraq. A Case Study', in Sjoberg, L. & C. Gentry (red.) *Women, Gender and Terrorism*, University of George Press.

Sutten, M.L. (2009) 'The Rising Importance of Women in Terrorism and the Need to Reform Counterterrorism Strategy,' United States Army Command and General Staff College.

Swaan de, A. (2014) *Compartimenten van vernietiging. Over genocidale regimes en hun daders,* Amsterdam: Prometheus/Bert Bakker.

Vidino, L. (2014) 'Foreign Fighters: An Overview of Responses in Eleven Countries', Zurich: Center for Security Studies.

Waller, J. (2002) *Becoming Evil. How Ordinary People Commit Genocide and Mass Killing,* New York, NY.

Weggemans, D., R. Peters, E. Bakker & R. de Bont (2016) *Bestemming Syrië. Een exploratieve studie naar de leefsituatie van Nederlandse 'uitreizigers' in Syrië,* Universiteit Leiden en Universiteit van Amsterdam.

Weggemans, D., E. Bakker, & P. Grol (2014) 'Who are They and Why do They Go? The Radicalisation and Preparatory Processes of Dutch Jihadist Foreign Fighters', *Perspectives on Terrorism* 8(4), pp. 100-110.

Weiss, M. & H. Hassan (2015) *ISIS. Inside the Army of Terror,* New York: Regan Arts.

Weltzer, H. (2005) *Daders. Hoe heel normale mensen massamoordenaars worden,* Amsterdam: Anthos.

Wiktorowicz, Q. (2005) *Radical Islam Rising: Muslim Extremism in the West,* Lanham MD: Rowman and Little Field.

Zimbardo, P.G. (2007) *The Lucifer Effect: How Good People Turn Evil,* London: Rider.